Wörterbuch des Kostüms und der Mode

Reclam Sachbuch

Claudia Wisniewski

Wörterbuch des Kostüms und der Mode

Mit 154 Abbildungen

Philipp Reclam jun. Stuttgart

6., aktualisierte und erweiterte Auflage

RECLAMS UNIVERSAL-BIBLIOTHEK Nr. 18762

Gestaltung: Cornelia Feyll, Friedrich Forssman
Gesamtherstellung: Reclam, Ditzingen. Printed in Germany 2010

ISBN 978-3-15-018762-3
www.reclam.de

Inhalt

Vorwort

Was Mode ist, erfährt man aus den Medien, aus Fernsehen, Zeitschriften, Werbung. Was wirklich Mode war, stellt sich dagegen erst im nachhinein heraus. Auch ein Modewörterbuch muss daher von Zeit zu Zeit auf den neusten Stand gebracht oder – mit einem Wort – *mode*rnisiert werden.

Seit der Erstauflage des »Kleinen Wörterbuchs des Kostüms und der Mode« sind über 15 Jahre vergangen. Manches hat sich seitdem in der Mode, aber auch in der Kostümforschung geändert und weiterentwickelt. Einige Modeerscheinungen stellten sich als kurzlebig heraus, andere haben sich zum Klassiker etabliert. Viele Zusammenhänge, die seinerzeit noch im Dunkeln lagen, sind mittlerweile erforscht worden. Es war notwendig, das »Kleine Wörterbuch« für die 6. Auflage durchzusehen, zu ergänzen und fortzuschreiben. So ist es zum »Wörterbuch des Kostüms und der Mode« herangewachsen.

Mit Rat und Unterstützung vieler Mitwirkenden ist es im Umfeld des Deutschen Textilmuseums Krefeld entstanden und hat im Reclam Verlag seine Publikationsform gefunden.

Allen daran Beteiligten sei auch diesmal herzlich gedankt.

Claudia Wisniewski

Abkürzungen

Gängige allgemeine Abkürzungen wurden nicht berücksichtigt.

afränk.	altfränkisch
afrik.	afrikanisch
afrz.	altfranzösisch
ägypt.	ägyptisch
ahd.	althochdeutsch
ähnl.	ähnlich
allg.	allgemein
alpenländ.	alpenländisch
amerik.	amerikanisch
arab.	arabisch
asiat.	asiatisch
bayr.	bayrisch
bes.	besonders
Bez.	Bezeichnung
brit.	britisch
Bsp.	Beispiel
byzant.	byzantinisch
chem.	chemisch
chines.	chinesisch
div.	diverse
dt.	deutsch
eigtl.	eigentlich
engl.	englisch
entspr.	entsprechend
etrusk.	etruskisch
europ.	europäisch
evtl.	eventuell

fem.	feminin
fränk.	fränkisch
frz.	französisch
gelegtl.	gelegentlich
german.	germanisch
ggf.	gegebenenfalls
Ggs.	Gegensatz
griech.	griechisch
haupts.	hauptsächlich
hist.	historisch
ind.	indisch
indon.	indonesisch
ital.	italienisch
japan.	japanisch
javan.	javanisch
Jh.	Jahrhundert
Jt.	Jahrtausend
kanad.	kanadisch
kaukas.	kaukasisch
kelt.	keltisch
lat.	lateinisch
marokkan.	marokkanisch
mask.	maskulin
mhd.	mittelhochdeutsch

mlat.	mittellateinisch
mnd.	mittelniederdeutsch
ndt.	niederdeutsch
neutr.	neutrum
niederl.	niederländisch
nördl.	nördlich
oriental.	orientalisch
orig.	original
österr.	österreichisch
östl.	östlich
paläst.	palästinensisch
pers.	persisch
Pl.	Plural
röm.	römisch
russ.	russisch
s./→	siehe
schott.	schottisch
seitl.	seitlich
serb.	serbisch
sog.	sogenannt
span.	spanisch
spez.	speziell
südl.	südlich
teilw.	teilweise
türk.	türkisch
typ.	typisch
u. ä.	und ähnliches
ugs.	umgangssprachlich
ungar.	ungarisch
urspr.	ursprünglich
venezian.	venezianisch
veralt.	veraltet
vermutl.	vermutlich
vgl.	vergleiche
westl.	westlich
Wz.	Warenzeichen
z. T.	zum Teil
z. Z.	zur Zeit

A

Aba, *die* (arab.; auch *Abadjeh*), allg. arab. Obergewand: weiter Umhang, aus Stoffbahnen zusammengesetzt, mit seitl. Armschlitzen, vorne offen; aus fester Wolle, Kamel- oder Ziegenhaar, auch mit Muster, vor allem Streifen; auch für Frauen, die damit gleichzeitig den Kopf bedecken.

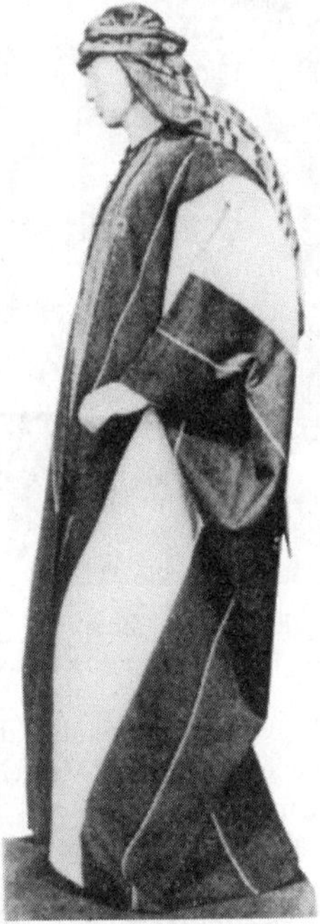

Abb. 1: Aba. 20. Jh.

Abendanzug, Anzug für mehr oder weniger offizielle gesellschaftliche Anlässe am Abend; aus Tradition wird der → Frack als großer A., der → Smoking als kleiner A. bezeichnet. Darüber hinaus gelten als Abendanzüge: das → Messjackett sowie jede Art von eleganten, dunklen Sakkoanzügen, auch After-six-Anzüge genannt. [Abb. 2]

Abendkleid, in Material und Gestaltung aufwendiges Kleid für festliche Gelegenheiten am Abend; Bez. nach 1918 aufgekommen, Nachfolger haupts. des → Ballkleides (→ Gala); zunächst in der Länge wie Tageskleider (zwischen 1924/25 und 1928 kniekurz), üblicherweise mit großem Dekolleté und meist aus wertvolleren Stoffen; ab den frühen 30er Jahren im Ggs. zum Tageskleid lang, z. Z. des → New Look häufig sehr stoffreich, aber auch schlichtere Formen üblich; in

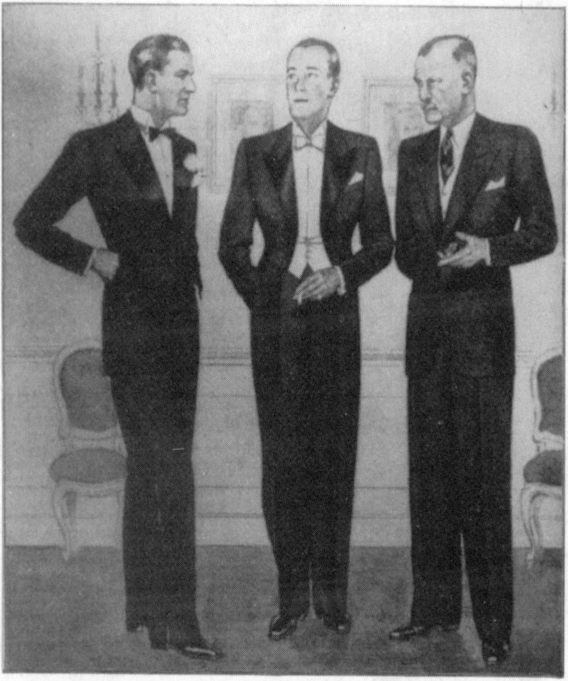

Abb. 2: Abendanzüge. – Einreihiger Smoking (links). Frack (Mitte). Schwarzer Anzug, als kleiner Abendanzug getragen (rechts). 1930er Jahre.

den 50er Jahren zuweilen unterschieden in großes und kleines A.; ab Ende der 40er Jahre auch in unkonventionellerer Form als → Cocktailkleid.

Abendmantel, langer oder – auch zum langen Abendkleid getragener – halblanger Mantel oder Umhang aus hochwertigem Material mit großzügigem Schnitt; Herren-A. mit → Pelerine im frühen 19. Jh. als Cape, um 1900

z. B. in Form des → (Frack-) Havelocks oder des → Inverness; nach 1918 schlichter als → Chesterfield sowie als Mantel im → Raglanschnitt, in den 20er Jahren auch als → Paletot; Futter, → Revers bzw. → Spiegel und evtl. → Ärmelaufschläge vielfach aus Seide.

Abnäher, keil- oder rautenförmig abgenähte Falte; zur Anpassung fester Stoffqualitäten an die Rundungen des Körpers, bes. im Brust- und Taille-/Hüftbereich.

Absatz, Verstärkung bzw. Erhöhung der Sohle im Fersenbereich; vermutl. im 12./13. Jh. im Orient aus einem Haken am Reitstiefel (als fester Halt im Steigbügel) entwickelt; der eigtl. A. wurde im Laufe des 16. Jh. in Europa populär. Ab der 2. Hälfte des 17. Jh. bis zur Französischen Revolution waren sehr hohe und rote A. ein Privileg des Hochadels; für Damen herrschte ab etwa 1800 bis in die Biedermeierzeit der flache A. vor, häufig auch im 20. Jh. durch Einfluss des Sports; Herrenschuhwerk seit Anfang des 19. Jh. mit flachem A.; Keil-A.: kein A. im eigtl. Sinn, sondern eine Erhöhung der gesamten Auftrittsfläche, meist mit Abflachung nach vorne.

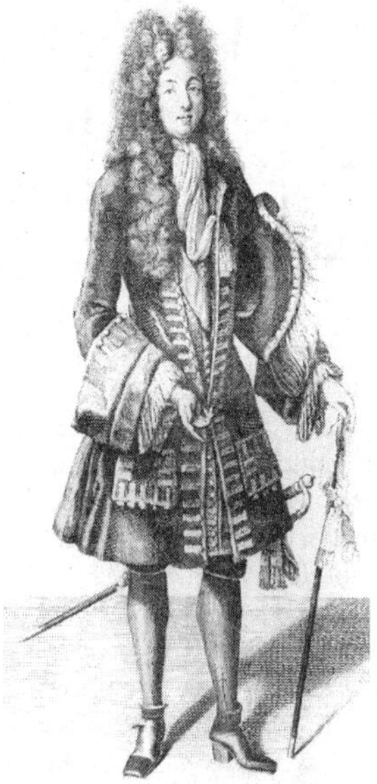

Abb. 3: Vornehmer Herr in Justaucorps mit Steinkerke, Allongeperücke und Schuhen mit hohem Absatz. 1694.

Abstich, Vorderkantenverlauf vom Schließknopf zum Saum bei Rock (als Oberteil), Sakko oder Jackett, auch bei Damenjacken in Herrenfasson (→ Fasson); häufig ab-

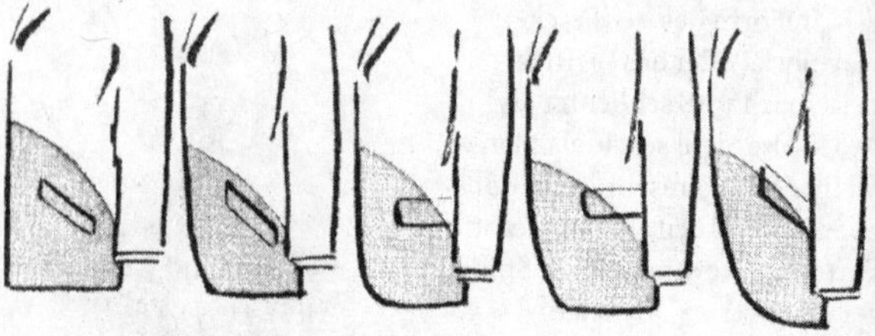

Abb. 4: Abstich. Topperabstich (links), runder Abstich (Mitte), verschiedene fliehende Abstiche.

geschrägte Kante mit unterschiedlichem, nicht eindeutig festgelegtem Verlauf und unterschiedlicher Bez., z. B. »scharfer«, »starker« oder »fliehender A.« genannt; im rechten Winkel zueinander stehende Vorder- und Saumkante: Topperabstich.

Accessoire, *das* (frz., ›Beiwerk‹), Zubehör zur Abrundung des modischen Erscheinungsbildes.

Acetat, Chemiefaser aus Cellulose-A.; entsteht auf der Basis von Zellulose; Cellulose-A. wurde erstmals 1864 gewonnen. Großproduktion seit den 1920er Jahren; → Chemiefasern.

Achselstück, auch Achsel- oder Schulterwulst, → Epaulette; heute auch Schulterstück, schulterbetonender Flügel oder Wulst in oder an der Einsatznaht des Ärmels, an repräsentativer Kleidung; erstmals Mitte 16. bis 1. Drittel des 17. Jh.; als A. gilt auch die Schleife auf der rechten Schulter des → Justaucorps um 1700 in der höfischen Mode.

Acryl → Polyacryl.

Adrienne, *die* (frz.; urspr. *Andrienne*; auch *Saloppe,* → *Hollandaise; Robe volante* u. ä.), durchgehend geschnittenes, locker fallendes Kleid, ungegürtet, vorne leicht tailliert, im Rücken mit → Watteaufalte, auch mit kleiner Schleppe; Mode geworden als Negligékleid (→ Negligé) durch die Schauspielerin Mme. Dancourt, die es 1703 in ihrer Rolle als Schwangere in der Komödie »Andria« von Terenz trug. In div. Ausprägungen und Bez. bis 1730/35 und um 1778 modern; → Französischer Sack, → Innocente, → Kontusche.

Agraffe, *die* (evtl. von normannisch ›agrappe‹), Schmuckstück zur Gewandhalterung o. -befestigung mit Haken und Öse oder mit Nadel; vielfach aus Gold o. Silber, auch mit Perlen und Juwelen u. ä.; im 11. Jh. zur Befestigung des Schleiers unter dem Kinn, beliebt im Spätmittalter an Kopfbedeckungen als Halterung für Federschmuck, auch aufgenäht; im 18. Jh. gern mit Strassbesatz.

A la grecque → Grecque, Mode à la.

A-la-mode-Kleidung, auch Alamode-Kleidung, in Nachahmung der frz. zeitgenössischen Kleidung übertriebene Aufmachung deutscher »Kavaliere« der 1. Hälfte des 17. Jh.; »alamode«: spöttische Bez. nach frz. *à la mode,* so niedergelegt in einer dt. Schrift von 1629, damit Einführung des Begriffs »Mode«; typ. Silhouette: lässige, mit Bändern, Schleifen usw. überladene Kleidung, Zubehör in übersteigerter Größe: → Schlapphut mit breiter, einseitig aufgeschlagener Krempe (*Respondent* ›der Gemütsverfassung entsprechend‹), ausladender Kragen, Stiefel mit hohem Absatz und dekorativen Sporen, dazu ein Degen oder Stock; ein entsprechender Aufputz bei Frauen wurde »Damische Bisarrie« genannt. [Abb. 5]

Albe, *die* (von lat. *albus* ›weiß‹), langes weißes → Chorhemd katholischer Geistlicher, mit Ärmeln; geht zurück auf die röm. *Tunica alba,* die sich im Mittelalter als Priestergewand etablierte; wird häufig mit der → Stola (langer Stoffstreifen) getragen. [Abb. 103]

A-Linie, Modelinie, 1955 vom frz. Modeschöpfer Christian Dior (1905–1957) kreiert; Silhouette: schmale Schulterpartie, Hüftbetonung durch nach unten verschobene Taillenlinie, stark ausgestellter Rock; bis in die 60er/70er Jahre vor allem in der »Jungen Mode« nachwirkend. [Abb. 6]

Allongeperücke (von frz. *allonger* ›verlängern‹), Perücke

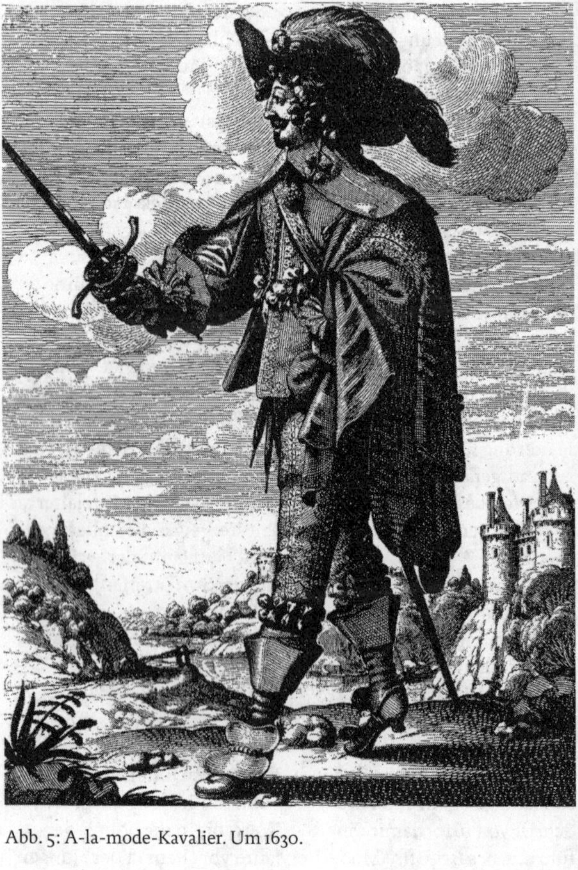

Abb. 5: A-la-mode-Kavalier. Um 1630.

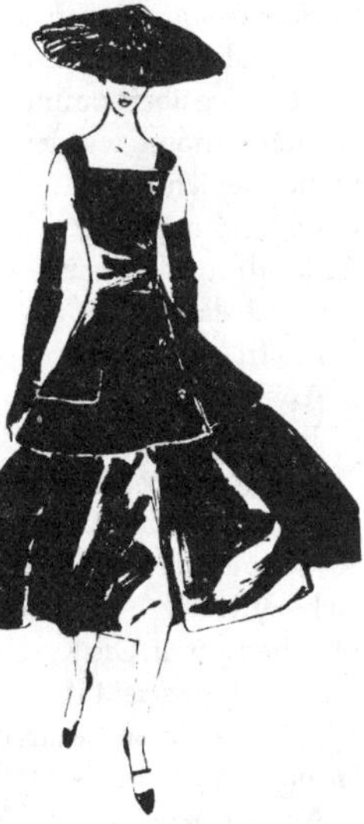

Abb. 6: A-Linie von Christian Dior. 1955.

mit langen blonden, roten oder braunen Locken, ab etwa 1680 modern, lanciert durch Ludwig XIV.; ab etwa 1700 weiß gepudert: in dieser Form bis zur Französischen Revolution offizielle Herren-»Frisur« der höheren Stände; nach 1715 mit dem Tod Ludwig XIV. unmodern; Teil einiger Amtstrachten bis heute. [Abb. 3]

Allover (engl.), Gewebemuster, das über die ganze Fläche gleichmäßig verteilt ist.

Almosentasche, auch *Aumonière,* bei Männern und Frauen am Gürtel befestigte Tasche, zur Aufbewahrung von Spendengeldern; als Klappen-, Bügel- oder auch → Beuteltasche, aus Stoff oder Leder, häufig kostbar ausgestattet; Vorbilder im Orient; Ende 12.–15. Jh.

Alpaka. **1.** Feine, weiche, glänzende Wolle des Alpakas, einer Lamaart der südamerik. Anden; wird auch in Mischung mit anderen Wollqualitäten verwendet. **2.** Gewebe aus A.: seit 1830 zuerst in England hergestellt (als »Alpaca«); urspr. Kettgarn Baumwolle, Schussgarn A., für Damenkleider, Schürzen, Futterstoffe; heute z. B. in Verbindung mit → Kamelhaar auch für hochwertige Kleidung.

Altdeutsche Kleidung, auch *Altdeutsche Tracht,* Schlagwort, den Stil der dt. Nationalkleidung während der Befreiungskriege (1813–15) charakterisierend; auf Reformbestrebungen der 2. Hälfte des 18. Jh. zurückgehend; in der Gestaltung, bes. der Herrenkleidung, an hist. Vorbildern wie dem »alten dt. Leibrock« orientiert: hochgeschlossener, kurz über dem Knie endender Rock, als Standestracht bes. von Studenten übernommen; in der Damenkleidung Rückgriffe auf div. hist., oftmals vermeintlich typ. dt. Stilelemente wie lange gepuffte Ärmel, → Halskrause, → Stuartkragen, jedoch nicht abweichend von der allg. modischen Silhouette; aktuell um 1814, 1820 verboten; Bez. erstmals 1639 für die Kleidung vor der Reformation in Deutschland aufgetaucht.

Amazonenkleid, Reitkleidung für Frauen; Bez. nach den kriegerischen Reiterinnen der griech. Mythologie; ab 18. Jh. erste Ansätze zur Sportkleidung und damit neue Zweckbestimmung der Reitkleidung, Entstehung des A.: der allg. Modelinie angepasst, allerdings mit maskulinem Charakter durch die der Herrenmode entlehnten Kleidungsstücke und Accessoires; bes. im 19. Jh. für die Reithaltung im Damensattel asymmetrisch geschnittene Röcke, darunter meist knielange Hosen, auch aus Wildleder; die nach dem 1. Weltkrieg übernommenen Herrenreithosen wurden bis in die 30er Jahre noch z. T. unter Röcken getragen. Mit Abschaffung des Reitrockes war auch das eigtl. A. abgeschafft.

Anglaise, Mode à l' → Englische Mode.

Angora, bzw. *Angorawolle*: feine, sehr leichte Wolle des A.-Kaninchens; Verarbeitung zu hochwertigen Web- und Maschenwaren. Die Kurzbez. »A.« galt bis nach Mitte des 20. Jh. auch für Stoffe aus dem Haar der A.-Ziege; → Mohair

Angströhre, nach dem Oktoberaufstand 1848 in Wien entstandener Spottname für den konservativen → Zylinder, der von einigen Aufständischen in ängstlicher Verleumdung ihrer Gesinnung gegen den revolutionären Heckerhut (→ Kalabreser) ausgetauscht worden war.

Anorak, *der* (eskimoisch), leichte, wetterfeste Windjacke bzw. -bluse; in Skandinavien aufgekommen, allg. beliebt seit der Winterolympiade 1936, zunächst haupts. Teil der

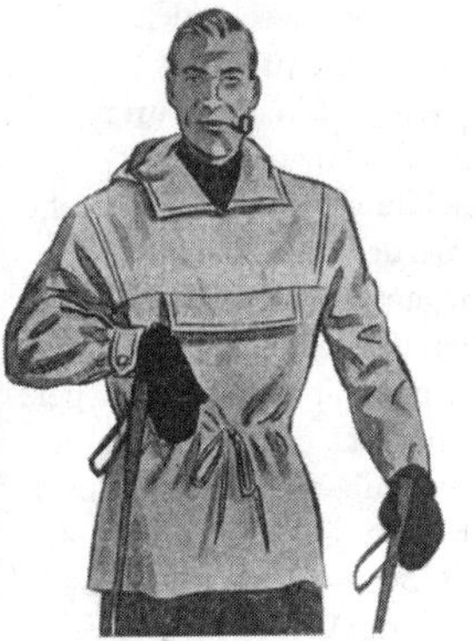

Abb. 7: Anorak in der frühen Form als Windbluse.

Wintersport-Ausstattung; orig. als Schlupfbluse mit Taillenzug, etwa oberschenkellang; Kapuze, Reißverschluss, Ärmel mit Bündchen oder Gummizug; typ., vor allem anfangs, aus → Popeline; in den 50er Jahren vielfach mit Plüschfütterung und Pelz am Kapuzenrand, gerne mit → Känguruhtasche; ab den 60er Jahren auch als Stepp-A.

Anstandsrock, gefütterter und wattierter Unterrock; etwa 1870 bis um 1900 üblich.

Ansteckärmel, auswechselbarer Ärmel; verbreitet seit dem Hochmittelalter, vor allem aber im 15./16. Jh., in vornehmen Gesellschaftskreisen üblich; nicht ganz korrekte Bez., da die Ärmel angenestelt (→ Nestel) oder auch angehakt wurden.

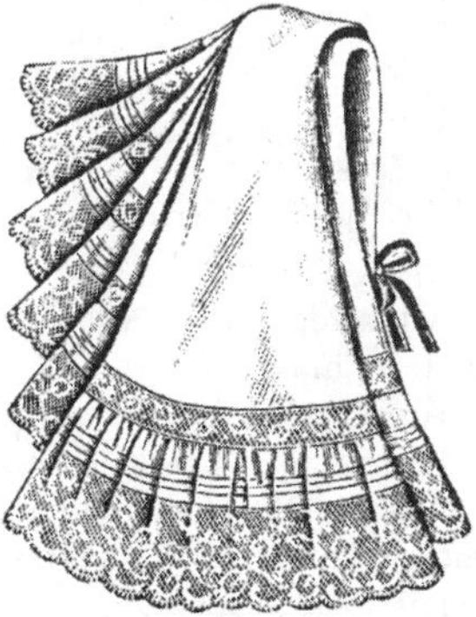

Abb. 8: Anstandsrock mit Spitzenvolant. 1903/04.

Anzug → Herrenanzug, → Hosenanzug.

Apoptygma, *das* (griech.), an der oberen Kante umgeschlagenes Stück des Gewandes, vorne und hinten lose überfallend oder in einen Gürtel gefasst; an Kleidungsstücken der griech. Antike, die auf den Schultern zusammengehalten (gefibelt, genestelt

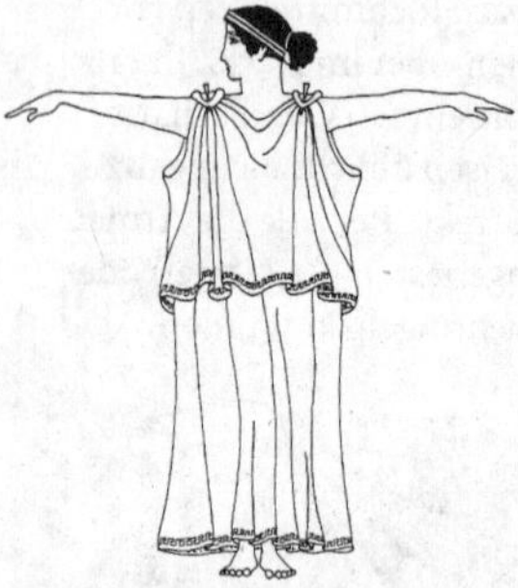

Abb. 9: Apoptygma am Peplos.

usw.) wurden wie → Peplos und → Chiton.

Appetitröck(e)l, oberster Unterrock, aus Seide, beim Heben des Ober- bzw. Reifrockes sichtbar, daher am Saum verziert mit → Stickerei, → Borten, → Spitzen; Spätrokoko: um 1750–70.

Applikation, *die,* aufgenähtes oder aufgeklebtes Dekorationselement aus Spitze, Stoff, Leder usw.; als Verzierungstechnik seit dem 5. Jh. bekannt; Ggs. → Inkrustation.

Appretur, *die,* im allg. Verständnis Veredlungsmaßnahme des Stoffes (nach Bleichen, Färben und/oder Bedrucken), entspr. dem Verwendungszweck, auch aus optischen Gründen.

Après-Ski-Kleidung (von frz. *après* ›nach‹), der Skikleidung entlehnte Garderobe, nach der Sportausübung getragen; für die zwanglose Variante waren → Hüttenschuhe, für die elegantere pelzgefütterte, exklusive Schuhe bzw. kurze Stiefel typ., dazu meist lange Hosen und weite Pullover. Modeerscheinung im Zuge der Winterolympiade 1948 in St. Moritz, als feststehender Begriff für die 50er und frühen 60er Jahre gültig.

Arafat-Tuch, arab. quadratisches Kopftuch (*Keffijeh*) mit ausdrucks-

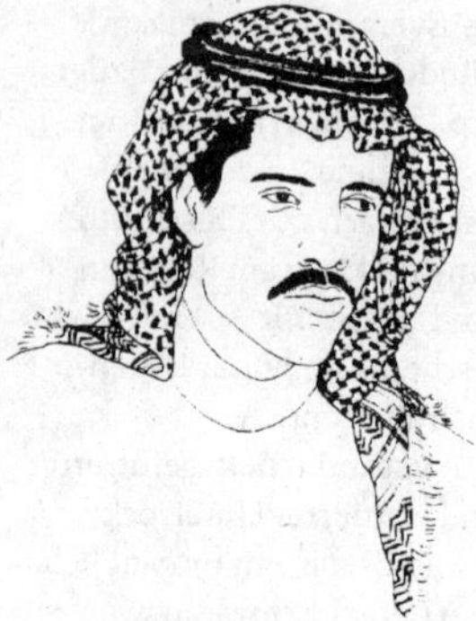

Abb. 10: Arafat-Tuch.

vollem, geometrischem Webmuster, eigtl. durch den Agal (Kopfring) auf dem Kopf gehalten; in Europa populär geworden durch den Gründer der palästinensischen Befreiungsorganisation Jasir Arafat; in den 1970er Jahren als Hals-/Schultertuch von Jugendlichen getragen.

Ärmel, lockere oder anliegende Umhüllung des Armes in unterschiedlicher Länge; an einem Oberteil angeschnitten, angenäht oder locker befestigt, auch als Zier-Ä. ohne Funktion (→ Hänge-Ä.); Ä. waren im Altertum bereits bei Babyloniern und Assyrern bekannt, in Mitteleuropa anhand bronzezeitlicher Fundstücke nachzu-

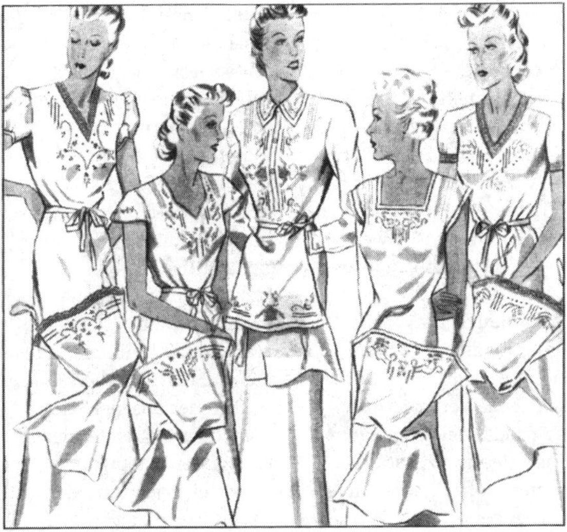

Abb. 11: Ärmel. – Nachthemd mit Puffärmeln, Nachthemd mit Flügelärmeln, Hemdbluse mit Kugelärmel (hier als Hemdblusenärmel), überschnittene Schulter, eckig eingesetzter Raglanärmel (von links nach rechts). Paris, 1939/40.

weisen; Kleidungsstücke der griech. und röm. Antike: weitgehend ärmellos, evtl. mit angeschnittenem Ä. oder mit über die Schulter fallendem, wie ein Ä. wirkendem Gewandteil (→ Schein-Ä.); im 2./3. Jh. n. Chr. kamen durch östl./oriental. Einfluss Kleidungsstücke mit Ä. auch in Rom in Gebrauch (→ Dalmatika, → Tunika). → Ansteck-Ä., → Ballon-Ä., → Beutel-Ä., → Elefanten-Ä., → Fledermaus-Ä., → Flügel-Ä., → Hammelkeulen-Ä., → Kimono-Ä., → Kugel-Ä., → Mamelucken-Ä., → Pagoden-Ä., → Puff-Ä., → Raglan, → Trichter-Ä., → Trompeten-Ä., → Tüten-Ä., → Zwei-Naht-Ä. usw. [Abb. 11, 18, 42, 59]

Ärmelaufschlag, auch Stulpe, vor allem bei bes. breitem Ä., eigtl. die zurückgeschlagene Verlängerung des Ärmels, vielfach jedoch angesetztes und zurückgeklapptes Stoffteil; typ. am → Justaucorps, ab 2. Hälfte des 17. Jh.; gerne in Farbe und/oder Material vom Kleidungsstück abstechend, bes. an Uniformjacken, häufig in Abstimmung mit Kragen oder Revers; heute auch an kurzärmeligen Kleidungsstücken.

Ärmelspange, Lasche oberhalb des Ärmelsaums; reines Zierstück oder zur Regulierung der unteren Ärmelweite; geknöpft, mit Schnalle usw.; meist in die Ärmelnaht gefasst; rund um den Ärmel geführt als »Ärmelgurt« bezeichnet.

Astrachan, Pelz mit persianerähnl. Locken einer südruss.-asiat. Schafsart; imitierter A.: → Plüsch, meist aus → Mohair mit Pressmusterung.

Atlas (arab.). **1.** Auch → Satin. **2.** Bez. für eine Grundbindung (→ Bindung) und derartige Gewebe; Bindungspunkte liegen verstreut, berühren sich nicht; beim Kett-A. greift ein Kettfaden auf der Stoffoberseite über mindestens vier Schussfäden, beim Schuss-A. der Schussfaden entspr. über mindestens vier Kettfäden. Stoffoberseite ist glatt und glänzend, oft im Material wertvoller; als hochglänzender Seidenstoff im 15. Jh. in Italien nachweisbar, aus dem Orient

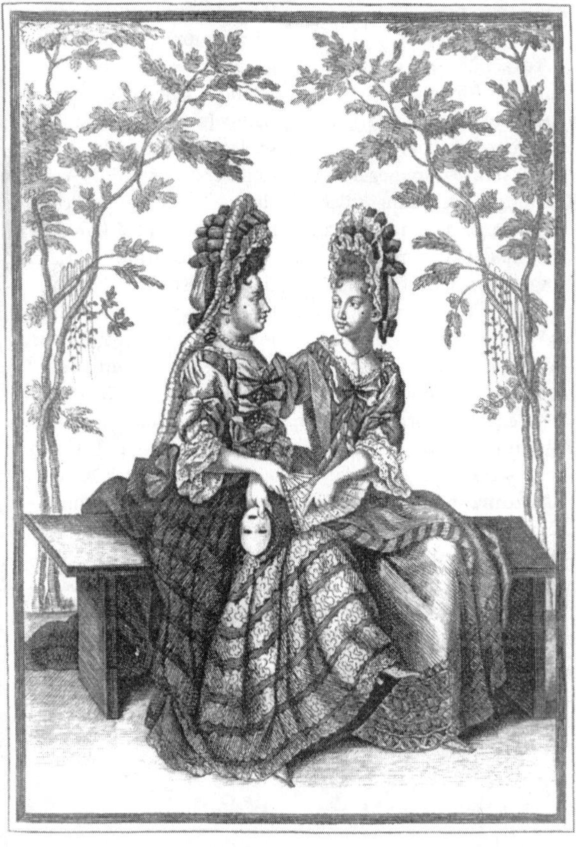

Abb. 12: Zwei Damen mit Fontange, Echelles am Oberteil (linke Figur), Engageant am En-cœur-Ausschnitt (rechte Figur), beide mit Engageantes am Ärmelabschluss. Um 1686.

in Europa eingeführt. [Abb. 20 c]

Aufschlag → Ärmelaufschlag, → Revers.

Aumonière, *die* (frz.), → Almosentasche.

Ausschnitt, freiliegende Öffnung des Kleidungsstückes am Halsansatz oder Ansatz der Gliedmaßen; div. modeabhängige Formen, vor allem am Hals-A.: z. B. spitz zulaufend als V-A., in eckiger Form als Viereck-A., sehr flach verlaufend als → Boot-A., spitz zulaufend mit geschwungenen Kanten als En-cœur-A. (»Herz-A.«); → Dekolleté. [Abb. 12]

Automantel, um 1900 ein Übermantel als Wetterschutz und gegen Staub, daher auch »Staubmantel« genannt, für Autofahrer; lang und weit, aus Leinen, Seide, auch Leder, im Winter pelzgefüttert; graue, häufig auch lehmgelbe Stoffe; gerne mit → Imprägnierung; seit den 20er Jahren häufig im Raglanschnitt; ab den 50er Jahren haupts. für Herren ein Kurzmantel mit nach links offenem, langem Rückenschlitz (sog. Autoschlitz) oder seitl. geschlitzt, vielfach mit Reißverschlüssen; als A. gelten auch → Schlüpfer, → Stutzer bzw. → Benny; → Caban.

Automobilkleidung, charakteristische Kleidung für Autofahrer/-innen Ende 19. / Anfang 20. Jh.; eine Art Sportkleidung: Autofahren galt als Sport; Staub- und Wetterschutzkleidung; als → Automantel, für Damen auch als Kostüm; dazu typ. für Herren: weiche Schirmkappen, für Damen: kleine Kappen oder große modische Hüte, beide mit Schleier, unter dem Kinn gebunden; Schutzbrillen, Handschuhe; ab etwa 1920 in die allg. sportliche Tageskleidung übergegangen.

B

Baby-Doll, *das* (engl., ›Babypuppe‹), mädchenhafte, zweiteilige Nachtwäsche; orig.: locker hängendes, kurzes Oberteil mit → Puffärmeln, kleiner → Pumphose, → Rüschen; 1956 durch den gleichnamigen amerik. Film und die so gekleidete Hauptdarstellerin (Carroll Baker) modern geworden; 1957 von Couturier Jacques Griffe als allg. Modesilhouette vorgeschlagen; bis heute in leicht veränderter Form als sommerliche Nachtwäsche.

Badekleidung. Bis ins 19. Jh. wurde meist nackt gebadet; Frauen benutzten auch weite Kittel zum Eintauchen ins Wasser (schwimmen war für Frauen nicht üblich), Männer trugen in der 1. Hälfte des 19. Jh. gelegtl. auch kleine Badehosen; in den 1870er Jahren waren für Frauen Oberteile mit langen Ärmeln, lange Hosen, darüber vielfach Röcke, auch Badekorsetts aktuell; gegen Ende des Jh.: kürzere B., auch aus Trikotstoffen, dazu oft schwarze lange Strümpfe; nun für Männer häufig quergestreifte, ärmellose Baumwolltrikots, auch mit zusätzlichen knappen Unter- oder Oberhosen; ab den 1920er Jahren auch für Frauen ärmellose Anzüge, zunehmend farbig; 30er Jahre: erste Zweiteiler, Badehose für Herren setzte sich durch; nach dem 2. Weltkrieg B. aus Chemiefasern; oberteillose B. wurden für Frauen erstmals in den 60er Jahren vorgeschlagen (→ Oben-ohne-Mode); → Bikini.

Bahnenrock, oben aus schmalen, unten aus breiteren Schnitteilen (Bahnen) zusammengesetzter Rock; im Hüftbereich anliegend, zum Saum hin ausgestellt; Konstruktion 1898 aufgekommen, jedoch mit schwingender Saumweite: In dieser Schnittform seit Mitte des 20. Jh. auch → »Glockenrock« genannt.

Baigneuse, *die* (von frz. *baigner* ›baden‹), urspr. zum oder nach dem Baden bzw. bei der Morgentoilette benutzt; im letzten Viertel des 18. Jh. als elegante Kopfbedeckung öffentlich getragen; formgleich mit der → Dormeuse.

Ballerinalänge, Saumlänge knapp oberhalb des Knöchels; haupts. gültig für entspr. Kleider und Röcke der 1950er Jahre.

Ballerinarock, → Tutu sowie weite, kurze Röcke, auch mit Volants.

Ballerina(schuh), sehr flacher, weit ausgeschnittener Schuh, mit und ohne Schnürung um die Knöchel; bes. beliebt als Jungmädchenschuh: zu kurzen oder wadenlangen, weiten Röcken und schmalen Hosen sowie zum Rock'n'Roll-Tanzen bes. in den 1950er Jahren; zur Discomode Anfang der 80er Jahre; heute allg. Bez. für diese Form des Damenschuhs, auch mit Spange.

Ballkleid, festliches Kleid aus kostbarem Material, meist in heller Farbe und reich verziert; in der Regel mit großem Dekolleté, häufig ärmellos, auch mit Schleppe; erst seit 1830/40 deutlich im Schnitt vom Tageskleid unterschieden; nach dem 1. Weltkrieg mit dem großen → Abendkleid übereinstimmend und so bezeichnet.

Ballonärmel, im oberen Bereich ballonartig gebauschter Ärmel an Blusen und Kleidern um die Mitte der 1890er Jahre; ähnl. als kurzer oder langer Ärmel in den 1970er Jahren.

Ballonrock, weiter Damenrock, bei dem die Stofffülle des Saums leicht zusammengezogen wird (z. B. durch ein am Saum rundum angenähtes Futter mit weniger Saumweite); 1950 von Madame Grès, als Silhouette 1957 von Hubert de Givenchy (* 1927) in Paris kreiert, an → Cocktailkleidern bis ca. 1958 modern, erneut aktuell ab 1987, zunächst an kurzen Röcken in der »Jungen Mode«; ab ca. 2000 gelegtl. in der Designermode. [Abb. 43]

Bandelier, *das* (frz., urspr. wohl *bandoulière*), urspr. ein Gürtel zum Anhängen von Pulvertasche, Zündmaterial u. ä.; im 16./17. Jh. schräg über Schulter und Brust laufender Riemen für Degen und Patronenbeutel, im 17. Jh. auch in der zivilen Kleidung als Halterung für den Degen; davon sich herleitend der

B.-Streifen an Krawatten: einzelner, breiterer Musterstreifen, der beim Binden gut unterhalb des Knotens zu liegen kommen muss.

Bandschleife, zusammengefügte → Schleife aus am Kleidungsstück angebrachten Bändern, häufig in Schließfunktion; im Ggs. zur festen und ausschließlich zur Dekoration angebrachten Schleife.

Barbe, *die* (eigtl. frz., ›Bart‹). **1.** Auch *Barbette*, kinnverhüllendes, bis zur Brust reichendes weißes Leinentuch, in Höhe der

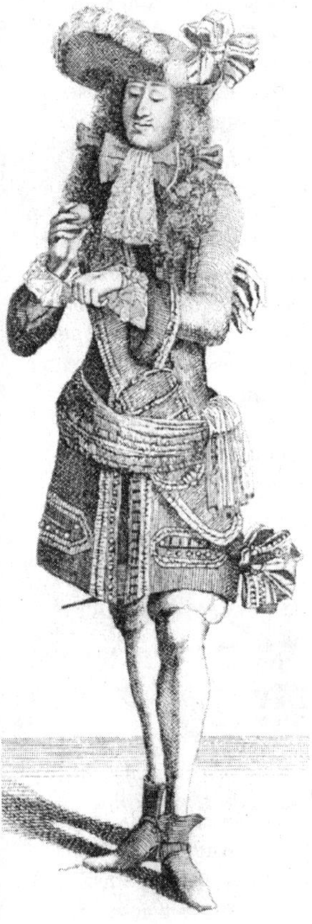

Abb. 13: Offizier in Justaucorps mit eingearbeiteten Taschen, Bandelier und Echarpe bzw. Schärpe. Um 1675.

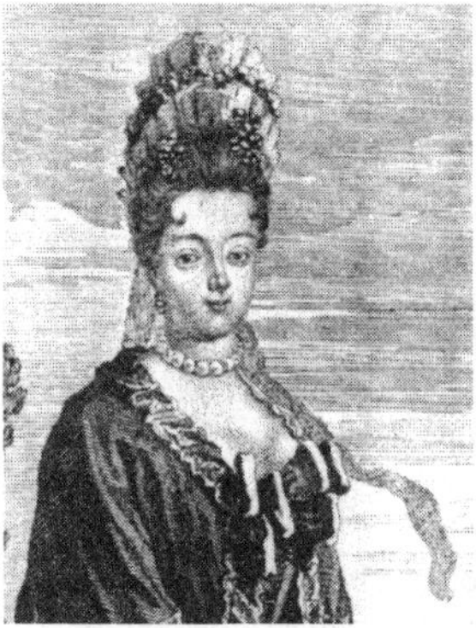

Abb. 14: Fontange mit Barben. Um 1713.

Schläfen unter dem Schleier oder der Haube befestigt; längs gefältelt oder glatt; von älteren Frauen, Witwen bzw. Trauernden getragen, dann auch in Schwarz; 13. bis Anfang 16. Jh., als Nonnentracht bis ins 20. Jh. **2.** Spitzenband oder mit Spitze verziertes Band aus feinem Gewebe, paarweise getragen; befestigt im Haar oder an der Haube; bes. 1. Hälfte 18. und kurze Zeit ab Mitte 19. Jh.

Barchent (von arab. *Barrakan*), einfacher, robuster Stoff für Bekleidung und Haushaltswäsche; urspr. mit Leinenkette und Baumwollschuss in Köperbindung; angerauht; seit dem Mittelalter hergestellt.

Barett, *das* (urspr. von *Birretum*, einer Kragenkapuze, daher *Biret*: zunächst liturgische Kopfbedeckung), flache, meist runde Kopfbedeckung für Männer und Frauen; auch bestickt, mit Juwelen sowie mit Federschmuck; vor allem in der Anfangszeit auch mit Krempe oder mit meist hochgeschlagenen Klappen, Ende 15. Jh.; vielfach auf der → Kalotte (Unterkappe) befestigt; trotz Verbots auch von Bauern und kleinen Handwerkern in einfacherer Form getragen; charakteristische Renaissance-Kopfbedeckung und typ. für die → Landsknechtkleidung, bes. in großer, mit Schlitzen und Puffen verzierter Form, 1. Hälfte 16. Jh.; nach 1570/80 aus der Mode, jedoch weiterentwickelt zur kleinen, steifen → Toque, → Spanische Mode; erhalten in Amtstrachten, z. B. von Professoren; wiederaufgenommen zunächst als Künstler-B., 1. Hälfte 19. Jh.

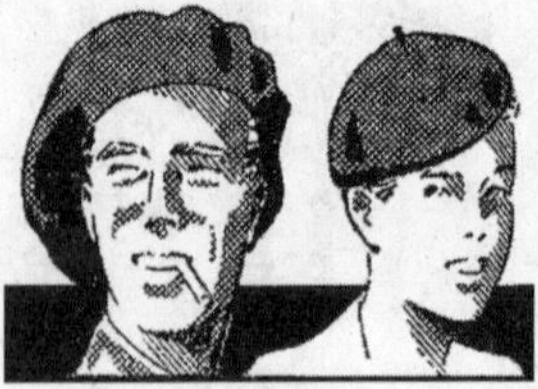

Abb. 15: Barett (links) und Baskenmütze. Paris, 1939/40.

Baschlik, *der* (türk; auch *Baschlyk*), anliegende Kopfbedeckung mit langen Seitenteilen, die um den Kopf oder den Hals gewickelt werden; urspr. oriental. Kopfbedeckung, dann Teil der kaukas.

Volkstracht; noch heute weit verbreitet in Russland (typ. Militärmütze) und auf der Balkanhalbinsel; modern für Damen in den 1870/80er Jahren; in den 1930er Jahren zeitweise als Skimütze getragen.

Baskenmütze, flache, im allg. rundgestrickte Filzmütze ohne Schirm mit nach innen eingeschlagenem Rand, außen in der Mitte ein 1–2 cm hoher Zipfel; um 1570/80 vermutl. aus dem → Barett entwickelt; nationale Kopfbedeckung der Basken; gilt als typ. Kopfbedeckung von Künstlern, Fischern usw.; modern als sportliche Kappe seit etwa 1927; klassische Farben: Dunkelblau und Schwarz. [Abb. 15]

Basquine, *die* (span./frz.; auch *Basquina*, *Vasquine*), urspr. spanischer, Ende 15.–17. Jh. getragener, auch abgesteifter, weiter Frauenrock, auch oberer Rock unter dem → Manteau; ab Mitte des 17. Jh. in Spanien Bez. für eine Jacke mit angenähten Taillenvolants, in Übernahme einer Ende des 16. Jh. in Frankreich beliebten Mode: dort als Krause über einem waagerecht in der Taille abstehenden → Verdugado beliebt; schließlich eng anliegende Schoßjacke mit tief eingesetzten, dreiviertellangen Ärmeln zu den Krinolinenkleidern um 1850/60.

Batik (javan./malaiisch, ›gesprenkelt‹), Gewebemusterungstechnik: Abdecken einzelner Flächen bzw. Motivteile mit Wachs oder einer wachsähnl. Schicht vor dem Färben des Stoffes: ausgesparte Teile sind nach Entfernen der Abdeckschicht in der urspr. Farbe sichtbar; dabei typ.: haarfeine Farbspuren durch Risse in der Wachsschicht; vielleicht urspr. aus Indien, traditionell auf der indones. Insel Java spätestens seit dem 16. Jh., durch die kolonialen Beziehungen bald in Europa bekannt, im Zuge des Jugendstils um 1900 exklusiver Kleiderstoff; aktuell in den 1970er Jahren im Rahmen des → Folklore-Stils.

Batist, feinfädiges, fast durchsichtiges Gewebe in → Leinwandbindung, früher aus Leinen oder Baumwolle; spätestens seit dem 16. Jh.

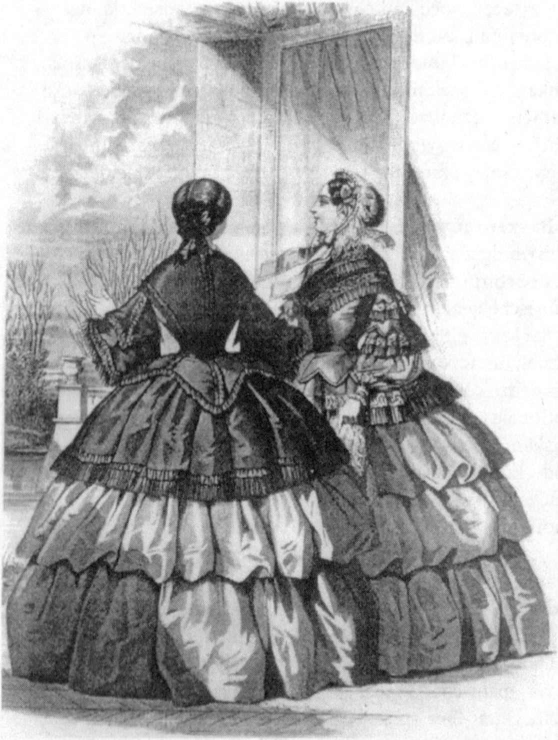

Abb. 16: Zwei Damen in Basquinen zu Krinolinenkleidern. 1854.

unter dieser Bez. (nämlich frz. *batiste*) bekannt, angeblich nach dem flandrischen Leinenweber Jean-Baptiste Chambrey, 13. Jh., oder nach dem ind. weißen → Kattun *Baftas*; häufig für Kragen und Manschetten, ab der 2. Hälfte des 18. Jh. auch beliebt für Damenkleider usw., im

20. Jh. häufig für Nachthemden.

Baumwolle (griech.-lat. *Gossypium*), tropische/subtropische Pflanze mit verspinnbaren Samenhaaren, die nach Trocknen der Samenkapseln von den Samenkernen entfernt werden. In Europa vermutl. im späten 4. Jh. v. Chr. als Gewebe aus Indien eingeführt, dort, wie auch in Mittelamerika, seit Jahrtausenden verarbeitet; konnte bis 1793/94 nur von Hand entkernt und in Europa bis 1769 lediglich als Schussmaterial (→ Bindung) verarbeitet werden; Kleidungsstücke aus reinem B.-Gewebe, z. B. aus ind. Garnimporten, galten daher lange als Luxusgut.

Bautta, *die* (ital.), klassisches venezianisches Maskenkostüm: schwarzes Cape, darüber halblange Spitzenmantille (→ Mantille), → Kapuze; dazu gehörte die weiße Vogelkopf-Gesichtsmaske, häufig auch ein → Dreispitz. Für Frauen und Männer: so kostümiert wurde ihnen im 18./19. Jh. Einlass in alle Häuser gewährt.

Beduinenmantel, *der* (arab.), → Burnus.

Beffchen, *das* (auch *Bäffchen*), zwei vorne am Halsausschnitt herunterhängende, schmale Streifen, meist aus feinem weißem, gestärktem Stoff, evtl. Spitze; in den 1670er Jahren aus dem → Rabat entwickelt; urspr. Bestandteil bürgerlicher Kleidung, bald jedoch Amtstracht, heute noch von protestantischen Geistlichen; um die Mitte des 20. Jh. auch Ausputz an Kleidern, vor allem von älteren Damen.

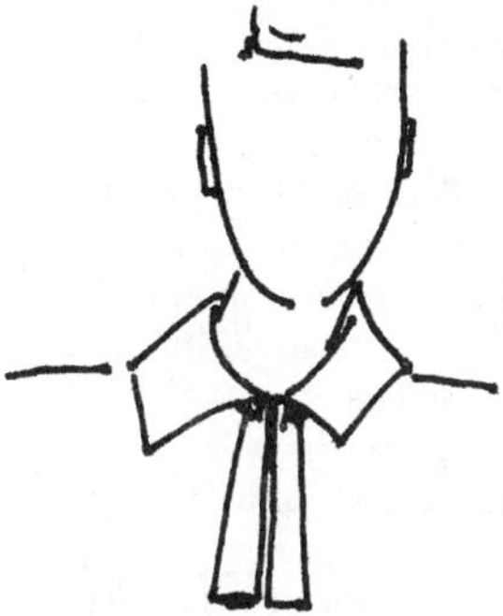

Abb. 17: Beffchen.

Beinbinde, um die Unterschenkel gewickelter Stoffstreifen, z. B. als Ersatz für den Strumpf oder anstelle eines langen Hosenbeins; üblich in der röm. Antike; bei Germanen seit der Bronzezeit; meist bis zum Wadenbereich über die langen Hosenbeine gewickelt, erhielt sich die B. bei den Franken bis ins 10. Jh.; in neuerer Zeit unter der Bez. Wickelgamasche als sportliche Beinbekleidung zu Kniehosen bis ins 20. Jh. getragen.

Beinling, einzelnes Hosenbein oder hosenbeinartige Umhüllung des Beines; auch Bez. für die am Gürtel der → Bruch oder, etwa ab Mitte des 14. Jh., dem → Wams angenestelten (→ Nestel) → Strümpfe, haupts. 12. bis Ende 15. Jh.: durch Zusammenfügen entstand die → Strumpfhose; auch kurze, lederartige Strümpfe → Lederse.

Benny, *der* (Verkleinerungsform des bibl. Namens Benjamin), Herrenkurzmantel, in den 1920er Jahren als → Stutzer bekannt; Bez. aus den 50er Jahren.

Berchtesgadener Jäckchen, taillenkurze Jacke für Damen und Mädchen: Schößchen, Kordeldurchzug in der Taille und am Ausschnitt; trachtenmäßig ausgestattet mit farbig verzierten Nähten und Stickereien, meist rot und grün, aus Wollstoff oder gestrickt; aus der Berchtesgadener Volkstracht; seit der 1. Hälfte des 20. Jh. Teil der → Trachtenmode, unter den Nationalsozialisten vorgeschriebener Teil der BDM-Uniform; in den 50er Jahren kurzzeitig allg. aktuell.

Berlocke, *die* (von frz. *breloque*), Schmuckanhänger aus Metall, Porzellan, Elfenbein u. ä. an Uhrketten der Herren; das geräuschvolle Aneinanderschlagen war beabsichtigt. Haupts. 1770/80er Jahre, auch 19. und Anfang 20. Jh. [Abb. 37]

Bermuda-Shorts (Pl.; auch als Kurzform *Bermudas*), kniekurze Damen- und Herrenhose; Bez. nach den Bermuda-Inseln; Ende der 1950er Jahre als Strandhose in auffallenden Farben und Mustern in Nordamerika; allg. modern ab etwa 1965 als Freizeithose, ab den 80er Jahren auch in eleganterer Form. [Abb. 30]

Berthe, *die* (vermutl. nach Bertha, frz. *Berthe,* der Mutter Karls d. Gr., benannt), kragen- oder volantartiger Ausputz, oft aus Spitze, am Dekolleté; in den 1830er Jahren an Tageskleidern, um 1850 noch an Ballkleidern, hier vielfach den evtl. vorhandenen kleinen Ärmel überdeckend.

Besatz, jede Art von aufgenähter Dekoration wie Bänder, → Tressen, → Litzen, → Borten, aber auch → Rüschen, → Spitzen und Pelz (→ Bräme).

Betrügerchen, ugs. für → *Plastron,* Kragen mit hinterem und/oder vorderem Latz als Einsatz: aufgenäht bei Kleidern und Blusen, lose eingesteckt in Kleider- und Pulloverausschnitte, seit den 1920er Jahren auch als gestrickter Rollkragen.

Beutelärmel, weiter, beutelartig hängender Ärmel, am Obergewand; zuerst mit einem Durchgriffschlitz in Ellbogenhöhe und unten geschlossenem Beutel, später zusätzlich dort mit einer Öffnung für die Hand, somit als langer Ärmel zu tragen; in hochwertiger Ausstattung mit Pelzverbrämung an den Öffnungen; 2. Hälfte 14. bis Mitte 15. Jh.

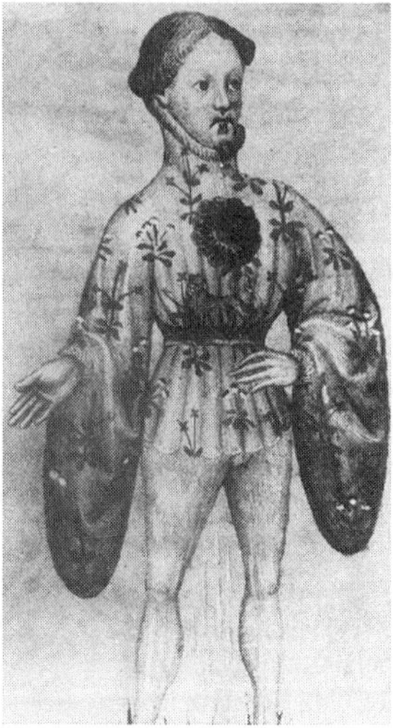

Abb. 18: Beutelärmel. England um 1408.

Beuteltasche. Im Normalfall hat jeder einfache Beutel eine Funktion als Tasche, die B. ist dagegen häufig aus Teilen zusammengesetzt und der Verschluss bes. gestaltet. B. mit spez. Bez.: → Pompadour, → Ridikül, evtl. → Almosentasche; ohne spez. Bez.: Damenhandtasche mit

Klappe oder Bügelverschluss, 1. Hälfte 16. Jh.; in der Schneiderei: eine am oberen Rand zusammengezogene Tasche, bis auf den Eingriff rundum angenäht bzw. als kompletter Beutel nur oben befestigt. [s. Abb. 134 e]

Biberhut (auch *Castor-* oder *Kastorhut*; von frz. *castor* ›Biber‹), Biberhaar-Filzhut mit zylinderförmigem, oben breiterem Kopfteil und runder, leicht nach oben gebogener Krempe; modern als Herrenhut erstmals im 15. Jh., dann im 17. Jh. und um 1800 mit höherem, kegelstumpfartigem Kopfteil; z. Z. der Französischen Revolution vielfach mit frz. Nationalkokarde (Rosette in den Nationalfarben) auch von Frauen getragen.

Biedermeiermode, mehr Schlagwort als fachspezifische Bez. für den Kleidungsstil der Epoche zwischen dem Wiener Kongress (1814/15) und dem Revolutionsjahr 1848; bes. gekennzeichnet durch die Silhouette der Damenkleidung: Rückkehr zu Korsett und damit enger Taille (im Ggs. zum → Chemisenkleid,

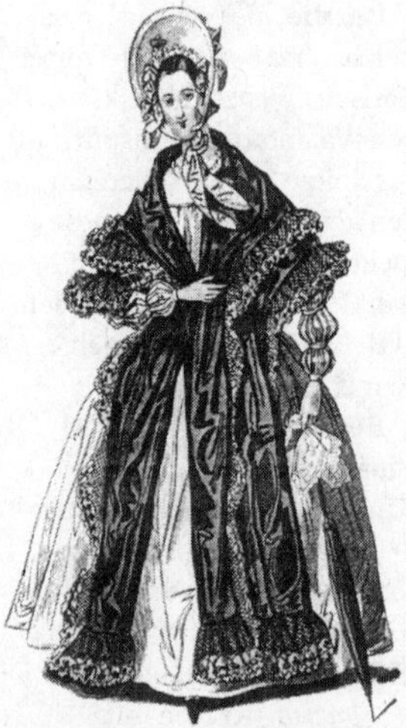

Abb. 19: Biedermeiermode.

Mode à la → Grecque) im Kontrast zur breiten Schulterlinie; Kleinteiligkeit und Verspieltheit in der Ausgestaltung der Kleidung bei eher schlichteren Stoffen sowie bei Frisur und Accessoires gelten als adäquater Ausdruck eines auf den privaten Bereich konzentrierten bürgerlichen Lebens, bes. der Frau. In den einzelnen modischen Ausprägungen jedoch dem Zeitrahmen nicht ganz entsprechend, zu sehen an der → Krinoline: bestimmte noch nach 1848 die Silhouette.

Biese. **1.** Wenige Millimeter breit abgenähtes Fältchen, auch wulstartig mit Kordeleinlage. **2.** Farbiger, schmaler Stoffstreifen als Vorstoß an Kanten der Uniform (→ Paspel). **3.** Dicke Zierschnur als → Besatz.

Bikini, zweiteilige → Badekleidung: → Büstenhalter und knappes Höschen; am 5. Juli 1946 in Paris als Kreation von Louis Réard vorgeführt, wenige Tage nach dem aufsehenerregenden Atomtest auf dem Bikini-Atoll (Pazifische Inseln), daher der Name; in der Bademode endgültig durchgesetzt erst in den 60er Jahren.

Billetttasche, eingearbeitete Tasche mit → Patte, evtl. auch nur Patte über der rechten Seitentasche an Jackett oder Mantel; Mitte des 19. Jh. zur Bereithaltung des Trinkgeldes; am Mantel um 1900 zuerst am → Ulster, für das Billett; ab den 30er Jahren vielfach an eleganten und sportlichen Sakkos, an letzteren auch aufgesetzt.

Billycock, *der* (auch *bullycock*, von engl. *bully* ›Schläger‹, ›brutaler Kerl‹), urspr. ein vermutl. dreispitziger Hut, getragen in England von Raufbolden, spätes 18. Jh.; Bez. gilt vor allem für einen runden Hut mit steifem Kopfteil, von Hutmacher William Cock für Grubenarbeiter in Cornwall entwickelt, im 19. Jh. als Teil der Arbeitskleidung in England verbreitet; als *Billy* im 19. Jh. zunehmend ein von Farmern getragener Hut, bes. in den USA; ähnl. dem Billycoke (→ Bowler).

Billycoke, *der,* → Bowler.

Bindung. **1.** Verkreuzungsart der senkrecht gespannten Kettfäden (= Kette) mit den waagerechten Schussfäden (= Schuss oder Eintrag); Grundbindungen: → Leinwand-B., Köper-B., Atlas-B. (→ Köper, → Atlas). **2.** Art der Fadenverschlingung bei Strick- und Wirkwaren. [Abb. 20]

Bischofsärmel, oben schmaler, zum Saum hin leicht trichterförmig ausgestellter Ärmel an Damenkleidern; Mitte 19. Jh.; → Pagodenärmel.

Blankscheit, *das,* → Planchette.

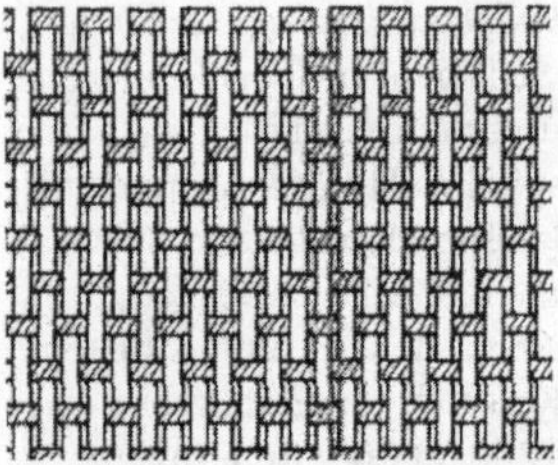

a

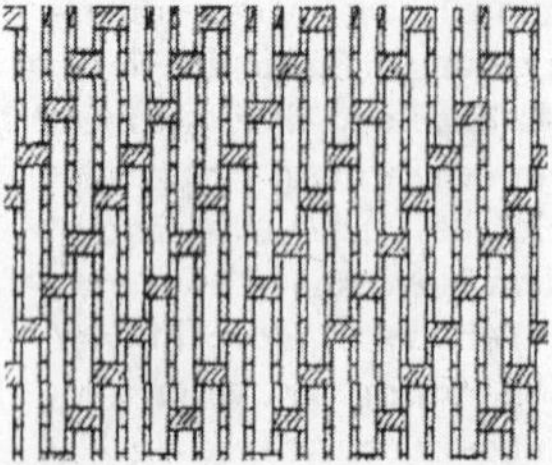

b

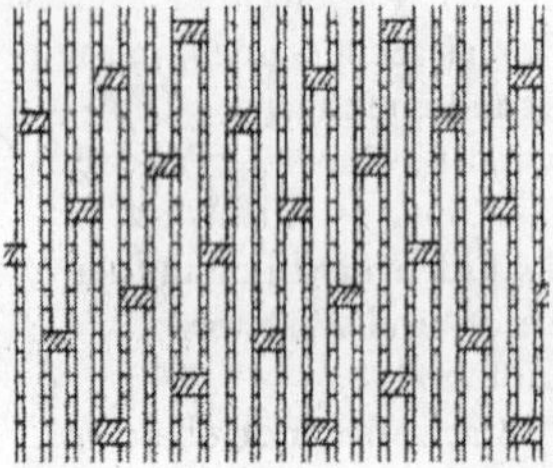

c

Abb. 20: Bindung. – a) Leinwandbindung, einfach. b) Vierbindiger Kettköper. c) Achtbindiger Kettatlas.

Blasebalgtasche, aufgesetzte Tasche, rundum mit einer Falte zwischen Taschenfront und Kleidungsstück, dadurch bes. großes Fassungsvermögen; an sportlichen Jacken, Hemden und Blusen. [Abb. 134 g]

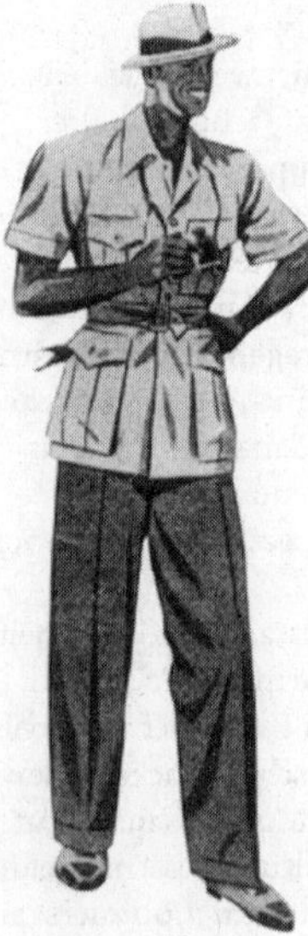

Abb. 21: Buschhemd mit Blasebalgtasche. Mitte 20. Jh.

Blazer, *der* (von engl. *to blaze* ›leuchten‹ oder von *blazon* ›Wappenschild‹), auch

Club-/Klubjacke, ein- oder zweireihiges Sakko, vielfach in Marineblau, mit Metallknöpfen; seit Ende des 19. Jh. engl. Sportjacke und Jacke von Sportklubs, jeweils gekennzeichnet durch Farbe und Ausgestaltung (häufiger mit breiten roten Streifen) sowie Klubabzeichen auf der linken Brusttasche; Bez. seit den 1920er Jahren; in den 50er Jahren in die Mode eingegangen als elegante Freizeitkleidung, in den 60er Jahren auch in die Tageskleidung sowie in die Damenkleidung.

Bleistiftlinie, allg. Bez. für eine Silhouette in der Damenmode mit schmalen, geraden Röcken, zum Saum hin optisch eng zulaufend, bes. zwischen Mitte der 1940er und Ende der 50er Jahre; berühmt als Kontrast zur Kollektion *ligne corolle* des → New Look mit den weiten Röcken; bereits im Herbst 1947 von Christian Dior (1905–1957) an einigen Modellen unter der Bez. »enge Silhouette« gezeigt, charakteristisch für seine »vertikale Linie«, 1950; der Bewegungsfreiheit wegen häufig mit → Diorschlitz.

Blende, → Besatz in Form eines langen, meist einige Zentimeter breiten Stoffstreifens, als Form-B. dem gekrümmten Kantenverlauf angepasst; bei optisch gleichem Effekt auch durch eine kantenparallele Steppnaht zu erreichen.

Bliaut, *der* (afrz.; auch *Bliaud*), Obergewand, an Hals- und Ärmelabschluss evtl. goldbestickt, gegürtet und durch seitl. Schnürung eng am Körper anliegend; vielfach mit langen, bei Frauen auch mit weiten, bis zum Boden hängenden Ärmeln und Schleppe; höfische Kleidung, 2. Hälfte 12. bis Anfang 13. Jh.

Blinder Verschluss, liegt unter einer → Blende: der eigtl. Verschluss (Knöpfe/Knopflöcher, Reißverschluss usw.) ist außen am Kleidungsstück nicht sichtbar; mit Knöpfen auch unter der Bez. »verdeckte Knopflochleiste«, erstmals um 1860 an Herrenmänteln modern. [Abb. 95]

Blindes Knopfpaar, an zweireihigen Mänteln oder Sakkos oberhalb der Schließknöpfe angebrachtes Knopfpaar ohne Funktion, bedingt durch das → Revers jeweils etwas zur Seitennaht hin versetzt, daher auch ital./frz./engl. *trombon*-Knöpfe, nach der posaunenartigen Optik der Knopfanordnung.

Bloomers, *die* (Pl.), sehr weite, lange → Pumphose, nach dem Vorbild türk. Frauenhosen, unter einem etwa kniekurzen, nicht einengenden Kleid getragen, wobei → Korsett und die damals moderne → Krinoline wegfallen sollten: ein Vorschlag der Amerikanerin Amelia Bloomer (1818–1894) Anfang der 1850er Jahre; erster Ansatz zum → Reformkleid und zur Hosenmode der Frau, viel kritisiert und erst gegen Ende des Jh. in der → Radfahrkleidung als wadenlange, sehr bauschige Hose häufiger getragen; ab Mitte des 20. Jh. oberschenkellange Klein-

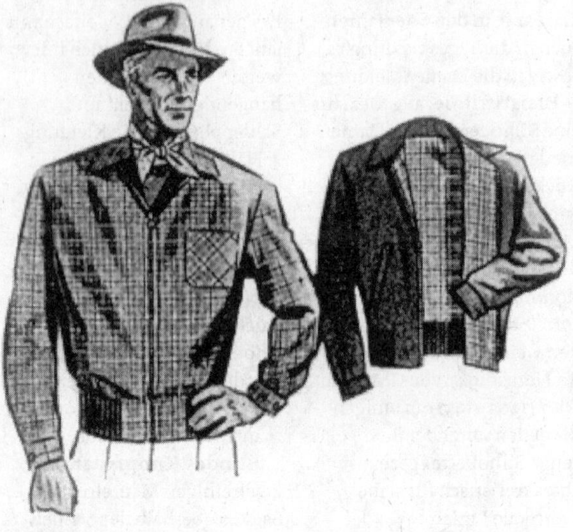

Abb. 22: Wendejacke (→ Reversible) in Blouson- (links) bzw. Lumberjackform (rechts). Mitte 20. Jh.

kinderhose, zuweilen noch Bez. für eine solche Damenhose.

Blouson, *das*, auch *der* (frz.), sportliche, etwa hüftlange, weite Bluse oder Jacke; Stofffülle wird als unterer Abschluss in einem → Bund zusammengefasst oder mit → Riegeln u. ä. zusammengehalten; seit den 1950er Jahren beliebter Schnitt.

Blüchermantel, Herrenmantel mit mehreren stufig übereinanderliegenden Schulterkragen wie beim → Carrick; benannt nach dem preußischen Heerführer Fürst Gebhard Leberecht Blücher (1742–1819); Ende 18. Jh. – nach 1830.

Blue Jeans → Jeans.

Bluse (von frz. *blouse*), urspr. Bez. für einen Arbeiterkittel um 1800; lockeres Oberteil der Oberkleidung, aus leichteren Stoffen; spez. Bez. für die in den 1820er Jahren aufgekommene, noch anliegend gearbeitete, jedoch eigenständige Form des Oberteils in der Damenkleidung; wurde ab den 1880er Jahren populär, bes. für die berufstätige Frau zum → Kostüm; typ. bis Anfang des 20. Jh. mit Stehkragen und vorderer Fältchenpartie, an der Schulter gebauschte Ärmel; durch Einfluss der Reformbewegung gelockerter Schnitt; seit dem 1. Weltkrieg als → Hemdbluse beliebt.

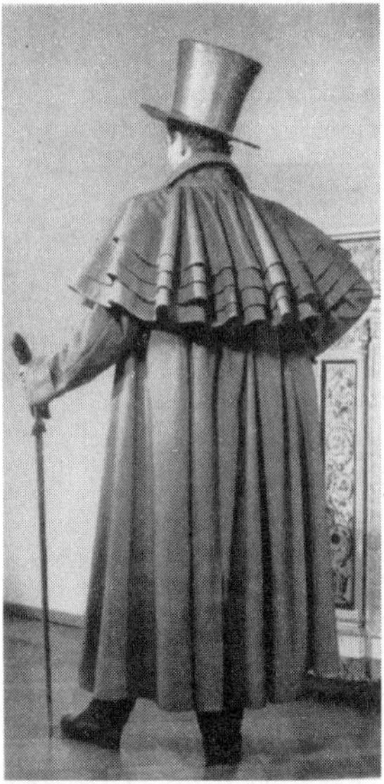

Abb. 23: Blüchermantel. – Carrick König Ludwigs I. von Bayern. Um 1830.

Boa, *die* (Bez. nach der Riesenschlange *Boa con-*

strictor), sehr langer Schal, haupts. aus Pelz oder Federn; erstmals um 1800, in den 1830er/40er Jahren, um 1900; heute vorwiegend zu Kleidern mit großem Dekolleté getragen.

Boater, *der* (von engl. *boat* ›Boot‹, ›Schiff‹), Strohhut mit niedrigem Kopfteil und waagerechter, schmaler Krempe; urspr. mit Schellack überzogen; im frühen 19. Jh. Sommerhut für Matrosen; Ende des 19. bis weit ins 20. Jh. als Herrenhut in England und den USA aktuell; auf dem europ. Kontinent als → Canotier und → Matelot bekannt.

Body, *der* (engl., ›Körper‹), durchgehendes Kleidungsstück, das aus einem anliegenden oder blusig geschnittenen Oberteil und einem → Slip besteht, meist im Schritt mit Haken oder Knöpfen geschlossen; Oberteil heute auch sichtbar getragen.

Bodystocking, *der* (engl., ›Körperstrumpf‹), hautenger Anzug in der Art einer Feinstrumpfhose, jedoch den gesamten Körper einhüllend; urspr. vor allem von Manne-

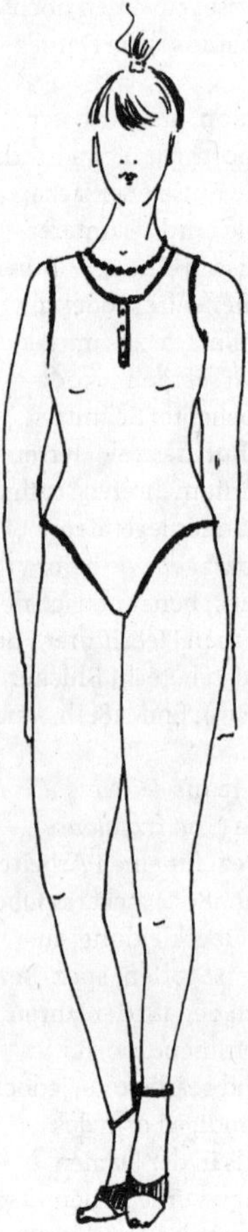

Abb. 24: Body.

quins und Tänzern getragen, heute auch als Sportanzug, bes. für Leistungssportler, aus hochelastischen, sehr glatten, jedoch blickdichten Materialien; als Disco-Kleidung Ende der 70er Jahre aktuell.

Bodysuit, *der* (engl., ›Körper-Anzug‹), einteiliger Anzug; Unterkleidung: Oberteil und kurze Hose, meist aus elastischen Stoffen; Oberteil: auch sichtbar getragen; nach 1950 zuerst in den USA modern geworden (als Oberkleidung → Jumpsuit).

Bolero, *der* (span.).
1. Knappes Jäckchen, oberhalb der Taille endend, lange Ärmel, meist verschlusslos, bunte Posamentenstickerei (→ Posamenten); Jacke der span. Toreros, Teil der span. Volkstracht: eingegangen in die allg. Damenmode, auch mit Abwandlungen, z. B. ohne Ärmel oder Revers; aktuell um 1865 und um 1900, ab den 30er Jahren immer wieder als Ergänzung meist sommerlicher und festlicher Garderobe. [Abb. 149]
2. Runder kleiner Hut mit hochgeschlagener Krempe;

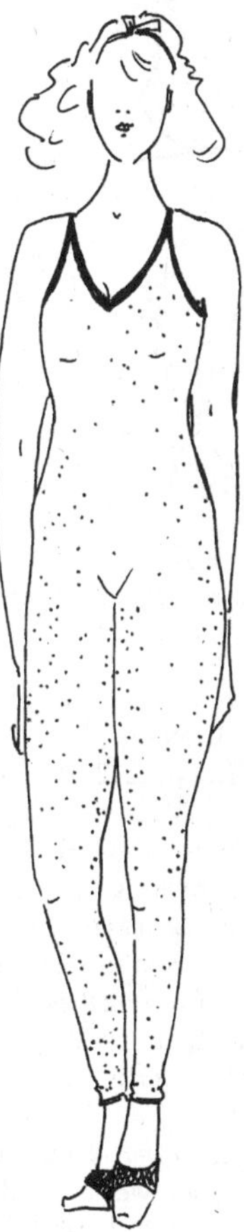
Abb. 25: Bodysuit.

urspr. Teil der span. Volkstracht.

Bommel, *der*, kugel- oder eiförmiges Gebilde, ähnl. der → Quaste aus einem Büschel von Fäden zusammengebunden, geflochten usw.; freihängend als Dekoration, z. B. an Kindermützen (→ Posamenten).

Bonner Anzug → Stresemann.

Boot-Ausschnitt (auch *Schiff-* oder *Schiffchenausschnitt*, heute auch *U-Boot-Ausschnitt*), Halsausschnitt, der von Schulter zu Schulter in flach gebogener Linie verläuft, endet an Abendkleidern auch unterhalb der Schulter; ab etwa 1917 bis in die 20er Jahre, heute bes. an Pullovern, T-Shirts und Kleidern.

Bord-à-Bord-Jacke (frz., ›Kante an Kante‹), Jacke mit aneinanderstoßenden Vorderkanten, die mit einem Doppelknopf (zwei miteinander verbundene Knöpfe) oder einer Schmucknadel o. ä. zusammengehalten werden; z. B. als Trachtenjacke; als Kostümjacke bes. beliebt in den 1960er Jahren, vor allem am → Chanelkostüm; Bord-à-Bord-Kante auch an Sakkos, Westen, Mänteln.

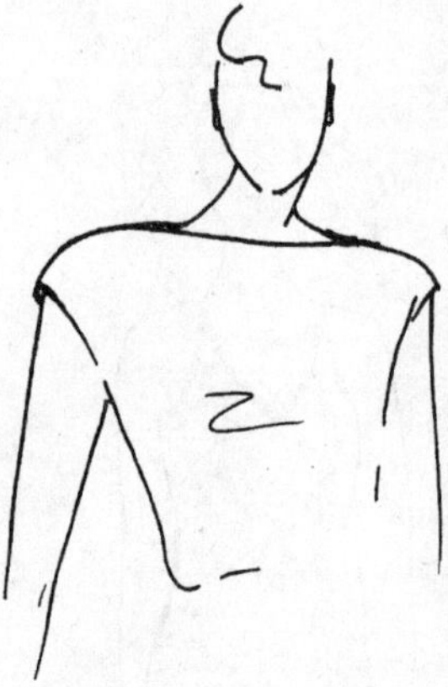

Abb. 26: Oberteil mit überschnittener Schulter und Boot-Ausschnitt.

Bordüre (frz., ›Borte‹, ›Rahmen‹), Musterstreifen in ausgeprägter Gestaltung, entweder an der Kante eines Kleidungsstückes entlangführend oder als Teil einer Gesamtmusterung (bes. innerhalb eines Druckmusters), auch als Besatz zum Aufnähen. [Abb. 12]

Borsalino, *der*, eleganter Herrenhut aus weichem Filz, handgemacht; Bez. nach Giovanni Borsalino (1834–

1900), Hutmacher bei Mailand, dort 1857 Gründung einer eigenen Fabrikation; bis in die 1930er Jahre sehr beliebt, weltweit bekannt.

Borte (von ahd. *borto* ›Saum‹, ›Einfassung‹; mhd. in der Bedeutung von ›Band‹, da Einfassung der Säume häufig mit Bändern), einfarbiges oder gemustertes Besatzband aus div. Materialien, auch angewebt.

Bouffante, *die* (von frz. *bouffant* ›bauschig‹), Polstereinlage, haupts. unter Röcken, spez. als Wulstring (→ Hüftpolster) über dem Unterrock, 1. Hälfte 17. Jh.; weiterhin als Gesäßpolster: unter der Raffung des → Manteau um 1700, beim → Cul de Paris Ende 18. Jh., bei der → Turnüre um 1870 und um 1885.

Bowler, *der* (engl., auch *Melone, Eiersieder; Billycoke*), schwarzer, steifer Herrenfilzhut mit kuppelförmigem Kopfteil und schmaler, meist seitl. etwas hochgebogener Krempe; um 1850 von der Firma Bowler & Son entwickelt, auch lanciert von dem Norfolker William Coke, der ihn bei der Jagd schätzte; in Mode gekommen als Ausweichmodell für den politisch provokanten → Zylinder; fand allg. Verwendung, auch zum Reitanzug; in Deutschland bis in die 1930er Jahre getragen, in England als korrekter Hut im Geschäftsleben noch heute (→ Billycock).

Bozener Mantel, aus schwerem, imprägniertem Tuchloden (→ Loden); gerade oder ausgestellt geschnitten, Passe vorne und hinten, tiefe Rückenfalte, einreihig hochgeschlossen, mit Kragen (evtl. → Kapuze), aufgesetzten Taschen; Ende des 19. Jh. von dem Rosenheimer Schneider Johann Klepper (1868–1949) als Herrenwandermantel entwickelt, zuerst nach Bozen verkauft; bes. Anfang des 20. Jh. sehr modern, auch für Frauen.

Bracca, *die* (urspr. kelt.), Hose der Gallier und Germanen (→ Bruch); nach der Zeitenwende von den Römern sowohl als Bez. für die jenseits der Alpen gelegenen Gebiete der Gallier (Gallia braccata) als auch für die Bekleidung selbst übernommen.

Braguette, *die* (frz.), → Schamkapsel.

Bräme, auch *Verbrämung*, Kantenbesatz oder -einfassung aus kostbarem Material, vor allem aus Pelz.

Brandenbourg(s), *der*, zunächst ein weiter Überrock mit farbig umrahmten Knopflöchern, ab etwa 1670 von brandenburgischen Soldaten unter anderem im Elsass getragen; die so verzierte Knopfleiste unter dieser Bez. von den Franzosen übernommen; übergegangen auf die daraus entstandene Litzen- und Tressenverzierung um Knopf und Knopfloch an Herren-, dann bes. in der Biedermeierzeit auch an Damenkleidungsstücken; vielfach an Galauniformen bis Ende des 19. Jh.; beibehalten an Herrenhausjacken und -mänteln bis in die 1950er Jahre.

Brautkleidung, Ausstattung der Braut seit jeher und in allen Kulturen von zeichenhaftem Charakter, auch Ausdruck des sozialen Status, dann je nachdem sehr aufwendig; Orientierung im allg. an der Mode, oft kaum von der Festtagskleidung unterschieden; Bräute der Oberschicht trugen im 15./16. Jh. vielfach rote, blaue oder grüne, im Zuge der → Spanischen Mode schließlich auch schwarze B., letztere in bürgerlichen Kreisen z. T. bis ins 20. Jh. üblich. In Adelskreisen wurden im 17. Jh. weiße und silberne Kleider aktuell, Anfang des 19. Jh. weiße, beeinflusst durch die Mode à la → Grecque, setzten sich dann auch beim Bürgertum durch; Weiß galt als Symbol der Jungfräulichkeit. → Schleier: für christliche Bräute seit dem 4. Jh. nachzuweisen; etwa ab 1825 zum modischen Brautkleid allg. verbreitet; Brautkronen: vom 16. bis ins 18. Jh. bes. in dt. Adelskreisen, danach noch in Volkstrachten bei reichen Bauerntöchtern; Myrtenkranz sowie Schleier bereits in der röm. Antike.

Breeches (Pl.; engl.), lange Reithose, in orig. Ausführung an den Oberschenkeln weit ausladend in Form eines sog. Ballons geschnitten, an den Waden anliegend, an den Knieinnenseiten Hirschlederbesätze, evtl. auch Gesäßleder; zu hohen Reitstiefeln getragen; Passform entspr. den Erfordernissen beim Reiten; zu offiziellen Prüfungen auch heute in traditioneller Ausführung aus sehr hellem Leder, in klassischer Form mit vorderem Hosenlatz; in Mode gekommen etwa 1900, der typ. Schnitt setzte sich erst in den 20er Jahren durch.

Breloque, *die* (frz.), → Berlocke.

Breton, *der* (frz.), runder Männerhut mit hochgeklappter Krempe; in den 1940er Jahren ähnl. als kleiner Damenhut modern.

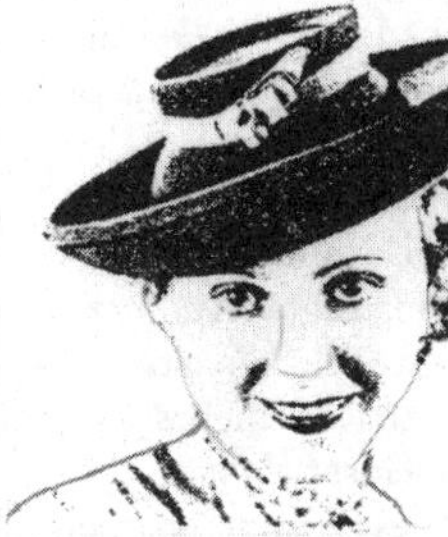

Abb. 27: Breton. Paris, 1939/40.

Brokat (von ital. *broccato* ›gestickt‹), allg., jedoch ungenaue Bez. für ein schweres, reich gemustertes Gewebe, vor allem, wenn (bes. im Schuss) mit Metallfäden; häufig Seide; sehr wertvoller Stoff, zu allen Zeiten für repräsentative Kleidung verwendet; z. B. → Damast mit figürlichen Mustern.

Bruch, *die* (auch *Bruche*; kelt. *braca*, lat. *braca* oder → *bracca*), als Hose getragenes, zwischen den Beinen durchgezogenes, über den Hüften oder in der Taille mit einem Gürtel befestigtes Stoffstück, im späten Mittelalter offensichtlich auch genähte (Unter-)Hose; erste Nachweise aus der nordeurop. Bronzezeit, kurzes kelt. und german. Beinkleid der Männer; in Mitteleuropa im wesentlichen ab 12. bis Ende 15. Jh. mit angenestelten → Beinlingen getragen.

Brusttuch, im oder über dem Halsausschnitt getragenes Tuch, häufig als Verhüllung des Dekolletés; seit Ende des 15. Jh. in der Frauen-, aber auch in der Herrenkleidung, bes. anfangs in kostbarer Ausführung; in der 2. Hälfte des 18. Jh. als → Fichu bzw. → Trompeuse; vielfach Bestandteil von Volkstrachten, auch »Brustfleck« genannt.

Bubikragen (auch *Claudine*), kleiner, flach aufliegender Kragen, meist weiß; Anfang der 1920er Jahre aus der Kinderkleidung in die Damenmode übernommen, Form jedoch schon früher bekannt. [Abb. 73, 89 e]

Bügelfalte, durch Bügeln oder Pressen hervorgerufener Knick (= »Bruch«), jeweils in der Mitte der Vorder- und Hinterhosenbeine; angeblich von dem späteren engl. König Edward VII. (1841–1910) eingeführt, Ende 19. Jh.; allg. durchgesetzt zwischen 1905 und 1910 an eleganten Hosen; gelegtl. auch an Ärmeln von Oberhemden, um 1930 aufgekommen: typ. für die amerik. → Konfektion; an Röcken → Faltenrock.

Bund, eng anliegender, schmaler oder breiter Taillenabschluss an Röcken und Hosen, angesetzt oder angeschnitten; auch ganz oder teilw. mit Gummidurchzug; vor allem an Herrenhosen auch mit übertrittartiger Verlängerung am Verschluss (→ Übertritt), dadurch ist eine Bundweitenverstellung möglich; Bez. ist auch für den unteren engen Abschluss an Oberteilen (→ Blouson, → Lumberjack) in Gebrauch.

Bündchen. Ärmelbündchen: eng anliegender, doppelt gearbeiteter und innen versteifter Stoffstreifen, in den der untere gekräuselte oder in Falten gelegte Abschluss des Blusen- bzw. Kleiderärmels gefasst wird, rundum geschlossen oder geknöpft, bes. an Hemdblusen (→ Manschette); auch ohne Versteifung und glatt angesetzt oder angeschnitten, dann mit breiterem Gummidurchzug, auch als Strickbündchen; ähnl. an → Kniebundhosen, gelegtl. an langen Hosen.

Bundfalte, unter dem Bund rechts und links der Mitte eingelegte oder kurz abgenähte Fältchen (statt Abnäher); an Röcken, bes. aber an legeren Hosen als spez. Typ, »B.-Hose« genannt: erstmals aktuell in den 1920er/30er Jahren, ab Mitte der 70er Jahre weit verbreitet.

Bundschuh (von *binden*), aus einem Stück Leder, Fell

oder festem Stoff bestehender Schuh, bei dem das an der Auftrittsfläche (Sohle) überstehende Material mit Riemen um den Fuß gebunden wurde; offensichtlich bereits bekannt in der mitteleurop. Jungsteinzeit, Nachweise aus der Bronzezeit; einfaches Schuhwerk der bäuerlichen Bevölkerung bis ins 17. Jh.; wurde Symbol und Name der vereinigten aufständischen Bauern, Ende 15. Jh.

Burberry, *der*, Wettermantel mit kleinem Kragen und verdeckter Knopfleiste aus hochwertigem, imprägniertem Kammgarngewebe (→ Kammgarn) der engl. Firma B.; Begründer Thomas B. (1835–1926) wurde bekannt durch die Entwicklung des → Gabardine genannten Mantelstoffes, 1879 patentiert, ausgerüstet mit wind- und wasserabweisenden Eigenschaften. Der Name »B.« ist als Markenbez. auf den Mantel übergegangen; typ. das ausknöpfbare karierte wollene Innenfutter.

Burgundische Haube, dt. Bez. für den → Hennin.

Burgundische Mode, kostümgeschichtliche Bez. für die vom burgundischen Hof ausgegangene Mode der Regierungszeit der Herzöge Philipp der Kühne bis Karl der Kühne (1363 bis 1477), gekennzeichnet durch eine Fülle extravaganter Ausprägungen, übertriebene Form und Ausgestaltung: z. B. überhohe Kopfbedeckungen (→ Hennin), überlange, spitze Schuhe (→ Schnabelschuhe), extreme Verengung und Verkürzung von Kleidungsstücken (→ Schecke) usw.; → Schellenschmuck und → Zattelmode; gilt als adäquater Ausdruck spätmittelalterlicher, ritterlicher Kultur, drang bis in den bürgerlichen Lebensbereich vor; teilw. bis in die → Spanische Mode nachwirkend.

Burka. 1. *die* (auch *Burqa, Burkha*), Kopf und Körper verhüllendes Übergewand oder großes Stoffstück muslimischer Frauen; kürzere und längere Formen, häufig bestickt, auch plissiert, in Afghanistan mit eingearbeitetem Netz als Sicht-

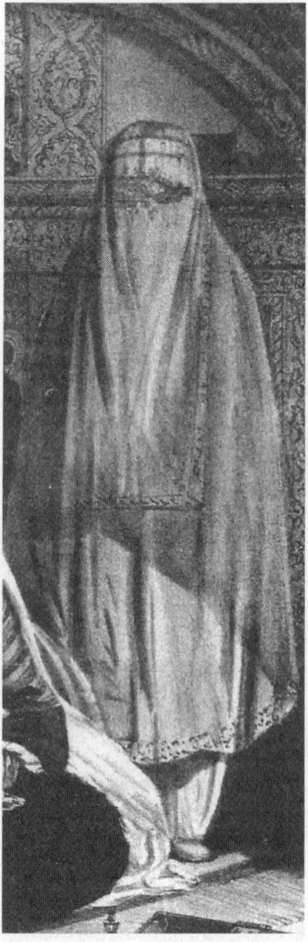

Abb. 28: Burka, »Ladies of Caubul«, um 1840. Stich von James Rattray.

fenster; auf Formen des Mittelalters zurückgehend. **2.** kaukasischer Radmantel aus dickem Wollstoff.

Burnus, *der* (vermutl. von griech. *birros*, gelegtl. auch *Beduinenmantel*, vermutl. mit diesem übereinstimmend), rundgeschnittener Umhang mit spitzer, aus einem Webstück zusammengenähter → Kapuze, nordafrik./arab., jedoch möglicherweise auf röm. Vorbilder zurückgehend, auch ähnl. mittelalterliche Formen; unter Anpassung an die europ. Mode auch mit Ärmeln versehen; in der 1. Hälfte des 19. Jh. von Männern, bis in die 2. Hälfte des Jh. auch von Frauen getragen; typ. die → Quaste an der Kapuzenspitze.

Buschhemd, sportliches, sommerliches Hemd mit kurzen Ärmeln, aufgesetzten Taschen, bes. → Blasebalgtaschen, mit Kragen, hochgeschlossen oder offen (in der Art des → Slipon-Fassons) zu tragen, gegürtet; nach dem Vorbild der Tropenkleidung (seit 1910/20 obligatorisch) Mitte der 30er Jahre modern geworden in damals ungewöhnlicher Optik, da von Männern und Frauen über der Hose getragen; Grundtyp der Freizeitkleidung; Ende der 30er Jahre auch abgewandelt als Kleid angeboten. [Abb. 21]

Büstenhalter, »BH«, stützende, formgebende Umhüllung der Brüste; entwickelte sich ab Ende des 19. Jh. im Rahmen der Reform der Damenkleidung bzw. der Abwendung vom → Korsett; stützend ohne starre Einlagen 1912 patentiert (»Hautana-Brusthalter«); in den 20er Jahren als abflachendes Brustband, in den 30er bis 50er Jahren stark modellierend, gerne mit spitzen Körbchen; Ende der 60er Jahre von Rudi Gernreich (1922–1985; → Oben-ohne-Mode) in der Form von zwei durchsichtigen, vorgeformten Mulden unter der Bez. »No-bra-bra« (›Kein-BH-BH‹) in Mode gebracht.

Bustier, *das* (von frz. *buste* ›Büste‹, ›Oberkörper‹), leibchenähnl. Oberteil: anliegend, mit oder ohne ausgearbeitete Brustform,

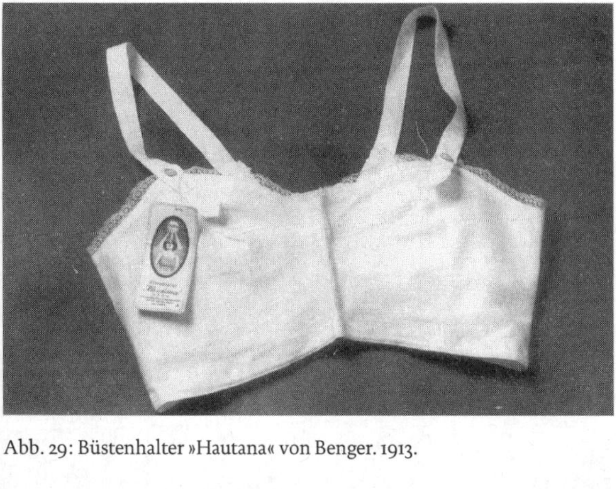

Abb. 29: Büstenhalter »Hautana« von Benger. 1913.

oberhalb der Taille endend; mit Trägern oder trägerlos; als Unterkleidung oder sommerliches Kleidungsstück; vielfach aus dehnbarem Stoff; um 1970 aufgekommen; in der Form nicht immer eindeutig vom → Büstenhalter zu unterscheiden.

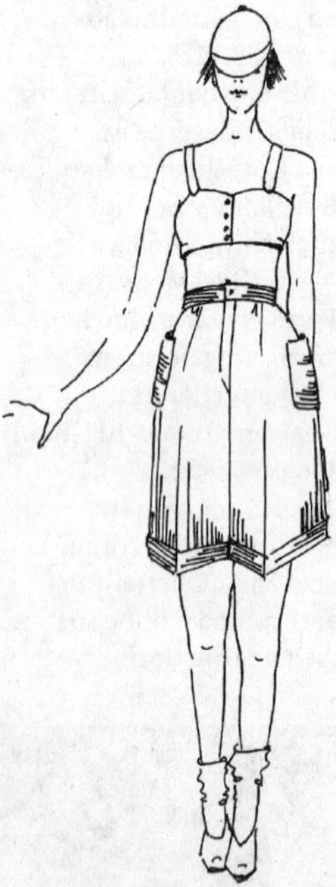

Abb. 30: Bustier und Bermuda-Shorts.

Button-down-Kragen (von engl. *button* ›Knopf‹ und *down* ›unten‹), Kragen, der an seinen Ecken unterhalb des → Stegs aufgeknöpft wird; zuerst an sportlichen Herrenhemden um 1950. [Abb. 127]

C

Caban, *der* (auch *Gaban*). **1.** Lose geschnittener Mantel mit spitzer Kapuze, haupts. für Herren, 1. Hälfte 19. Jh.; Name und Form vermutl. nach einem ähnl. Regenmantel, der nach Mitte des 14. Jh. durch oriental. Einfluss in Europa in Mode kam. **2.** Sportlich-modischer Herrenkurzmantel; meist zweireihig, mit eingearbeiteten Taschen, leicht bis mäßig tailliert; Kragen / Revers bes. ausgeprägt; im Stil Anlehnung an Marinejacken: bes. in Dunkelblau modern in den 1960er Jahren, in den 70er Jahren vielfach kamelhaarfarben. **3.** Zweireihige, sportliche, etwa hüftlange Jacke mit herrenmäßigem → Fasson und eingearbeiteten Taschen, auch mit Raglanärmeln (→ Raglan); bes. Ende der 60er und in den 70er Jahren in Mode.

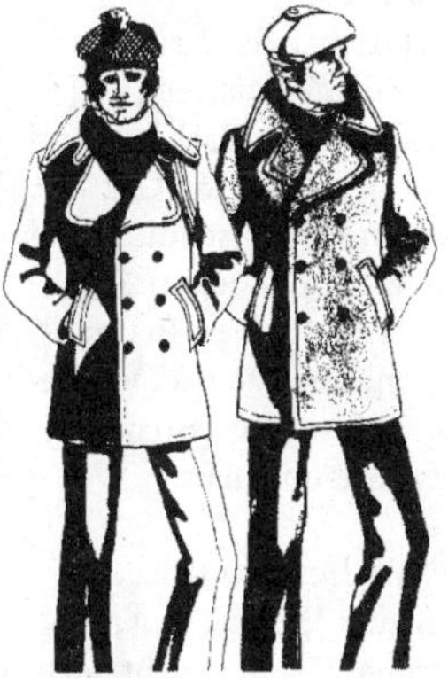

Abb. 31: Caban in zwei Varianten. 1970er Jahre.

Caban-Anzug, sportlicher Anzug: langer Sakko mit aufgesetzten Taschen oberhalb und unterhalb des breiten Gürtels; um 1965 bis in die 70er Jahre.

Cachenez, *das* (von frz. *cacher* ›verstecken‹ und *nez* ›Nase‹), zunächst eine zumindest Stirn und Nase verhüllende schwarze Maske, ab Mitte des 16. Jh. in Frankreich als Wetterschutz, bis ins 18. Jh. auch anderweitig in Gebrauch; Bez. ging auf ein viereckiges Halstuch über, häufig Alternative zur Halsbinde: Ende des 18. Jh. in bes. großer, verhüllender Form typ. für den → Incroyable; Anfang der 1930er Jahre in Schwarz/Weiß oder Grau zum Gesellschaftsanzug, dann farbig, gemustert zu eleganter, später auch sportlicher Überkleidung; um 1970 beliebt zum Herrenoberhemd; seit den 30er Jahren auch von Damen getragen.

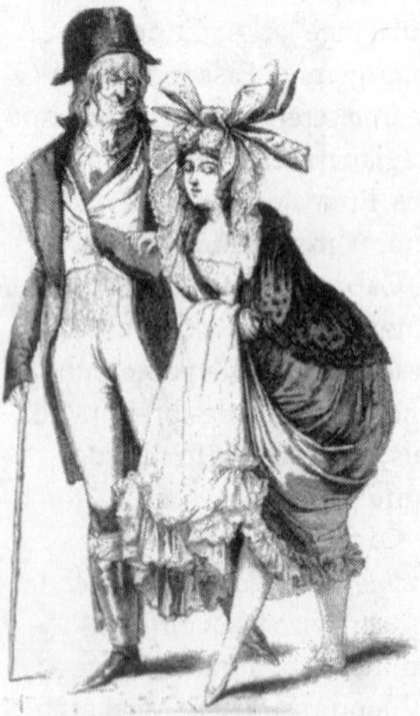

Abb. 32: Incroyable mit Cachenez und Merveilleuse. Ende 18. Jh.

Camber, *der* (engl., ›Krümmung, Biegung‹), Herrenhut mit vorne flacher, sonst hochgebogener Krempe und zwei leichten Dellen; Ende der 1930er Jahre als korrekter Stadthut in Mode gekommen, unter gleicher Bez. jedoch erst um 1950, formmäßig leicht abgewandelt, getragen; gilt weiterhin als klassischer Herrenhut.

Camisol → Kamisol.

Campus-Anzug, kombinierter Herrenanzug: Sakko und Hose aus unterschiedlichen Stoffen; ausgehend von nordamerik. Studentenkreisen um 1930 als Bez. für einen sportlichen, damals unkonventionellen Freizeitanzug aufgekommen; Campus-Stil: heute ausgesprochen legerer Stil, in Anlehnung an amerik. Sportlerkleidung.

Canadian, *der* (engl., ›kanadisch‹ bzw. ›Kanadier‹; auch *Canadienne, die*), sportliche lange Jacke, zweireihig geknöpft, mit Gürtel, meist im Raglanschnitt; auch pelzverbrämt oder mit Pelzfütterung; für Damen und Herren; urspr. kanad. Winterjacke bzw. wetterfeste Jacke amerik. Truppen im 2. Weltkrieg.

Canadien, *der* (frz., ›Kanadier‹), Herrenhut aus weichem Filz mit leicht hochgestelltem, breitem Rand (ähnl. dem → Kalabreser);

urspr. aus Kanada, etwa 1947 durch den frz. Hutmacher Carlos Medina als eleganter Hut modern geworden.

Canezou, *der* (frz.; auch *Cannezou*), zur Bedeckung des Dekolletés des → Chemisenkleides: Jäckchen mit langen Ärmeln, bis unter die Brust reichend, aktuell etwa 1800–1820; ab etwa 1825 bis um 1870 meist zarter Schulterkragen mit Rüschen und Spitzen; bis zur Taille, hier spitz zulaufend und mit Schleife oder Spange zusammengefasst, auch mit → Bund; ab 1848 gelegtl. Bez. für eine Schoßjacke (→ Schoß); auch in Form einer Schürze mit hinten gebundenen Bändern.

Canotier, *der* (frz., ›Kahnfahrer‹, auch *Kreissäge, Butterblume,* → Matelot), ovaler oder runder, steifer Strohhut mit flachem Kopfteil, gerader Krempe und Hutband, urspr. mit hinten herabhängenden Enden; aus dem → Boater hervorgegangen; nach Mitte des 19. Jh. zuerst Kinder-, dann Damenhut: um 1900 häufig mit Kinnschleier bei sportlichen Freizeitbeschäftigungen, modischer Hut um die Zeit des 1. Weltkriegs;

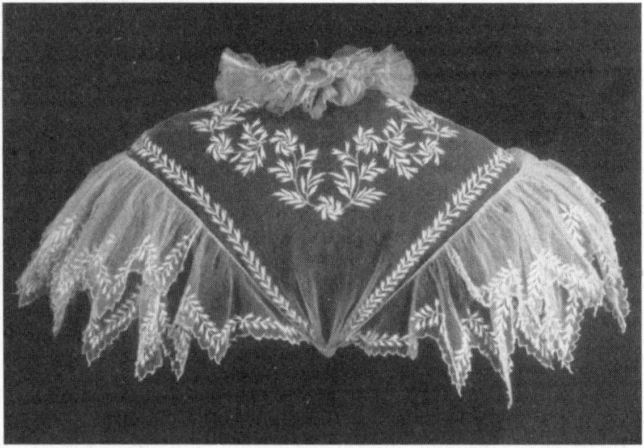

Abb. 33: Canezou aus Tüll. Um 1830.

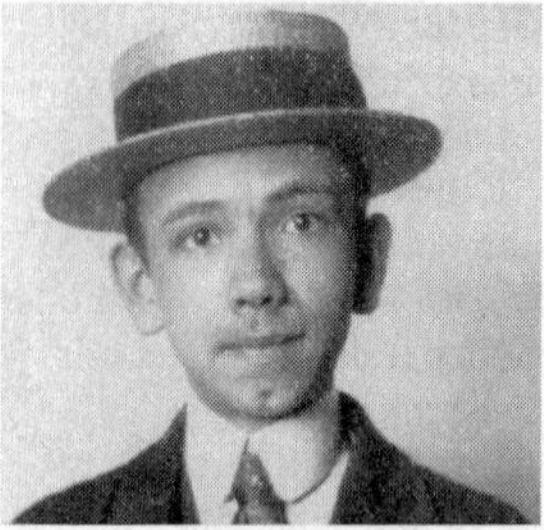

Abb. 34: Canotier. 1910/20.

etwa ab 1880 Herrenhut, aktuell bis in die 1930er Jahre.

Capa, *die* (von mlat. *cappa* ›Mantel mit Kapuze‹), kurzer, rundgeschnittener, vorne offener Umhang aus Samt, Seide oder Wolle, evtl. mit fester Einlage versteift, mit und ohne Kragen; vielfach dekorativ über die linke Schulter gelegt; typ. Herrenbekleidungsstück der höfischen → Spanischen Mode und ihres Einflussbereiches, 16./17. Jh.; als *C. magna* auch in längerer Form und mit → Kapuze; in dt. Landen als »Spanische Kappe« (→ Kappe) übernommen.

Cape, *das* (engl.; von mlat. *cappa* ›Mantel mit Kapuze‹), mantelartiger Umhang, glockig oder gerade und schmal geschnitten, auch mit Armschlitzen, → Durchgrifftaschen und → Kapuze, kurze und lange Modelle; als Grundform lange bekannt (s. → Kappe, → Capa), seit dem 19. Jh. unter der aus dem Engl. übernommenen allg. Bez. (neben spez. Ausprägungen und Bez.) beliebt; vielseitige Verwendung: vom Wetterschutz bis zum eleganten Abendcape, dann auch aus Pelz; im Ggs. zur → Pelerine bezeichnet C. ein Kleidungsstück von eher modischem Charakter, auch vom Schnitt her häufig ausgefeilter.

Caprihose, etwa dreiviertellange, sehr enge Damenhose, häufig mit Seitenschlitzen am Saum, diese auch geknöpft, geschnürt oder mit Reißverschluss usw. geschlossen; urspr. eine Kreation des Couturiers Emilio Pucci (1914–1992), um 1950, seitdem immer wieder auftauchend als modische Sommerhose.

Capuchon, *der* (frz.), urspr. Mönchskapuze; Damenmantel bzw. -umhang mit → Kapuze, Mitte 19. Jh.; heute ein weich fallender, großer Rollkragen, der auch kapuzenartig über den Kopf gezogen werden kann, an Pullovern oder separat.

Caracalla, *die,* kurzes Übergewand mit Kapuze, getragen von Galliern und später Germanen, vermutl. nach 213 vom röm. Kaiser Marcus Aurelius Antoninus übernommen als langer und weiter als urspr. geschnittener Wetterschutzmantel, daher dessen Beiname »C.«.

Caraco, *der* (frz.), anliegende Schoßjacke für Frauen, halblange Ärmel, Schöße in wechselnder Länge, großer Ausschnitt, Revers oder Rüscheneinfassung, meist vorderer Hakenverschluss, auch mit → Watteaufalte; bereits Anfang des 18. Jh. als bürgerliches Kleidungsstück weit verbreitet; ab den 1780er Jahren in vornehmen Kreisen zum Reifrock als Negligé-Jäckchen, auch als Reitkleidung beliebt, schließlich die Hofkleidung ablösend; um 1790 zuweilen frackähnl.; im Schnitt der → Redingote nicht unähnl., modern bis Mitte der 1790er Jahre; heute Bez. für ein höchstens taillenkurzes, ärmelloses Oberteil.

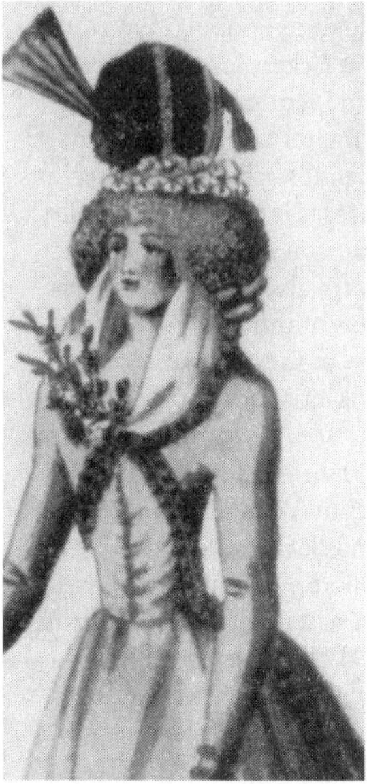

Abb. 35: Dame mit Caraco und Fichu. 1793.

Cardigan, *der* (engl.), sportliche Jacke oder ärmellose Weste, heute auch Bluse, kragenlos, häufig mit V-Ausschnitt; Name nach einer walisischen Grafschaft; seit den 1930er Jahren.

Carmagnole, *die*, auch *Jakobinerjacke*, langärmelige, kurze Jacke mit Revers; bäuerliche und bürgerliche Arbeitskleidung; populär um 1790: Die Jacken der aus Carmagnola (im Piemont) stammenden Arbeiter wurden z. Z. der Französischen Revolution aus Marseille in Paris eingeführt, von den Jakobinern in ähnl. Form als Revolutionstracht übernommen.

Carmen-Look, folkloristischer Kleiderstil: meist hüftschmale Röcke mit schwingendem, breitem Saum-Volant, schulterfreien und tief dekolletierten Oberteilen mit Zugband und Rüschen oder Volant (Carmen-Dekolleté), kurzen, gebauschten Ärmeln oder ärmellos; Vorbilder: span. Flamenco-Kleider; modern bes. um 1977.

Carrick, *der* (engl.; auch *Garrick*), üppiger Herrenmantel mit mehreren stufig übereinanderliegenden Schulterkragen (auch »Kutscher-« oder »C.-Kragen« genannt) sowie → Steh- oder → Umlegekragen, häufig vorderer Verschluss mit geknöpften Stofflaschen; urspr. aus England, jedoch ab etwa 1800 auch weit darüber hinaus verbreitet; nach einer offenen Kutsche benannt bzw. von einem gleichnamigen Kutscher hergeleitet, in Deutschland auch als → »Blüchermantel« bekannt; beliebter Mantel der Biedermeierzeit; zuweilen auch von Frauen getragen; nach Mitte des 19. Jh. als typ. Kutschermantel weiterlebend bis ins 20. Jh. [Abb. 23]

Casaque, *die* (frz.), → Kasack.

Casaquin, *der* (frz.; auch *Casquin, Casaquine*), kurzes Hausgewand für Männer, 16./17. Jh.; Hausjacke: Teil des → Negligés und bürgerliches Kleidungsstück, 18. Jh.: bes. für Frauen in Form der Schoßjacke, auch mit → Watteaufalte; als Schoßjacke nochmals in Mode Mitte des 19. Jh., auch → »Casaque« genannt; zuweilen nicht klar vom → Caraco zu unterscheiden.

Casula, *die*, → Kasel.

Chanel-Kostüm, unkompliziertes, dennoch elegantes Kostüm: bequeme Jacke, ohne oder mit kleinem Revers, einreihig, vielfach mit goldfarbenen Zierknöpfen, eingefasste oder bordierte, andersfarbige Kanten, kleine Taschen; locker geschnittener Rock; typ. aus meliertem → Tweed; dazu eine Bluse mit Schleifenkragen (Chanel-Bluse); als Accessoires goldfarbene Ketten, auch als Gürtel, Broschen usw.; seit 1954 Kernpunkt des sog. Chanel-Stils, nach einem Modell der Pariser Modeschöpferin »Coco« (Gabrielle) C. (1883–1971).

Changeant (frz., ›wechselnd‹, ›schillernd‹), Gewebe aus unterschiedlich gefärbten Kett- und Schussfäden, die je nach Lichteinfall zur einen oder anderen Farbe tendieren; bes. wirkungsvoll bei Seiden- und glänzenden Chemiefasergeweben in Leinwandbindung als → Taft, aber auch in Köperbindung (→ Köper, → Bindung) und aus anderen Faserstoffen.

Chapeau claque, *der* (frz., ›Klapphut‹), durch einen Federmechanismus zusammenklappbarer, mit Seide überzogener → Zylinder; nach seinem Pariser Erfinder auch »Gibushut« genannt; 1837 patentiert, 1844 von dem Pariser Hutmacher Duchêne d. Ä. weiterentwickelt; bis zum 1. Weltkrieg zusammengeklappt bei Innenveranstaltungen unter dem Arm mitgeführt; setzte sich erst in den 1920er Jahren durch; im Ggs. zum → Zylinder in den 1920er/30er Jahren auch zum → Smoking getragen; ein »Klapphut« war auch der Zweispitz, Ende 18. Jh.

Chaperon, *der* (frz., ›Käppchen‹). **1.** (auch dt.: *Schapron, Schapperon* u. ä.) Kragenkapuze, 12./13. Jh. **2.** Von Männern getragene, aus Stoffstreifen zum → Turban gewundene Kopfbedeckung; auch als fester, wulstiger Ring, dann bes. für Frauen; Ende 13.–15. Jh., von Italien ausgehend, verbreitet. [Abb. 36]

Charlestonkleid, nach dem Modetanz »Charleston« benannte Kleidform: kniekurz bis knapp wadenlang, locker und gerade geschnitten (→ Hänger); modern etwa 1924–28; die charakteristische Silhouette wurde seitdem immer wieder aufgenommen, die so bezeichneten Kleiderjedoch später häufig mit einem in gerader Linie tief angesetzten, faltigen oder glockigen Rockteil oder Saumvolants versehen.

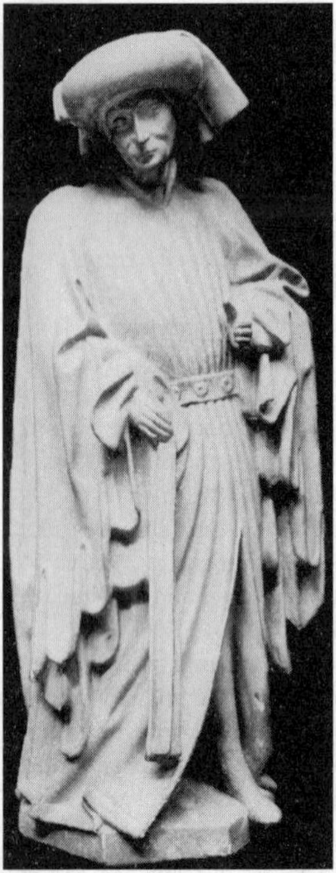

Abb. 36: Holländischer Graf in Houppelande (mit Zatteln) und Chaperon. Um 1450.

Charmeuse, Trikotstoff (→ Trikot) aus Chemie-Endlosfasern (Filamente) (→ Chemiefasern); beliebt in den 1920er Jahren für Oberbekleidung, sonst haupts. Material für Unterwäsche und Futterstoff.

Chasuble, *die* (frz.), in Anlehnung an die → Kasel (Messgewand): ärmel- und kragenloser, urspr. seitl. offener, westen- oder jackenartiger Überwurf, gegürtet; erstmals Ende der 1940er Jahre modern; heute auch vorne offen und seitl. geschlossen; auch kleiderrockartig über Pullovern und Blusen.

Chasuble-Falte, am Oberteil eingelegte und abgesteppte Falte, die Ärmeleinsatznaht verdeckend, dadurch Westen- bzw. Chasuble-Effekt (→ Chasuble).

Châtelaine, *die* (frz., ›Burgfrau‹), Kettengürtel von Frauen, bes. Hausfrauen, an dem div. Utensilien befestigt waren (z. B. Schlüssel, Messer, Beuteltasche usw.); spätes Mittelalter bis ins 17. Jh.; übergegangen auf die kurze Uhrkette, dann auf den an der Weste getragenen Uhr-

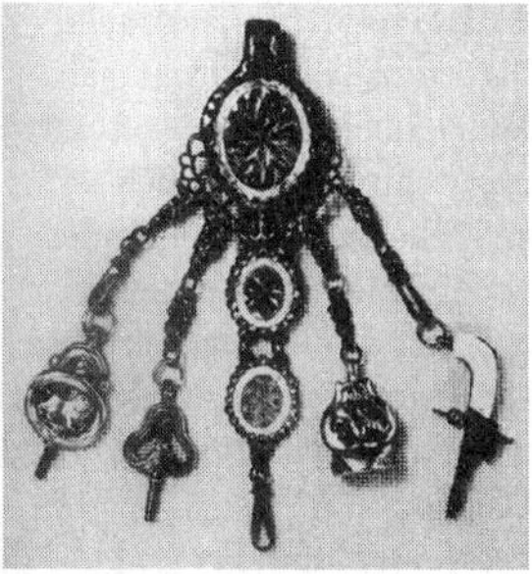

Abb. 37: Châtelaine mit Berlocken. 1. Hälfte 19. Jh.

anhänger, jeweils spez. zum → Frack.

Chemiefasern, Faserstoffe bzw. Fasern zur Herstellung von Textilien, die (1) künstlich auf natürlicher Basis, vor allem Zellulose (Celluloseregeneratfasern, seit Ende des 19. Jh.) oder (2) als (voll-)synthetische Fasern gewonnen werden, erstmals 1927 aus Formaldehyd; C. können aus der Spinndüse kommend als Endlosfaser (Filament; wie echte → Seide) oder, anschließend in kurze Spinnfasern (Stapelfasern) geschnitten, (wie → Baumwolle, → Leinen, → Wolle) versponnen werden. Celluloseregeneratfasern: → Acetat, → Kunstseide, → Reyon, → Viskose, → Zellwolle; synthetische Fasern: → Polyacryl, → Polyamid, → Polyester; → Mikrofaserstoffe.

Chemisekleid, in jüngerer Zeit gelegtl. verwendete Bez. für das → Hemdblusenkleid.

Chemisenkleid (auch *Chemise, die*; frz., ›Hemd‹), locker fallendes, hemdartiges Kleid aus feinem, oft durchsichtigem, meist weißem Baumwollstoff oder auch Seide, unter der Brust zusammengezogen, tief dekolletiert, ohne oder mit kurzen Ärmeln; ohne Korsett, ab etwa 1800 auch statt über einem Unterrock über einem fleischfarbenen Trikot getragen; bis etwa 1805 mit Schleppe in der Tageskleidung; seit etwa 1810 in weniger drapierter, mehr einem konkreten Schnitt folgender Form (→ Empiremode), daher auch unter dem Busen glatt angesetzt, nun auch mit langen Ärmeln; modern ab etwa 1795, um etwa 1820 vom taillierten Kleid der Biedermeierzeit abgelöst; s. a. Mode à la → Grecque.

Chemisette, *die* (auch *Chemisett, das,* frz.; auch *Serviteur*), weißes Vorhemd: Brustlatz, glatt oder gefältelt, über das Herrenoberhemd, das meist aus einfacherem Stoff bestand, gebunden, dort angeknöpft oder festgesteckt, nur im Ausschnitt des Rockes/Sakkos sichtbar; ab den 1830er Jahren; zur eleganten Garderobe nach 1860 als Hemdeinsatz festgenäht; an einfachen Hemden bis nach 1900 getragen; im 20. Jh. als gestärkte Hemdbrust an Frack- und Smokinghemden; an Damenkleidern und -blusen, lose oder fest, ab 1. Hälfte 19. Jh., später (bis heute) → Plastron genannt. [s. Abb. 128]

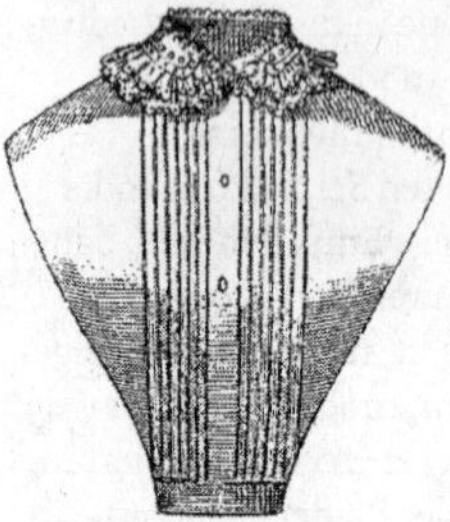

Abb. 38: Chemisette für Damen. 1858/59.

Chérusse, *die* (frz.), auch *C.-Kragen,* in Anlehnung an den → Medici- oder → Stuartkragen hinten, evtl. auch seitl., am Dekolleté hochstehender, steifer Tüll- bzw. Spitzenkragen, oft mit ausgezacktem Rand; vorwiegend an Hofkleidern in Frankreich, 1804–15.

Chesterfield, *der* (engl.), eleganter Herrenmantel aus feinen Tuchqualitäten, in der Regel einreihig, oft mit verdeckter Knopfleiste, Kragen und Revers, eingearbeiteten Pattentaschen; klassisch in Grau; heute auch in dunkleren Farben, evtl. zweireihig; auch mit Samtkragen; durch einen Familienangehörigen der Earls of C. im 19. Jh. in Mode gekommen, heute ein konventioneller Mantel.

Cheviot (engl.), robuster Wollstoff, vielfach in Köperbindung (→ Köper); bes. für sportliche Jacken, Anzüge, Kostüme und Mäntel; aus der Wolle gleichnamiger engl./schott. Bergschafe sowie aus Crossbredwolle (Crossbredschafe: Kreuzung von Schafen mit feiner und solchen mit grober Wolle).

Chiffon (frz., ›Lappen‹), sehr zartes, transparentes Seiden- oder Chemiefasergewebe aus gekreppten oder anderen Garnen (→ Krepp), die ein feinstrukturiertes Oberflächenbild hervorrufen, in → Leinwandbindung; für Abendkleider und Schals; Bez. gilt auch für einen sehr feinen → Batist.

Chiton, *der* (griech.), hemdartiges Gewand: ein oder zwei rechteckige Webstücke, seitl. zusammengenäht, meist Leinen; an der oberen Öffnung an zwei Stellen rechts und links des Kopfloches zusammengenestelt oder -genäht, Reste der Öffnung für Armlöcher. Engere Formen: geschlossene Schulternaht, Arm-

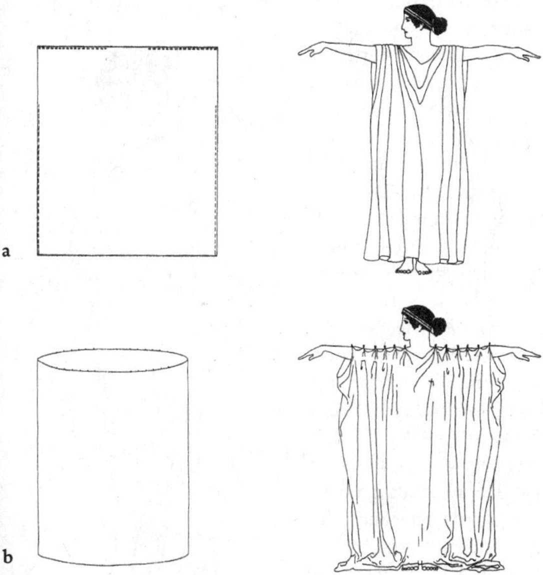

Abb. 39: Chiton in Grundform und Trageweise. – a) Enger Chiton. b) Weiter Chiton mit »Scheinärmeln«.

löcher als streckenweise offene Seitennaht; selten mit Ärmeln, jedoch mit über die Arme fallender Schulterpartie (→ Scheinärmel); vielfach gegürtet, auch mit Faltenbausch (→ Kolpos) und Überhang (→ Apoptygma); oriental. Ursprungs, jedoch griech.-antikes Hauptkleidungsstück; der meist weiße, wenig gemusterte, auch plissierte ionische C. verdrängte die dorische, reichgemusterte Kleidung, wurde etwa ab dem 6. Jh. v. Chr. in langer Form angelegt, von Männern bis ins 5. Jh., dann im allg. kurz getragen; im 5./4. Jh. Vermischung von dorischem und ionischem Stil; dem auf nur einer Schulter geschlossenen C. entspricht die → Exomis.

Chlaina, *die* (griech.), im allg. auf der Schulter oder der Brust zusammengehaltener Umhang; rechteckiges Webstück aus grober Wolle; von Männern als Mantel, aber wohl auch als Decke benutzt; über dem → Chiton, aber auch ohne untere Kleidung getragen; altes, von den Doriern seit vorhomerischer Zeit verbreitetes Kleidungsstück; offensichtlich in verschiedenen Ausprägungen, als Frauenkleidung auch in der Form des → Peplos beschrieben; spätestens im 5./4. Jh. v. Chr. nur noch Kleidungsstück einfacher Leute, sonst von → Chlamys und → Himation verdrängt.

Chlamys, *die* (griech.), etwa knielanger, als Mantel getragener Umhang, meist aus Wolle; auf der rechten Schulter

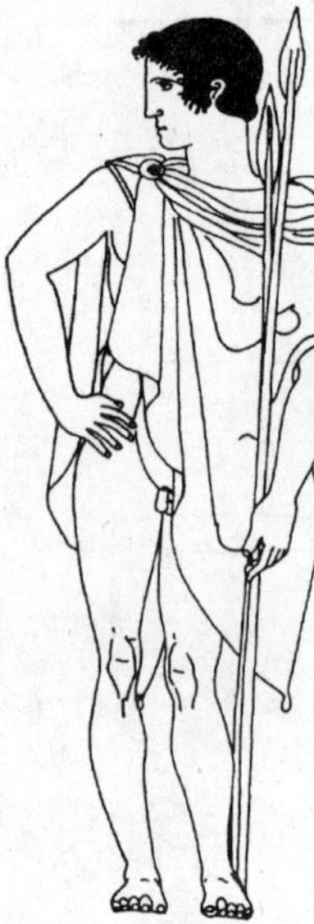

Abb. 40: Chlamys.

oder vorne, z. B. beim Reiten, mit einer Fibel zusammengehalten; rechteckige (wohl urspr.) oder ovale Schnittform; ausgehend von Thessalien weit verbreitet; von Männern über dem → Chiton, obligatorisch von jungen Männern getragen; Krieger-, Reiter-, auch Reisemantel; 6. Jh. v. Chr. bis hellenistische Zeit, auch darüber hinaus in dieser Form als Mantel genutzt (antikes Rom: → Sagum, → Paludamentum; Byzanz usw.; auch Etrusker).

Chopine, *der* (frz.; von span. *Chapíne*), pantoffelartiger Überschuh mit blockartiger, 10 bis 50 cm hoher Korksohle; meist hinten offen, auf dem Fuß geschnürt; außerhalb des Hauses getragen; mit Leder, seltener Seide oder Samt überzogen, Sohle kostbar verziert; Entwicklung der Form im 14. Jh. in Spanien; hochmodern im 16. Jh., auch in Frankreich und England verbreitet.

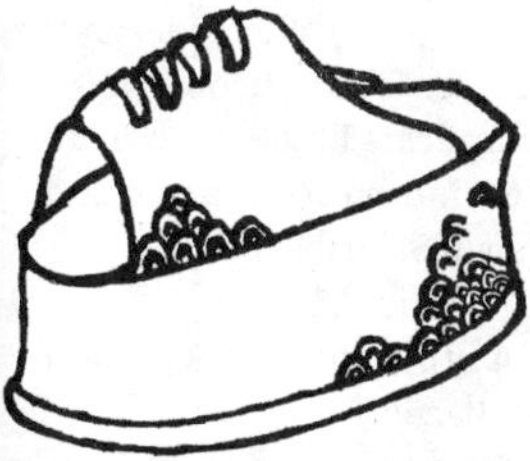

Abb. 41: Chopine. 16. Jh.

Chorhemd, auch *Chorrock*, weißes, kirchliches Übergewand, ungegürtet; je nach Verwendung und Träger mehr oder weniger an liturgische Handlungen gebunden, daher unterschieden in Rochett (für hohe kirchliche Würdenträger) und Superpelliceum: getragen von kath. Priestern, aber auch Laien im Kirchendienst; nachgewiesen im frühen Mittelalter, ab dem 11./12. Jh. für bestimmte Gelegenheiten die → Albe ablösend; zuerst fußlang, ab dem 13. Jh. zunehmend kürzer, heute knie- bis wadenlang.

Cioppa, *die* (ital.; auch *gioppa*), Oberkleid, hochgegürtet, mit großen Armausschnitten oder Ärmeln in div. Formen, z. B. → Hängeärmeln, mit und ohne Schleppe; haupts. ital. Frührenaissance. [Abb. 42]

Cisson, *der* (frz.), veralt. Bez. für Abnäher, bes. in der Herrenkleidung.

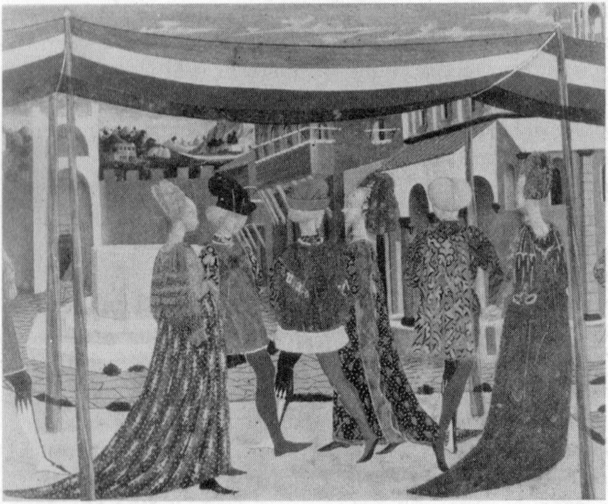

Abb. 42: Italienische Festgewänder. Damen in der Cioppa mit Hängeärmeln (links, rechts), Herren mit Giornea/Giuberello. Um 1420.

Claudine, *die,* → Bubikragen.

Clavus, *der* (lat.), Rangabzeichen in Form von ein oder zwei purpurfarbenen Längsstreifen auf → Toga und röm. → Tunika, bes. für Senatoren, ab Ende des 1. Jh. v. Chr. jedoch allg. als Schmuckstreifen verwendet; auf der → Dalmatika bes. kennzeichnend für die frühchristl. Zeit, hier ab dem 4. Jh. Verkürzung der Clavi bis in Brusthöhe, ergänzt durch solche in runder Form, bei Kopten auch ornamentale; übernommen für liturgische Gewänder; in byzant. Zeit wiederum Streifen oder andere geometrische, reich ausgeschmückte Embleme, auf Gewändern von Kaisern und hohen Staatsbeamten (→ Tablion).

Clubjacke, auch *Klubjacke,* → Blazer.

Cocktailkleid (eigtl. engl. *cocktail* ›Hahnenschwanz‹;

von der Bez. für ein Mischgetränk hergeleitet), höchstens wadenlanges Gesellschaftskleid: vom Typ her zwischen elegantem Nachmittagskleid und kleinem Abendkleid; in Mode gekommen nach dem 2. Weltkrieg: für junge Mädchen mit schwingenden Röcken, für Damen figurbetont anliegend, mit Dekolleté, dazu häufig ein → Bolero-Jäckchen; aus festlichen Stoffen; beliebt bis in die 60er Jahre, wieder aktuell in den 80er Jahren.

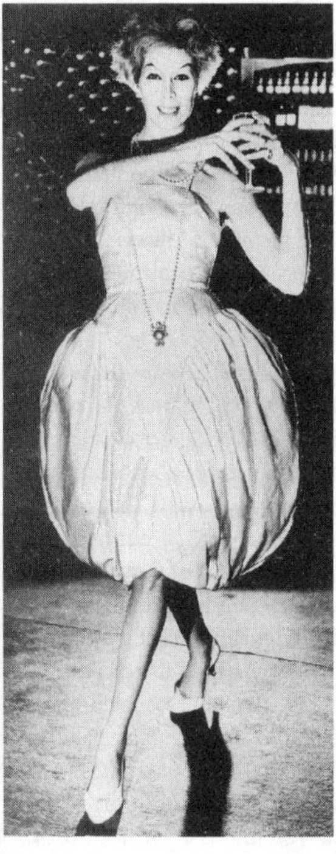

Abb. 43: Cocktailkleid mit Ballonrock. Modell Heinz Oestergaard. Exportkollektion 1957/58.

College-Stil, korrekter Kleidungsstil nach der Schulkleidung amerik. Collegegirls; außer den dunklen hochgeschlossenen Kleidern mit weißem Kragen sind typ.: → Faltenröcke und → Blazer, heute auch → Blousons mit aufgestickten oder -genähten Emblemen, Hemdblusen, → Twinsets usw.; seit den 1930er Jahren in den USA als Stil zu fassen, in Europa aktuell seit Anfang der 50er Jahre, anschließend zu einem »klassischen« Bekleidungsstil geworden.

Combinaison, *die* (frz., ›Zusammenstellung‹, ›Verbindung‹, auch *Combination, Kombination*). **1.** Zusammengesetzte Damenunterwäsche verschiedenster Art, bes. Verbindung von Hemd und Hose oder (Unter-) Rock; seit 2. Hälfte 19. Jh. **2.** Gelegtl. auftauchende, ältere Bez. für den → Overall.

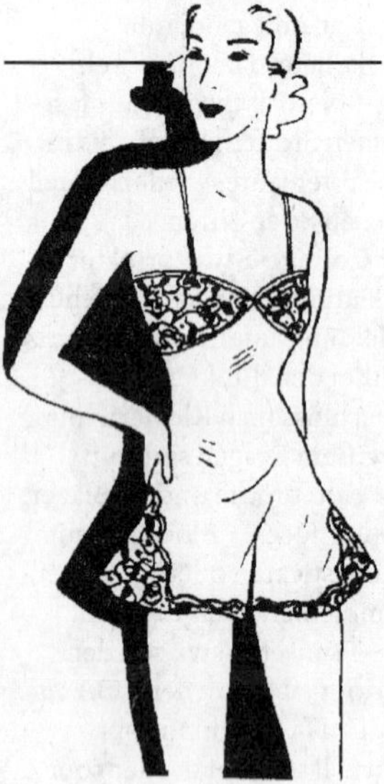

Abb. 44: Combinaison als Hemdhose. 1930er Jahre.

Complet, *das* (von frz. *compléter* ›vervollständigen‹), Kleid, Rock, Kostüm oder Hosenanzug mit passendem Mantel bzw. langer Jacke, heute nicht mehr zwingend aus dem gleichen Material; Ende des 19. Jh. ein Sakkoanzug mit stoffgleicher Weste. [Abb. 45]

Contouche, *die* (frz., in Frankreich jedoch ungebräuchlich), → Kontusche.

Coordinates (Pl.; engl., ›Gleichgestellte‹), vom Charakter her zusammenpassende Stoffe oder Kleidungsstücke, jedoch unterschiedlicher Art; bei Stoffen bes. bezogen auf ähnl. Musterung bei gleicher Farbe und gleichem Material oder auf eine andere Kombination dieser Möglichkeiten (»Partnerstoffe«); bei Kleidungsstücken sehr weit gefasst: z. B. Mäntel, Jacken, Hosen/Röcke, Strickwaren untereinander kombinierbar; Bez. um 1970 aufgekommen.

Cord (engl., ›Schnur‹), Sammelbez. für Gewebe mit plastischen Rippen in Kettrichtung, häufig mit samtartigen Rippen durch Aufschneiden der Schussfäden (Schusssamt, → Samt); beliebt für Cordsamthosen: bes. modern in den 1960er/70er Jahren und wieder nach 2005.

Corsage, *die* (frz.), → Korsage.

Cotardie, *die* (auch

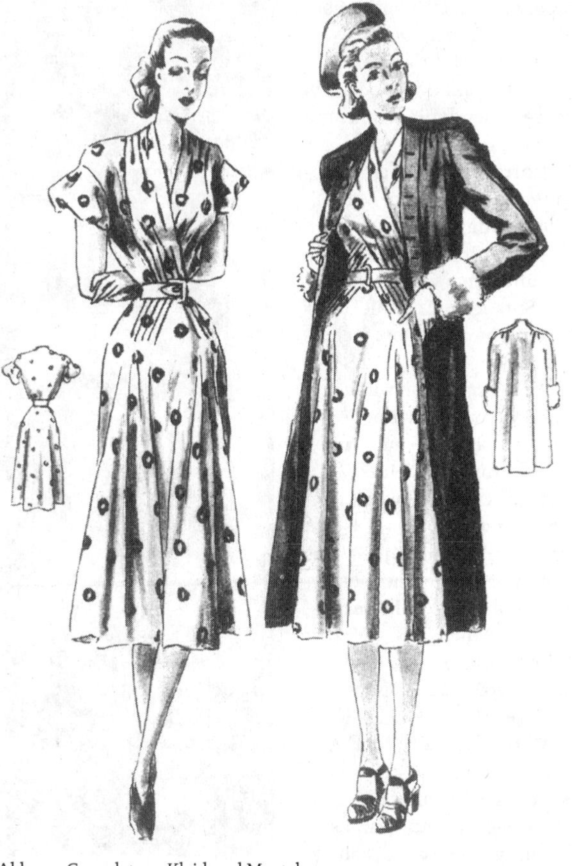

Abb. 45: Complet aus Kleid und Mantel. 1949.

Cothardie, Cotte-hardie), über der → Cotte getragenes Obergewand in der Art des → Surkot, anliegend oder locker fallend; für Männer und Frauen; 13.–15. Jh.

Cotte, *die* (von afränk. *kotta*, ›grobes Obergewand‹), allg. hochmittelalterliches Gewand für Männer und Frauen, unter dem Obergewand (→ Surkot, → Cotardie) oder dem Mantel getragen; mehr oder weniger anliegendes Oberteil, meist mit rundem Ausschnitt, auch vorne geschlitzt; bes. für Frauen mit Einführung des Kleiderzuschnitts körperbetont, mit eingesetzten Gêren (→ Godet) im Rock, Schnürung des Oberteils; meist enge, auch auswechselbare, zuweilen extravagante Ärmel (z. B. → Hängeärmel); bis zur Mitte des 14. Jh., von Frauen bis ins 15. Jh. getragen. [Abb. 46]

Country-Look (engl., ›Land‹-Look), klassisch-sportliche Kleidung aus rustikalen Stoffen, bes. aus Wolle, wie → Tweed, häufig auch in traditioneller Musterung (→ Schottenmuster, → Glencheck usw.),

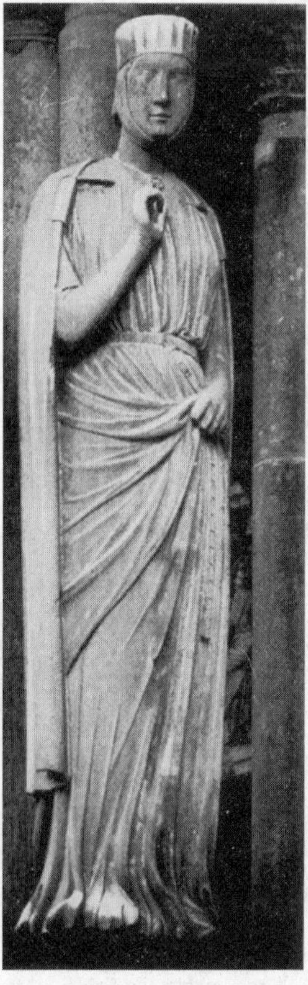

Abb. 46: Frau in der Cotte, mit Gebende und Fürspan. 1. Hälfte 13. Jh.

gern in Kombination mit Leder; urspr. Stilrichtung engl. Bekleidungshersteller (z. B. → Burberry), von der Pariser Haute Couture aufgenommen, bes. in den 1970er Jahren.

Courrèges-Stil, nach dem Pariser Modeschöpfer André Courrèges (* 1923) benannt; Silhouette geometrisch bzw. kastenförmig oder trapezartig wirkende Kleidungsstücke, Minilänge (→ Mini-Mode), haupts. in Weiß, kontrastreich kombiniert mit kräftigen Farben; typ.: Kostüme mit kurzen, zweireihigen Jacken, kurze Stiefel mit flachem Absatz, auch für den Sommer, unter dem Kinn gebundene Kopfbedeckungen; Hosenanzüge; Einfluss der Weltraumfahrt und Op-Art; von Courrèges in Mode gebracht im Frühjahr 1964, bis nach 1965 hochaktuell; große Verbreitung. Wieder in Mode gekommen im Zuge der Retrowelle Anfang 21. Jh.

Courschleppe (von frz. *cour* ›Hof‹), Hofschleppe, bes. im Umkreis Napoleons I., hier als separate, farbige und reich bestickte, auch wattierte Schleppe; auch mit einem kurzen Leibchen verbunden, zu den → Chemisenkleidern, 1800–1815/20 getragen; Bestandteil der Gala-Kleidung bis zum 1. Weltkrieg.

Covercoat, *der* (von engl. *to cover* ›bedecken‹, *coat* ›Mantel‹), Herrenmantel, dreiviertellang, meist gerade geschnitten, urspr. mit Revers, verdeckter Knopfleiste, vier- bis fünffacher Ziersteppererei an Saum- und Ärmelkanten; aus dem namengebenden melierten Woll- oder Halbwollgewebe mit typ. Erscheinungsbild; Standardmodell der eleganten Herrengarderobe um 1900, nach 1950 im Zuge des → New-Edwardian-Style leicht abgewandelt nochmals aktuell.

Cowboyhut → Stetson.

Crêpe → Krepp.

Crêpe de Chine, zartes, transparentes Halbkreppgewebe (→ Krepp) mit fein strukturierter Oberfläche; urspr. aus Naturseide, heute auch unter Verwendung von → Chemiefasern.

Crochet, Crochetwinkel, *der* (frz., ›Haken‹, ›Winkel‹, auch *Fassonspiegel*), Gebilde am → Fasson von Sakkos,

Mänteln usw., das bestimmt wird durch den Verlauf der oberen Reverskante (→ Revers), Form und Lage des Kragens, sowie den Verlauf der → Spiegelnaht. C.-Winkel, auch *Crocheteck*: Winkel zwischen oberer Kante des Revers und der kurzen Kragenkante.

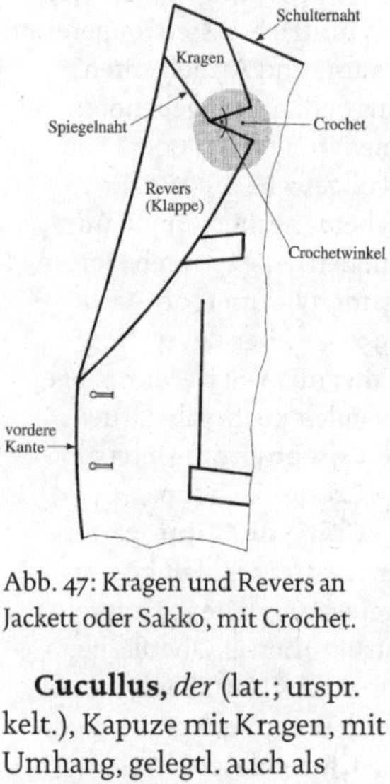

Abb. 47: Kragen und Revers an Jackett oder Sakko, mit Crochet.

Cucullus, *der* (lat.; urspr. kelt.), Kapuze mit Kragen, mit Umhang, gelegtl. auch als Mantel mit Ärmeln; aus Wollstoff; von röm. Legionären aus Gallien in Rom eingeführt, auch »Sagum cucullatum« genannt; im Mittelalter als → Gugel weiterlebend.

Cul de Paris, *der* (frz., ›Pariser Hinterteil‹; auch *Cul postiche*), an Damenkleidern hinten in Hüfthöhe auf-

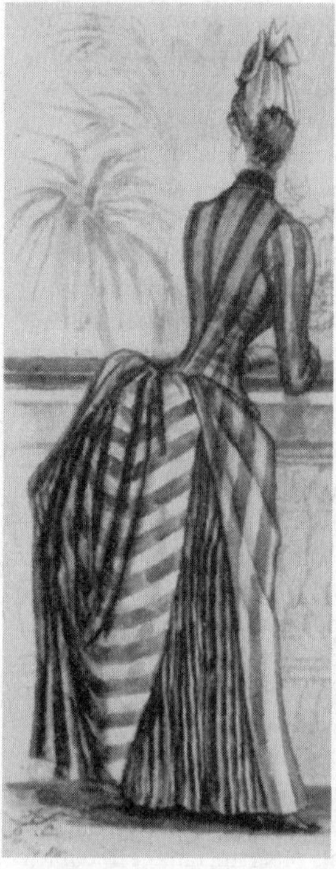

Abb. 48: Kleid mit Cul de Paris. 1886.

gebauschter, zuerst mit Reifen abgestützter, später unterfütterter Teil des Rockes, mit Schleifen u. ä. verziert; typ. frz. Mode, Anregungen aus England folgend (→ Pad); aktuell etwa 1785–91, nochmals unter dieser Bez. als Form der → Turnüre 1882 bis 1888 beliebt.

Culotte, *die* (frz.), Bez. für die Kniehose in schmaler Schnittform, in Mode seit etwa 1675; zuerst kaum sichtbar unter dem → Justaucorps; Strümpfe überdeckten die unteren Hosenränder, seit etwa 1740 jedoch reichten die Hosenbeine über die Strumpfränder; häufig unten seitl. geknöpft; seit Mitte des 18. Jh. mit Hosenlatz; bis in die Zeit der Französischen Revolution modern, dann verpönt (→ Sansculottes); wiederaufgegriffen Anfang des 19. Jh. unter Napoleon, Teil der Hoftracht, auch über Frankreich hinaus bis zum 1. Weltkrieg, dann noch zu → Livreen gehörig.

Cutaway, *der* (engl., ›Wegschneiden‹; meist in Kurzform: *Cut*), repräsentativer Herrenanzug mit schwarzem Schoßrock, weit hinten liegenden, vom vorderen Schließ-

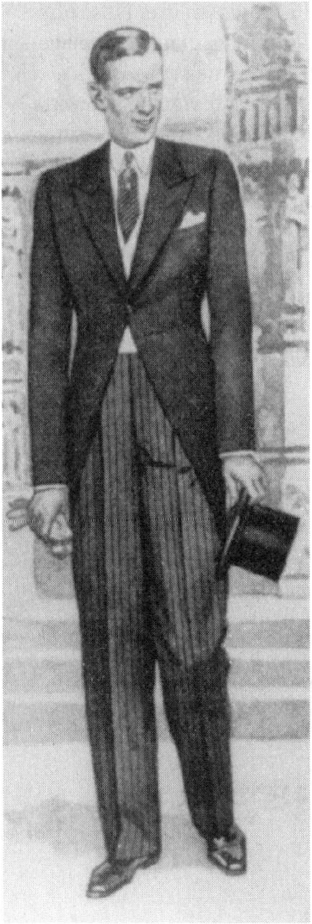

Abb. 49: Cutaway. 1930er Jahre.

knopf an im Bogen über die Hüften führenden Schoßteilen, seit etwa 1900 meist zu graugestreifter Hose ohne Umschlag; graue oder beigefarbene, meist zweireihige Weste, silbergraue Krawatte oder → Plastron; Bez. galt vor Mitte des 19. Jh. in England für einen vergleichbaren Rock mit zurückgeschnittenen Schoßteilen; nach Mitte des 19. Jh. weit verbreitet, löste den → Gehrock ab; seit den 1930er Jahren aus der Mode, noch üblich für offizielle Gelegenheiten am Tage, bes. in Diplomatenkreisen.

D

Dalmatika, *die* (lat.; heute häufig auch *Dalmatik*), röm. Obergewand, ähnl. der → Tunika, jedoch weiter geschnitten, mit breiten, kurzen, angewebten Ärmeln, daher von kreuzförmiger Schnittform; etwa wadenlang; vielfach mit schmückenden Längsstreifen (→ Clavus); ungegürtet, auch von Frauen getragen; in Dalmatien aufgekommen, seit Ende des 2. Jh. n. Chr. in Rom in Gebrauch; seit Diokletian (284–305) bis ins hohe Mittelalter kaiserliches Prunkgewand, bes. als byzant. Ornat reich geschmückt und fußlang; seit dem 3. Jh. typ. frühchristliche Kleidung, im Jahre 320 zum Amtskleid der Diakone bestimmt, erhielt sich als liturgisches Gewand bis heute. [Abb. 103]

Damast (Bez. nach der Stadt Damaskus), Gewebe mit ausgeprägter Musterung, in urspr. Form hervorgerufen durch Wechsel von Kett- und Schusseffekt derselben Bindung; häufig figürliche Motive, heute als Jacquardgewebe (→ Jacquard); wurde vermutl. durch Anregung chinesischer Seidenstoffe erstmals in der 2. Hälfte des 14. Jh. in Italien (Lucca) hergestellt; Seiden-D. war bes. im 15. Jh. weit verbreitet; die Technik wurde auch auf die Leinenweberei übertragen.

Dandy, *der* (engl.; auch lat. *arbiter elegantiarum* ›Schiedsrichter in Sachen des guten Geschmacks‹, auch frz. *beau* ›Schönling‹), elegant, jedoch unauffällig gekleideter Herr, dessen Gut-angezogen-Sein Selbstzweck und Teil seiner Lebenshaltung ist; Liebe zum – in Maßen – modischen Detail und perfekter Sitz der Kleidung; im Ruf angeblich perfekter Umgangsformen, aber häufig auch der Blasiertheit; als »König der Dandys« gilt der Engländer George Bryan Brummell (1778–1840), der vor allem in der 1. Hälfte des 19. Jh. Einfluss auf die Herrenkleidung hatte. [Abb. 50]

Dantonkragen, großer, vorne in einen tiefen, spitzen Ausschnitt eingesetzter

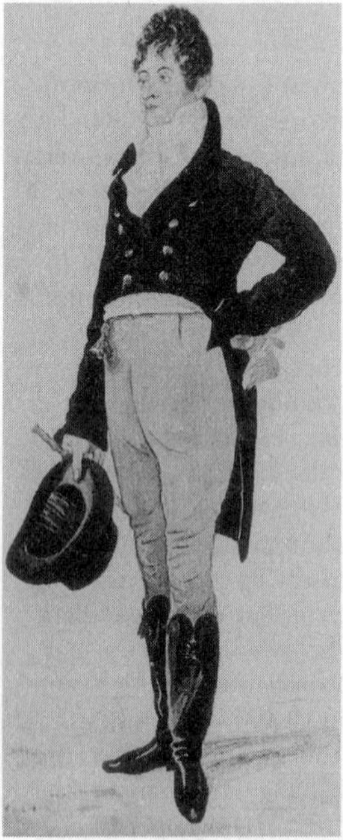

Abb. 50: Dandy G. B. Brummell.

Kragen; benannt nach dem Revolutionär Georges Danton (1759–1794): Modeerscheinung, die im Zuge der Französischen Revolution in ausdrücklicher Absetzung von der aristokratischen Kleidung aufgekommen ist; Ende der 1940er Jahre in der Damenmode noch einmal aktuell. [Abb. 89c]

Dekolleté, *das* (frz., ›Ausschnitt/Halsausschnitt‹), tiefer und evtl. breiter Halsausschnitt vorne und hinten in der Damenkleidung, evtl. auch die Schultern miteinbeziehend; zielt vorne auf eine mehr oder weniger deutliche Enthüllung des Busens ab; in der Kostümgeschichte Mitteleuropas erstmals in Zusammenhang mit dem zur Reife gelangten Zuschnitt, der körperbetonte Kleidung ermöglichte bzw. aktuell werden ließ, ab Mitte 14. Jh.; bes. verpönt in der → Spanischen Mode; seit den späten 1830er Jahren meist nur noch an Ball- bzw. Abendkleidern, seit Mitte des 20. Jh. jedoch auch wieder in der sommerlichen Tagesgarderobe; bes. Formen z. B. Carmen-Dekolleté (→ Carmen-Look), → Diana-Dekolleté; → Ausschnitt.

Dekolletékragen, das Dekolleté einrahmender oder verhüllender Kragen; außer breiten Leinen- oder → Spitzenkragen (Mitte 17. Jh.) auch → Berthe, → Canezou, → Koller, → Palatine.

Demokratenhut, → Schlapphut mit niedrigem, mit einer Delle versehenem Kopfteil; seit Mitte 19. Jh.; zunächst Kennzeichen freiheitlich-demokratischer Gesinnung wie der in der Form ähnl. → Kalabreser bzw. → Heckerhut, nach Mitte des Jh. noch mehr oder weniger Hut von Individualisten, jedoch ohne eindeutigen politischen Hintergrund.

Denim (nach frz. *serge de Nîmes* ›Serge aus Nîmes‹), Baumwollgewebe in Köperbindung; weiße Schussfäden, meist mit (echtem oder künstlichem) Indigo blau gefärbte Kettfäden; nach 1850 in den USA durch Levi Strauss als Material für die Blue → Jeans in Mode gekommen; heute auch aus Chemiefaserstoffen.

Dents de loup (Pl.; frz., ›Wolfszähne‹), gezacktes Besatzband oder Reihe aus einzeln angefertigten Stoffzacken als Verzierung an Dekolleté, Saum, Ärmeln und Ansatznähten; bes. beliebt an Kleidern um 1810/20.

Derby, *der* (engl.). **1.** Grauer → Bowler; seit Mitte des 19. Jh. üblich zur Kleidung, die auf renommierten engl. Pferderennplätzen getragen wurde; Bez. nach einem Earl of D. **2.** Herrenhalbschuh mit geschwungenen Ansatznähten seitl. und an der vorderen Kappe (Flügelkappe); seit etwa 1880, auf eine ähnl. Stiefelette zurückgehend.

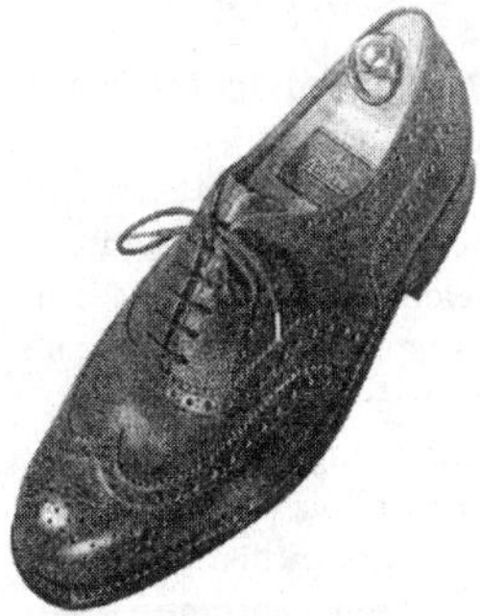

Abb. 51: Derby. Mitte 20. Jh.

Déshabillé, *der* (frz., ›Hauskleid, Morgenrock‹) → Negligé.

Dessous, *das* (meist Pl.; frz., ›darunter‹), Damenunterwäsche mit einem »Hauch« von Koketterie.

Deux-pièces, *das* (frz., ›zwei Teile‹), zweiteiliges Kleid: Bluse, Pullover oder jackenartiges (auch ohne Bluse zu tragendes) Oberteil mit zugehörigem Rock.

Dhoti, *die*, etwa knielange Hose aus einem um die Hüften gewickelten, dann zwischen den Beinen durchgezogenen und befestigten Tuch; ind./hinduist. Männerkleidung; Hosenart auch in Thailand und den malaiischen Gebieten bekannt.

Diadem, *das* (griech./lat., ›Umgebundenes‹), über Stirn oder Kopf zu tragender, meist hinten offener, vielfach mit Juwelen geschmückter Metallreif, urspr. auch Stoffband; aus dem Orient in die griech. Kultur gelangt, bes. in hellenistischer Zeit Würde- und Herrschaftszeichen; in röm. Zeit erst seit Konstantin d. Gr. (um 280–337) wieder Herrschaftssymbol, ebenso in byzant. Zeit, nun reichgeschmückter Metallreif; entwickelte sich zur Krone; als Teil des fürstlichen Ornats nochmals von Napoleon I. aufgegriffen; erhalten geblieben als festlicher Haarschmuck für Damen.

Diagonaltasche, aufgesetzte oder eingearbeitete Tasche mit einem schrägen Eingriff in einem Winkel von etwa 45° zwischen Schuss und Kette.

Diana-Dekolleté, auch *Sari-Ausschnitt*, asymmetrisches Dekolleté, bei dem eine Schulter unbedeckt ist; Bez. nach Darstellungen der so bekleideten röm. Göttin der Jagd, Diana; zunächst in der 2. Hälfte des 19. Jh. im *genre canaille* (urspr. geprägt von Halbweltdamen, später Anhängerinnen der Frauenrechtsbewegung) aufgekommen, in den 1930er Jahren von der ital. Haute Couture aufgegriffen, bes. häufig jedoch an den antikisierenden Abendkleidern der Pariser Modeschöpferin Mme. Grès (1899–1993), 50er Jahre; seit Ende der 70er Jahre gelegtl. auch an T-Shirts.

Dinnerjacket, *das*, auch unter der amerik. Bez. »Tuxedo« bekannt, engl. Bez. für den → Smoking; angeblich urspr. zum abendlichen Dinner getragen; in Deutschland Bez. für eine weiße, evtl. farbige Smokingjacke, bes. für sommerliche Festlichkeiten im Freien.

Diorschlitz, auch *Diorfalte*, Gehschlitz: geöffnete Rocknaht, mit Stoff unterlegt; von

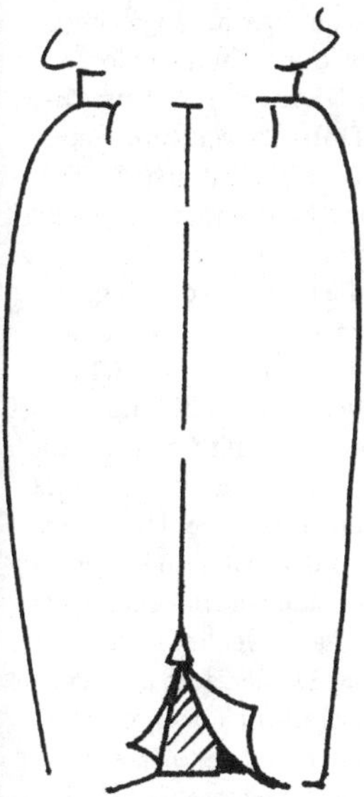

Abb. 52: Diorschlitz.

Christian Dior (1905–1957) 1948 für die engen, langen Rockmodelle im Zuge des → New Look entwickelt (→ Bleistiftlinie).

Diplomatenschleife, schwarze Seidenschleife, deren Enden im Nacken mit einer Schließe zusammengefügt sind; um 1850 aus England in dt. Diplomatenkreisen aufgekommen, anstelle eines weißen Halstuches zum Frack getragen; nach 1900 von anderen Schleifenformen verdrängt.

Dirndl(kleid) (bayr./österr. *Dirndl* ›junges Mädchen‹), urspr. Unterkleid bayr. und österr. Volkstrachten, in abgewandelter Form in die Mode eingegangen: eng anliegendes, miederartiges Oberteil mit großem Ausschnitt, Puffärmeln oder ärmellos, dann mit untergezogener weißer Bluse; angekrauster,

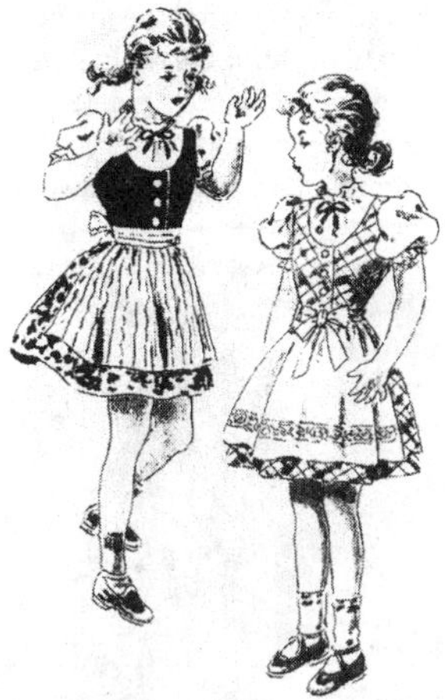

Abb. 53: Dirndlkleider, links mit schwarzem Samtmieder. 1949.

weiter Rock, auch mit hinterem Schößchen, weiße oder andersfarbige Schürze; 1870 aufgekommen, ab Anfang des 20. Jh. sommerliches Ferienkleid ab den 1920er Jahren in Europa und darüber hinaus weit verbreitet; → Trachtenmode.

Djubbeh, *die* (urspr. arab.; auch *Dschubbeh, Gibbeh*), oriental. Obergewand; eine Abwandlung des → Kaftan, jedoch aufwendiger im Schnitt (mehrere diagonal zusammengesetzte Teile) und repräsentativer; vorne offen, oben evtl. mit einem Knopf geschlossen, ohne Gürtel, weite Ärmel; im Mittelalter in Europa bekannt geworden, daraus zumindest von der Bez. her abgeleitet: → Cioppa, Giubberello (→ Giornea), → Schaube usw.

Dolman, *der* (türk./ungar.), urspr. türk., kaftanartiger Rock, häufig mit ausgeprägter Litzen- und Kordelschnürung; in die Kleidung der Ungarn eingegangen, dort 2. Hälfte 16. Jh.; seit Ende des 18. Jh. taillenkurze, anliegende, meist blaue Jacke mit Stehkragen, Schnürverschluss; typ. kurze Uniformjacke der Husaren bis Mitte des 19. Jh.; in längerer Form auch prunkvolle, ungar. Magnatenkleidung; modische, kurze Damenjacke mit der typ. Verschnürung oder mit türk. Muster, nach 1850 bis etwa 1900; der dekorative Schnür-

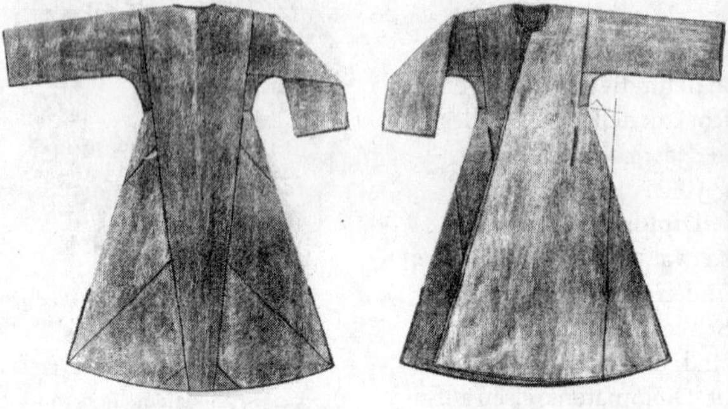

Abb. 54: Djubbeh.

verschluss wurde auch für andere Kleidungsstücke übernommen.

Dolmanärmel, tief eingesetzter Ärmel, der weit in das Oberteil hineinragt; der sog. Ungaro-Dolman, um 1968 von Couturier Emanuel Ungaro (* 1933) entworfen, wird unter dem Arm eckig eingesetzt; in der Damenkleidung, bes. an Jacken und Mänteln; Bez. vermutl. in Anlehnung an die weiten Ärmel des türk. → Dolman.

Domino, *der* (ital., ›Herr‹), urspr. Kapuzencape, als Wetterschutz von Geistlichen in Italien und Spanien getragen; seit dem 16. Jh. als meist schwarzer Umhang auch in der weltlichen Kleidung in Gebrauch, bes. typ. als Teil des venezianischen Karnevalskostüms (→ Bautta) im 18. und 19. Jh.

Doppelmanschette (auch *Französische Manschette*), Manschette mit Umschlag; meist an eleganten Herrenhemden, von einem → Manschettenknopf gehalten; aufgekommen Anfang des 20. Jh. an Seidenhemden, deren Manschetten dadurch mehr Stabilität erhielten; die D. bedeutet auch eine Hervorhebung des Ärmelabschlusses, entspr. ist üblicherweise der Sakkoärmel gekürzt; auch an Damenblusen.

Doppelrock, allg. Bez. für einen Rock, der in der vorderen Mitte zu den Seiten hin geöffnet ist und einen unteren Rock sehen lässt, oder für eine stufenförmig aus zwei Röcken gestaltete Form, wobei der obere Rock kürzer als der untere geschnitten ist; → Manteau; → Tunika.

Dormeuse, *die* (von frz. *dormir* ›schlafen‹), hohe Haube aus feinem Baumwollstoff oder Leinen, gehalten mit einem umlaufenden Band, vorne zu einer Schleife gebunden; urspr. wohl Schlafhaube, jedoch als elegante Haube nach 1775 (in Deutschland bis Anfang 19. Jh.) als Morgenhaube und auch tagsüber getragen, danach noch von älteren Damen.

Doubleface (engl./frz., ›Doppelgesicht‹), Gewebe mit zwei unterschiedlichen Seiten, beidseitig verwendbar, Muster erscheinen positiv/negativ; miteinander durch die Kett-

und Schusssysteme verbunden; auch als Wirkware (→ Strick- und Wirkware); Bez. gilt auch für entspr. Wendemäntel und -jacken, in den 1920er Jahren als Gabardinemantel mit Kamelhaarfutterseite in Mode gekommen.

Drapé (von frz. *drap* ›Tuch‹), hochwertiges → Tuch; Kette meist aus → Kammgarn, Schuss aus → Streichgarn; Bindung: → Köper oder → Atlas; für Gesellschaftsanzüge, daher vorwiegend in Schwarz und Dunkelblau.

Drapierung (von frz. *draper* ›mit Tuch behängen‹, bzw. ›in schöne Falten legen‹), kunstvoll in Falten gelegter Stoff; vor allem an Kleidung der Antike: bes. wirkungsvoll bei nicht oder kaum zugeschnittenen, entspr. gewickelten Webbahnen; Formgestaltung lediglich über die D., ohne Schnittkonstruktion, ist für ein komplettes, einzelnes Kleidungsstück möglich, jedoch heute selten; D. und damit Betonung separater Partien in vielfältiger Art aber bis heute üblich.

Dreispitz, auch *Dreimaster*, steifer Hut mit dreiseitig hochgebogener Krempe; Anfang des 18. Jh. mit zwei Straußenfedern (Panache) bei hinten größerer Krempe als vorne, gleichmäßige Form ab etwa 1740, typ. mit Borten als Randverzierung; um 1690 aus dem am Rand hochgeschlagenen → Schlapphut entstanden; bis etwa 1720 höheren Gesellschaftskreisen vorbehalten; in der Rokokozeit auch von Frauen bes. zur Reitkleidung getragen; nach 1770 auch in zusammenlegbarer Form, schließlich vom → Zweispitz abgelöst; weiterlebend als Bestandteil von Livreen und Volkstrachten.

Dress, *das* (engl., ›Kleid‹, ›Kleidung‹, ›Gewand‹ usw.), Kostüm (im weitesten Sinne), bekleidungsmäßige Ausstattung in ihrer Gesamtheit für eine bestimmte Gelegenheit, z. B. sportlicher oder gesellschaftlicher Art.

Dressing-gown → Morgenmantel.

Duchesse (frz., ›Herzogin‹). **1.** Hochwertiger Stoff in spez. Kettatlasbindung (→ Atlas), daher sehr glänzend; früher aus Seide, heute auch Chemiefasergewebe (→ Chemiefasern) und auch mit feinem Baumwollschuss; für festliche Kleider, aber auch als Futterstoff; auch »Satin-D.« genannt (→ Satin). **2.** Spez. Ärmelvolants (→ Volant): als Engageantes à la D. (→ Engageantes) an Krinolinenkleidern, Mitte 19. Jh.

Dufflecoat, *der* (engl.), sportlicher Kurzmantel, typ. mit Kapuze und → Knebelverschluss; in Anlehnung an den → Polnischen Rock,

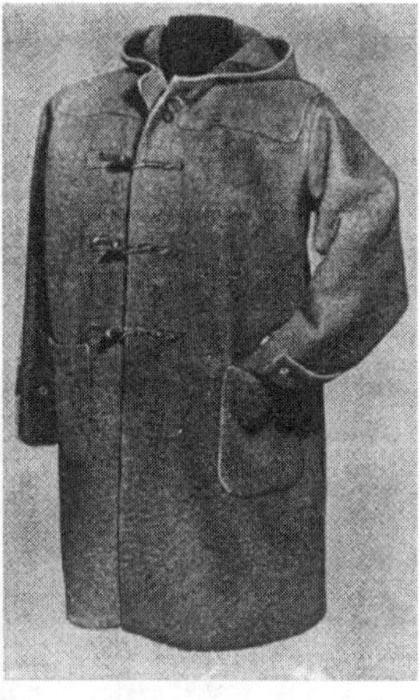

Abb. 55: Dufflecoat, mit Knebelverschluss. 1950er Jahre.

1. Hälfte 19. Jh.; urspr. engl. Marinemantel; zuerst kamelhaarfarben, nach dem 2. Weltkrieg meist dunkelblau; in den 50er Jahren sehr beliebt in der Herren- und der (jungen) Damenmode, auch Kinderkleidung, als Manteltyp weiterhin aktuell; Bez. nach dem gerauhten, halbwollenen, in Köperbindung hergestellten »Düffel«.

Dupfing, *der* (von mhd. *dupfen* ›mit der Nadel sticken‹), auf das Wams aufgestickte oder aufgenähte Verzierung, z. B. → Tresse, wie ein Gürtel wirkend; 14./15. Jh.; wahrscheinlich im hohen Mittelalter Bez. für einen echten Gürtel; häufig, jedoch letztlich unkorrekt für → Dusing.

Durchgrifftasche, Schlitz zum Durchgreifen, anstelle einer Tasche; zuweilen zusätzlich mit Taschenbeutel, somit auch als Tasche nutzbar; meist mit Untertritt (→ Übertritt), der von innen den Schlitz abdeckt, auch außen mit überdeckender → Leiste.

Dusing, *der* (von mhd. *duz* ›Schall‹, ›Geräusch‹), Gürtel mit Schellen oder aus Metallgliedern, -platten oder mit

Beschlägen div. Art, auf oder unterhalb der Hüfte getragen, entspr. auch mit Befestigungsvorrichtung; höfisches, aber auch bürgerliches Ausstattungs- bzw. Schmuckstück, 2. Hälfte 14. Jh.; von Männern bis weit ins 15. Jh. getragen; in der älteren Fachliteratur meist unter der Bez. → »Dupfing«.

Duttenkragen (von nd. *dute* ›Tüte‹), niederl. und dt. Bez. für die große steife → Halskrause.

E

Echarpe, *die* (frz., ›Schärpe‹), Bez. für ein Schulter-/Kopftuch, in Frankreich von Frauen zum → Negligé getragen, 17. Jh.; im 18./19. Jh. auch in der dt. Sprache häufig für → Schärpe gebraucht. [Abb. 13]

Echelle, *die* (frz., ›Treppe‹), Schleife als Miederschmuck, vorne, in Reihe, nach unten kleiner werdend; mit verschiedenen Namen und Bedeutungen; um 1685–1785. [Abb. 12]

Edwardian-Style, Moderichtung in der Herrenbekleidung zwischen 1900 und 1910, benannt nach dem engl. König Edward VII. (1841–1910); Silhouette: schmal und hochgeschlossen; Sakko obligatorisch einreihig, mit kleinem → Revers und Rückenfalte, Westen häufig mit Blumenmuster; Hosen mit wenig Beinweite, ab etwa 1906 üblicherweise mit → Bügelfalte. Der Edwardian-Style lebte Anfang der 50er Jahre in der engl. Herrenbekleidung als → New-Edwardian-Style wieder auf.

Ehrrock → Gestaltrock.

Einreiher, → Sakko mit lediglich einer Knopfreihe;

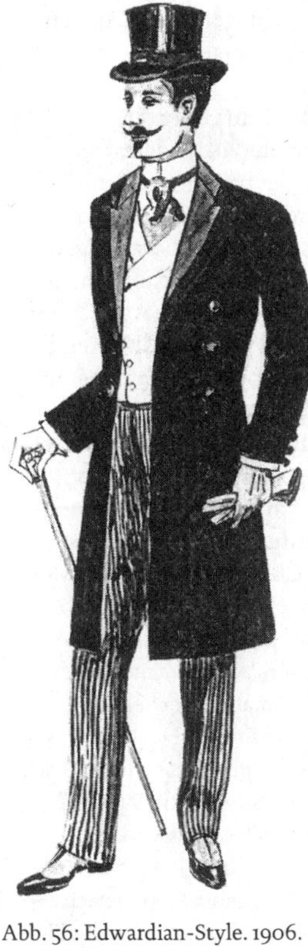

Abb. 56: Edwardian-Style. 1906.

auch Bez. für einen kompletten → Anzug.

Einsatz, zwischen- oder angesetztes Stoffteil, als Verzierung oder zur besseren Passform; vielfach am Halsausschnitt, hier evtl. nur eingelegt; verschiedene spez. Formen.

Elefantenärmel, Ärmelform der → Biedermeiermode: breiter, bauschiger Ärmel, durch Fischbeingestell o. ä. gestützt; mit übermäßiger Betonung der Schultern, in einer Linie in die Ärmel übergehend; modern ab den 1820er Jahren bis etwa 1835; mehrere ähnl. Formen.

Empiremode, Kleidung der Regierungszeit Napoleons I. als Kaiser, 1804–14; Damenkleidung: hochgegürtete → Chemisenkleider der Mode à la → Grecque; jedoch ab etwa 1810: kleinere Ausschnitte, längere Ärmel, Kürzung der Kleider auf Knöchellänge, festere Stoffe; Herrenkleidung: meist farbiger Rock, vielfach → Frack, Weste, Halstuch oder → Jabot, → Pantalons, jedoch auch noch Kniehosen (bis nach 1810), → Zylinder; in der Hofkleidung Napoleons Rückgriffe auf hist. Vorbilder, jedoch Änderung der Silhouette und Einfluss auf die bürgerliche Mode nicht wesentlich; Schnittform von Kleidern und Mänteln mit Gürtung bzw. Ansatznaht unter der Büste wird auch heute mit »Empirestil« bezeichnet.

Engageant, *der* (frz., ›verführerisch‹), Schleife, haupts. in Brusthöhe am Kleid; bes. beliebt im 18. Jh. [Abb. 12]

Engageantes (fem., Pl.; frz., ›die Verführerischen‹), → Volants am dreiviertellangen Hemdärmel aus Spitze oder feinem Stoff, unter dem Ärmel des Oberkleides sichtbar getragen; Ende 17. Jh. bis um 1770; in ähnl. Form an langen Kleiderärmeln Mitte des 19. Jh. [Abb. 12]

Englische Mode, kostümgeschichtliche Bez. für einen von England ausgehenden Kleidungsstil, der aufgrund größerer Schlichtheit und Zweckmäßigkeit, im Ggs. zur pompösen, höfischen Mode des Rokoko, neue Akzente setzte; konnte sich in England als Kleidung des Bürgers durchsetzen, fasste schon deshalb in den 1770er Jahren auf dem Kontinent Fuß, ideologisch beeinflusst von den Vorstellungen der Aufklärung und bes. Jean-Jacques Rousseaus Forderung nach »Rückkehr zur Natur«; wirkte in Deutschland auf die Sturm-und-Drang-Bewegung, die schließlich in der → Wertherkleidung Ausdruck fand; charakteristisch: schlichte, vielfach ungemusterte Stoffe, gelockerte, zweckmäßige Schnitte, wie z. B. bei der → Redingote; führte in der Damenmode zumindest zeitweise zur Abkehr vom → Reifrock und zu korsettlosen → Chemisenkleidern, in der Herrenmode zur allg. Versachlichung bei bes. Betonung von korrekter Schnittform und Verarbeitung.

Englische Naht, Teilungsnaht, die von der Schulter zum unteren Saum bzw. zur unteren Schnittkante führt; geht vorn ungefähr über die Brustspitze, erspart daher hinten den Rücken-, vorn den Brustabnäher sowie die Taillenabnäher; für mäßig taillierte Kleidungsstücke mit anliegenden Oberteilen (z. B. → Prinzesskleid).

Ensemble, *das* (frz., ›miteinander‹), Zusammenstellung von mehreren Kleidungsstücken, in Stil, Material und Farbe aufeinander abgestimmt; erstmals in den 1920er Jahren als Bez. für eine Kombination von Kleid, bzw. Oberteil und Rock, mit Mantel, heute allgemeiner; jedoch → Kostüm, → Deux-pièces und → Twinset als spez. Kombinationen.

Epaulette, *die* (von frz. *épaule* ›Schulter‹), Achsel- oder Schulterstück; urspr. Teil der Rüstung, ab etwa 1800 militärisches Rangabzeichen ohne Schutzfunktion; als Flügel oder Wulst allg. modern in der 2. Hälfte des 16. Jh. bis ins 17. Jh.; Sonderform als gebundene Schleife auf der rechten Schulter am → Justaucorps um 1700, höfische Kleidung; Verzierung an Damenkleidern um 1936–45.

Escarpin, *der* (frz., span./ital.; auch *Eskarpin*), leichter, ausgeschnittener Schuh mit flachem Absatz, im 20. Jh. → Pumps; im 18. Jh. als eleganter Schuh für Herren zur seidenen → Culotte, bis zur Französischen Revolution mit Zierschnalle; ab Ende des 18. bis ins 19. Jh. auch als Ballschuh für Damen, um 1800 zur Mode à la → Grecque; für Herren zum → Frack als Festkleidung bis weit ins 20. Jh.

Etonanzug, Uniform der Schüler des renommierten engl. Bildungsinstituts: für jüngere Schüler schwarze, kurze offene Jacke, gerade geschnittene Weste, gestreifte lange Hose, für ältere Cut (→ Cutaway) und → Zylinder; weißer Umlegekragen (seit 1820), dazu schwarze Schleife für jüngere, Krawatte für ältere Schüler; der Eton-Kragen ging Ende des 19. Jh. in die Herrenmode ein, auch an Damenkleidungsstücken; Jacke als Eton-Jacke für Damen in den 1860er Jahren modern, auch im 20. Jh. getragen.

Etuikleid, auch *Futteralkleid*, anliegendes, jedoch gerade geschnittenes Kleid ohne Taillentrennung, kragenlos; ab 1918 bis in die 20er Jahre modern, auch Anfang der 60er Jahre getragen; mit Trägern und entspr. mit (waage-

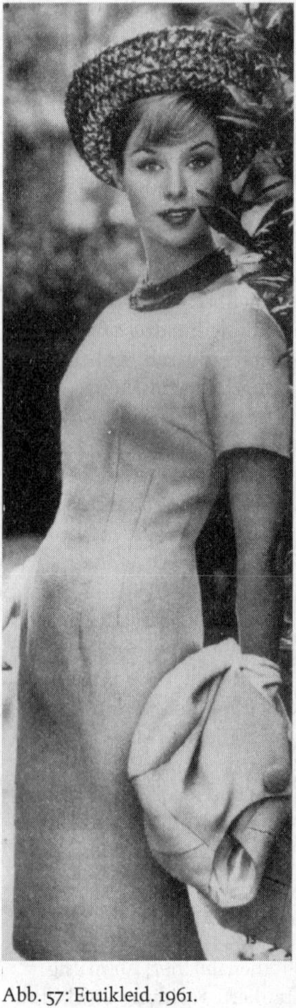

Abb. 57: Etuikleid. 1961.

rechtem) → Dekolleté als Abendkleid, bes. um 1922. [Abb. 57]

Exomis, *die* (von griech. *ex* ›aus‹ und *omos* ›Schulter‹), antikes, eine Schulter freilassendes Gewand; bei den Lybiern auf einer Schulter geknotet; bei den Griechen Bez. für den → Peplos und den (dorischen) → Chiton, wenn sie auf der linken Schulter mit einer Fibel gehalten wurden, jedoch auch eigenständige Gewandform; als stilistische Einheit etwa zwischen 1795 und 1818 zu fassen; für Männer und Frauen, bes. Amazonen; in ähnl. Form die röm. *Tunica exomis*; gilt als einfache Kleidung bzw. Arbeitskleidung.

F

Fächer, Utensil zur Erzeugung von Luftbewegung, von vielfältiger symbolischer Bedeutung; gebraucht im liturgischen Bereich, als Würdezeichen (bes. vorder- und ostasiat. Hochkulturen des Altertums), als weibliches Accessoire mit erotischem Charakter; steif und blattförmig oder aus Federn in einer plattenförmigen Fassung, fahnenartig in röm. Antike und Renaissance; als halbkreisförmiger Falt-F. ostasiat. Art seit dem 16. Jh. modisches Zubehör europ. Frauen, bes. beliebt und kostbar ausgestaltet zur höfischen Mode der Rokokozeit.

Façon, *die* (frz.), → Fasson.

Falbel, *die* (urspr. von ital. *falbala*), Besatzstreifen aus Stoff oder Spitze, mehr oder weniger gekraust, häufig in kleine Falten gelegt, z. B. plissiert; als Schmuckelement vor allem an Röcken und Ärmeln von Rokokokleidern; Bez. aus dem 17./18. Jh., heute eher → Volant oder → Rüsche.

Falte, als Konstruktionselement: übereinandergelegte Stoffpartien, als Zierde und/ oder in praktischer Funktion, um an anderer Stelle auf Stofffülle nicht verzichten zu müssen. Gelegte oder genähte Falten, auch dauerhafte Fixierung durch Druck und Hitze (→ Plissee); natürlicher Faltenwurf durch → Drapierung vor allem in der Antike.

Faltenrock, Damen- oder Mädchenrock mit Falten: in den Bund einzeln, in Partien oder rundum eingelegt

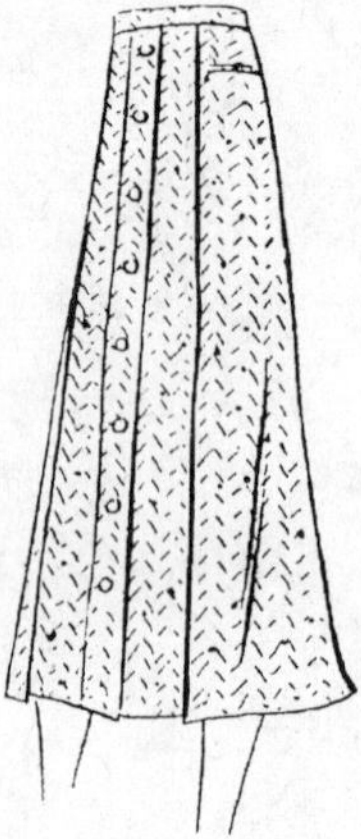

Abb. 58: Sportlicher Rock mit Falten. Ende 1930er Jahre.

(Rundum-F. = klassischer F.), gebügelt bzw. plissiert oder ungebügelt; Bez. gilt auch für einen Rock mit Falten, die als Gruppe an ein oberes, glattes Stück, z. B. einen → Sattel, angesetzt sind; → Kilt, → Plisseerock. [Abb. 58]

Faltentasche, aufgesetzte Tasche mit Mittelfalte(n) oder seitl. Falten und evtl. unterer Falte zwischen Kleidungsstück und Taschenfront; an sportlicher Kleidung und Uniformen; → Blasebalgtasche. [Abb. 134 f]

Faltrock, auch *Paltrock*, etwa knielanger Oberrock mit einem in ausgeprägte Falten gelegten Schoß; vorne hoch geschlossen oder großer Ausschnitt, auch seitl. oder auf der Schulter zu schließen; gebauschte, verzierte bzw. geschlitzte Ärmel; wurde der F. über das → Wams gezogen, hatte er kurze oder keine Ärmel, jedoch oft → Achselstücke; urspr. über der Rüstung getragen, in der 1. Hälfte des 16. Jh. ziviles Kleidungsstück.

Fasson (von frz. *façon* ›Form‹, ›Gestalt‹). **1.** *Die F.*, gesamtes Erscheinungsbild eines Kleidungsstückes von Schnitt und Sitz. **2.** *Das F.*, Sitz und Gestaltung der vorderen Front von Mantel oder Jackett mit Kragen und (meist) → Revers.

Fäustling, Kurzform für Fausthandschuh; Umhüllung der Hand mit allen Fingern bis auf den Daumen, dafür separate Umhüllung; als Schutz vor Kälte (so schon die Perser des Altertums), Verletzung, Schmutz; aus robustem Material; in ältester bzw. einfachster Form als Hülle für die gesamte Hand, auch zweigeteilt zwischen mehreren Fingern zur Feld- und Gartenarbeit, vermutl. schon von Ägyptern, Griechen, Römern getragen; belegt durch Originalfund aus fränk. Zeit.

Faveur, *die* (frz. *faveur* ›Gunst‹; von lat. *favere* ›geneigt sein‹). **1.** Band, Schleife, Perlen, evtl. kleine Juwelen, als Haarschmuck, gelegtl. auch Gewandschmuck des Herrn; üblicherweise Geschenk einer Dame; angebracht an seitl. Zopf oder seitl. Haarsträhne; etwa Mitte 17. Jh. **2.** Zierschleife am

Kleid mit spez. Namen je nach Plazierung; 17. Jh.

Fazilettlein, *das* (urspr. ital.), kostbar ausgestattetes Ziertaschentuch, im 15. Jh. in Italien als *fazzoletto* (›Taschentuch‹) aufgekommen, haupts. für Damen; ab dem 16. Jh. in Europa weit verbreitet, bis ins 19. Jh. üblich; Nachfolger: Stecktuch für die → Brusttasche (ab etwa 1870); als Luxusgegenstand durch Kleiderordnungen Ende des 16. Jh. für untere Bevölkerungsschichten verboten.

Feh, *das*, Fell einer nordosteurop. bzw. sibir. Eichhornart; seit jeher für hochwertige Pelzkleidung verwendet.

Fez, *der* (auch türk. *Fes*, nach der marokkan. Stadt Fes; auch pers. *Tarbusch*), Filzkappe, meist rot oder blau; Form: oben abgeflachter Kegel; orig. mit Quaste, vom → Turban umgeben; 1337 als nationales Symbol des Osmanischen Reiches eingeführt; aus dem Orient nach Italien gelangt, modische Kopfbedeckung der Renaissance; im 19. Jh. allg. Hauskappe für Herren; 1832 bis 1926 offizielle türk. Kopfbedeckung (statt Turban) für Staatsbeamte und Militär; getragen auch in Griechenland und Albanien.

Fibel, *die* (von lat. *Fibula* ›Spange‹, ›Klammer‹), verzierte Gewandnadel, vergleichbar der heutigen Brosche; früher Nachweis in einem anatolischen Fürstengrab aus der 2. Hälfte des 3. Jt.; weit verbreitet in Europa von der Bronzezeit bis zum Mittelalter zum Zusammenhalten bzw. Schließen des Gewandes auf Schulter oder Brust; ein- oder zweigliedrig, d. h. unteres Nadelstück und oberer Bügel aus einem Stück (gebogen) oder einzeln zusammengefügt; div. Formen.

Fichu, *das* (frz., ›Brust-, Halstuch‹), dreieckiges Tuch aus leichtem, oft kostbarem Material zum Bedecken von Schultern und Dekolleté, dort meist gekreuzt eingesteckt; die langen Tuchenden häufig (über dem Kleid) hinten gebunden; aus der → Englischen Mode; getragen etwa ab 1775 bis ins 19. Jh; als → Trompeuse in stark aufgebauschter oder als Mouchoir (*der*; frz., heute ›Taschentuch‹) in verkleinerter

Form in den 1790er Jahren modern. [Abb. 35]

Filz, nicht gewebter Stoff aus Wolle bzw. div. Tierhaaren, der durch Einwirkung von Wärme und Feuchtigkeit sowie mechanische Bearbeitung entsteht und durch → Walken zusätzlich verfestigt werden kann, z. B. für Hüte, Hausschuhe usw.

Fischerhose. **1.** Auch *Korsarenhose, Torerohose*, dreiviertellange bis knapp knöchellange, schmale Damen- und Mädchenhose mit Seitenschlitzen am Saum, in der kurzen Form unter dem Knie; Schlitze auch geknöpft, geschnürt oder mit Reißverschluss u. ä.; häufig weiß oder blauweiß gestreift; als Freizeithose erstmals in den 1950er Jahren modern; in sehr enger, kurzer Form auch → Caprihose genannt. **2.** Latzhose aus wasserdichtem Material, haupts. von Fischern getragen.

Fischgratmuster, auch *Fischgrätenmuster*, »klassische« Musterung, die durch eine Form der Köperbindung (→ Köper) mit mehrfach wechselndem Grat entsteht; Erscheinungsbild: innerhalb von Längsstreifen fischgrätenartige Zeichnung, häufig zweifarbig, gedeckte Farben; beliebt für Herrenanzüge; nachgewiesen an german. Wollgeweben der Eisenzeit.

Flachs (lat. *linum usitatissimum*; auch *Lein*), Stengelpflanze, deren Bastfasern zu Garn versponnen werden; älteste, zu Textilien verarbeitete Pflanzenfaser, in Vorderasien seit der dortigen Jungsteinzeit, von da aus vermutl. nach Norden verbreitet; Verarbeitung: Auskämmen der Samenkapseln (Riffeln), Lösen des Pflanzenleims mittels Wasser oder auch chem. Mitteln (Rösten), mechanische Bearbeitung zur Aussonderung der Holzanteile (Brechen, Schwingen), Teilen der Faserbündel in einzelne Fasern mittels Ziehen durch ein Nadelbrett (Hecheln); → Leinen.

Flanell (von engl. *flannel* ›Wollstoff‹), ein- oder beidseitig gerauhte Gewebe in → Leinwand- oder Köperbindung (→ Köper): Baumwoll-F., Viskose-F., Woll-F.; Woll-F. als Kammgarn- oder Streichgarngewebe (→ Kamm-

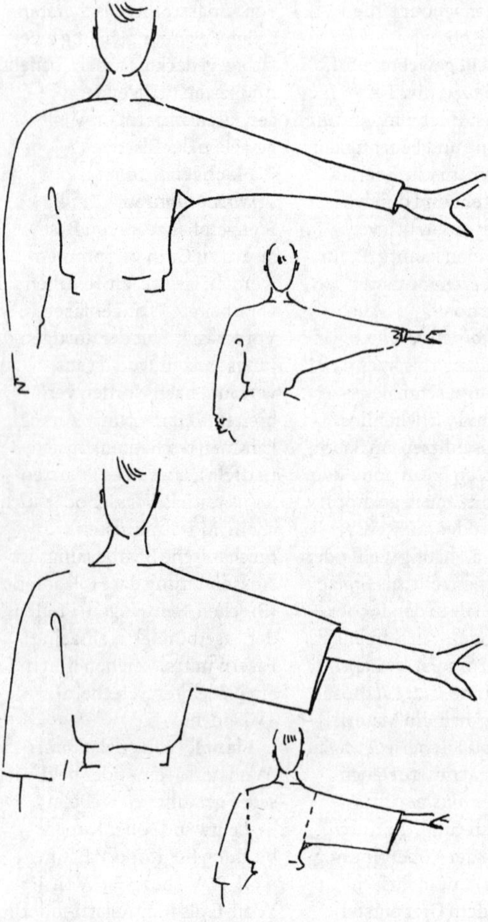

Abb. 59: Fledermausärmel (oben) im Vergleich mit Kimonoärmeln.

garn, → Streichgarn), heute auch Wirkware (→ Strick- und Wirkware).

Flaptasche, eingearbeitete → Brusttasche mit Klappe, seit etwa 1950 an sportlichen Jacken und auch Mänteln, urspr. an Reitjacken.

Fledermausärmel, angeschnittener Ärmel, zum Handgelenk hin schmaler; schnittmäßig im Bogen aus der Seitennaht führend oder nach gleicher Konstruktion als eingesetzter Ärmel aus sehr tiefem Armloch; Form bereits im hohen Mittelalter bekannt, als Bez. um 1900 aufgekommen; bes. aktuell um 1930, 1940 und 1980 (hier bes. an Pullovern); ab etwa 1950 auch in der Herrenkleidung. [Abb. 59]

Fleece (engl., urspr. ›Vlies‹, heute Bez. für ›Flausch‹), gerauhte, plüschartige Maschenware aus → Polyester; um 1980 von der Firma Malden Mills Industries, USA, entwickelt und auf den Markt gebracht, ab 1993 auch aus recycelten Plastik-Wasserflaschen hergestellt; als leichtes, wärmendes Material zunächst für professionelle Sportbekleidung, seit Anfang der 1990er Jahre auch beliebt für Freizeitkleidung.

Fliege. **1.** (auch frz. *mouche* ›Schönheitspflästerchen‹), aus Seide oder Papier für Damen und Herren; div. Formen (z. B. Stern, Herz); 17./18. Jh. **2.** → Querbinder mit korrekt übereinanderliegenden, schmalen Flügeln; modern um 1950 zum Tagesanzug. Gesticktes oder genähtes Dreieck (auch andere Form) am Ende einer Naht, vielfach über Schlitz oder Falte, als Verriegelung gegen das Aufreißen.

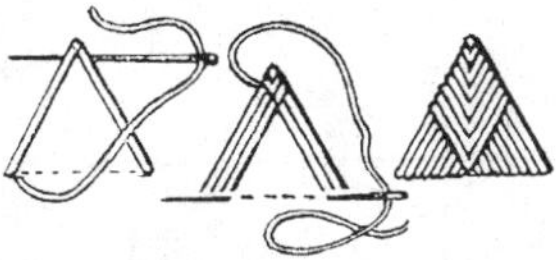

Abb. 60: Fliege, z. B. zur Nahtsicherung.

Flohpelzchen, ausgestopfter Marder-, Iltis- oder Wieselpelz, um den Hals oder eine Schulter gelegt; häufig mit Vergoldung an Schnauze und Klauen und mit Juwelen verziert, an Goldkettchen mit der Hand festgehalten; Accessoire für Damen, haupts. in Italien,

16. Jh.; als Anlockmittel für lästige Insekten.

Flor, *der* **1.** Hist. Name für ein schleierartiges Kreppgewebe aus kurzen Naturseidenfäden, meist schwarz; aufgekommen im 17. Jh. **2.** Bez. für zunächst feines Baumwoll-,

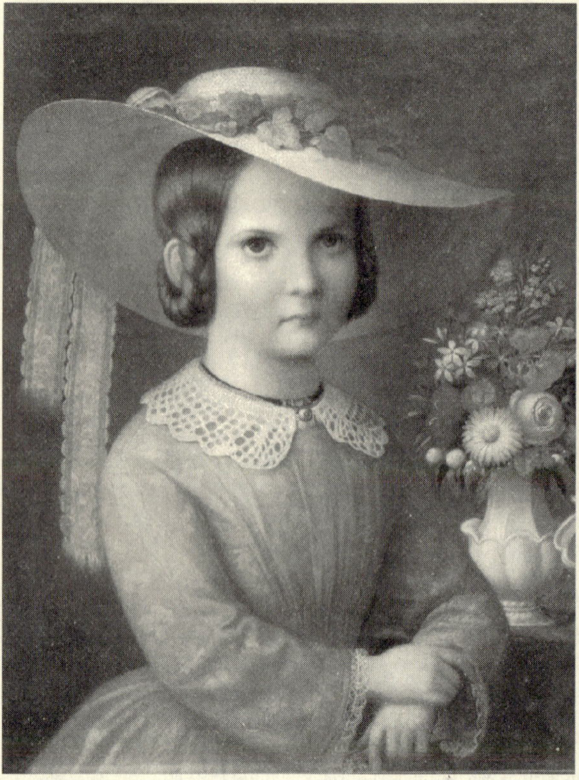

Abb. 61: Florentiner Hut. Um Mitte 19. Jh.

später Zellwollgarn für die »Florstrümpfe«, modern 1900–1920. **3.** Schwarzes Band um Ärmel oder Herrenhut als Zeichen der Trauer. **4.** Beim Stoff alle Oberflächenbildungen, die sich durch hochstehende Faser- bzw. Fadenenden auszeichnen, z. B. beim → Samt.

Florentiner Hut, flacher sommerlicher Strohhut mit breiter Krempe und Blumenschmuck, für Damen auch mit Schleier, gelegtl. auch Mädchenhut; urspr. Herstellungsort der Rohform (Stumpen) bei Florenz; im 19. Jh. durchgängig aktuell, im 20. Jh. immer wieder aufgegriffen. [Abb. 61]

Flügelärmel, öffnet sich weit nach unten, am Hinterarm bis zu schleppenartige Länge, ab 11. Jh.; im 15. Jh. oft gezattelt (→ Zattel), im 16. Jh. innen längs aufgeschlitzt und vielfach in Armbeugenhöhe zusammengenestelt, dadurch Durchgriff variabel; gelegtl. auch → Hängeärmel; heute ein ärmelartiger, kurzer Schultervolant (→ Volant).

Flügelhaube, Kopfbedeckung aus anliegender, evtl. vorne bogenförmiger Unterhaube und darüberliegender, schleierartiger Oberhaube aus gestärktem, feinem Leinen, meist bogig über die Stirn fallend, mit seitl. abstehenden Flügeln über Metallstützen (Ohreisen); nach Vorbildern aus dem 16. Jh. (z. B. → Stuarthaube) typ. Haube der holländischen Bürgerfrauen im 17. Jh.; vielfach beibehalten bzw. fortentwickelt in der Ordens- und Volkstracht bis ins 20. Jh.

Flügelkappe, Gestaltung von Vorderkappe und -blatt eines Schuhs durch Nahtführung in Form eines geschwungenen »W«, mit Lochdekoration kombiniert; modern erstmals in den 1920er Jahren; Kennzeichen des sog. Brogue als sportlichen Schnürschuhs, auch z. B. beim → Derby.

Flügelkleid, für Jungen (bis ins 4./5. Lebensjahr) und für Mädchen, auch ältere; mit langen, schmalen oder breiten Bändern, auf der Schulter oder darunter waagerecht angesetzt, vor

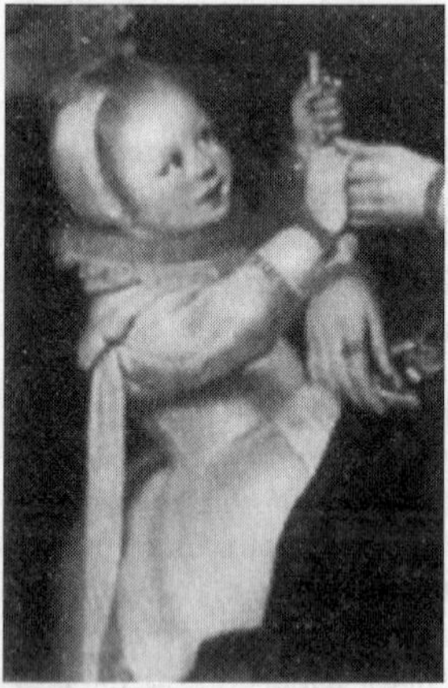

Abb. 62: Flügelkleid. Um 1626.

Mitte 17. bis nach Mitte 18. Jh.; galt als Zeichen der Kindheit schlechthin.

Folklore-Stil, Kleidung mit Stilelementen aus Volks- bzw. Nationaltrachten; 1976 von Yves Saint Laurent (1936–2008) in Mode gebracht, jedoch in Einzelformen schon vorher in die jeweils aktuelle Kleidung eingegangen; als Kleidungsstücke z. B. → Burnus, → Kaftan, → Russenbluse; als komplette Zusammenstellungen heute → Carmen-Look, → Gipsy-Look usw.

Fontange, *die* (frz.), Kopfputz aus Spitze oder feinem Stoff, in senkrechte Falten gelegt, am Hinterkopf über einer kleinen Haube hochstehend, durch ein Drahtgestell gestützt, mit Schleifen u. ä. geschmückt; Bez. ist anschließend auf die gesamte, aus steifen Locken bestehende Frisur übergegangen. Angeblich einem Einfall der Herzogin de F. folgend, einer Mätresse Ludwigs XIV., die ihr unterwegs gelöstes Haar dekorativ auf dem Oberkopf zusammengebunden haben soll; aktuell etwa 1685–1710/15. [Abb. 12, 14]

Frack, *der* (von engl. *frock* ›Kittel‹ bzw. urspr. ›Mönchskutte‹), Herrenanzug mit typ. Rockschnitt: vorn ab Taillenhöhe weit geöffnet, dadurch lediglich am Rückteil ein mehr oder weniger langes Schoßteil; entwickelte sich um die Mitte des 18. Jh. aus einem engl. Reitrock mit vorn zurückgeschnittenen Schößen zwecks größerer Beinfreiheit sowie dem damaligen Uniformrock mit seitl. zurückgeklappten Schoßteilen; der bürgerlichen, aus England kommenden Mode entspr. aus einfarbigem Tuch, unverziert, mit Kragen und Revers (*Frac à l'anglaise*); bis in die Biedermeierzeit dunkelfarbiger Tagesanzug; nach Mitte des 19. Jh. ausschließlich Gesellschaftsanzug, haupts. in Schwarz; obligatorisch noch heute mit Weste; Hose mit → Galonen; auch Berufskleidung für Kellner usw., dann mit schwarzem statt weißem Querbinder. [Abb. 2]

Fraise, *die* (auch dt. *Fräse*), frz. Bez. für die große gesteifte → Halskrause.

Fransen (fem., Pl.), nicht verwebte, lose hängende oder durch Knoten gesicherte Kettfadenenden an einer Stoffkante oder angeknotete einzelne Fäden; auch als Fertigprodukt (Meterware) im Bereich der → Posamenten; in der Kleidung haupts. an Schals, Kopf- und Umschlagtüchern, gelegtl. auch an Kleidungsstücken der → Volkstrachten bzw. des → Folklore-Stils.

Französischer Sack, Negligékleid (→ Negligé) in Form der → Adrienne, jedoch vorn geschlossen und untailliert; 18. Jh.

Freizeitkleidung, unkonventionelle, saloppe Kleidung; nach dem 2. Weltkrieg von den USA aus verbreitet; häufig aus der Arbeitskleidung entstanden (z. B. → Jeans) und von der → Sportkleidung angeregt; Kennzeichen: robuste, vielfach leichte Stoffe, bequeme Schnitte, Modelle häufig mit mehreren praktischen Taschen; Bez. aus den 60er Jahren, in den 70er Jahren vor allem in der Herrenkleidung noch von der Legerkleidung unterschieden, heute damit übereinstimmend und allg. dahingehend umbenannt.

French Knickers (Pl.; engl., ›französisches Höschen‹), locker geschnittener Damenschlüpfer mit Hosenbeinansatz, am Saum Spitzenverzierung; aus Seidentrikot, Seide u. ä.; in dieser Art kreiert von der Engländerin Janet Reger als exklusive Damenunterwäsche Ende der 1960er Jahre, geht auf hist. Vorbilder zurück; Bez. seit den 70er Jahren; beliebt in den 80er Jahren.

Frisierumhang, Frisierjacke, Frisiermantel, Umhang oder Jacke, vorn (heute auch hinten) mit einem Schleifenband, einigen Knöpfen oder Klettverschluss am Halsausschnitt locker zu schließen; im 18. Jh. Teil der Hauskleidung; um 1915 dienten Kimonos als Frisiermäntel.

Frou-Frou, *das.* **1.** Absichtlich hervorgerufenes Rascheln und Knistern des rüschenbesetzten Seidentaftunterrocks; außer in der eleganten Tagesmode in bes. provozierender Weise auf der Bühne bei den Can-Can-Kostümen; um 1885 bis nach 1900. **2.** Heute auch jede Art von verspielter Dekoration an einem Kleidungsstück, z. B. → Rüschen oder Schleifen.

Fürspan, *der* (von mhd. *vürspan* ›Vorspange‹), Schmuck- und Verschlussnadel (→ Fibel) für den vorderen Schlitz am Halsausschnitt an Ober- und Untergewand, zuweilen auch als Befestigungsmöglichkeit für das Verbindungsband zwischen den → Tasseln genutzt; 12.–13. Jh. [Abb. 46]

Fustanella, *die* (von *Fustian* oder *Fustan*), nach Fostat oder Fossat, der alten Vorstadt Kairos, wo im Mittelalter Baumwolle angebaut und verarbeitet wurde, z. B. zu → Barchent (engl. *fustian*); alban./griech. Kleidungsstück für Männer; Teil der Nationaltracht: in Falten gelegter, kurzer weißer Rock; urspr. unterer Teil des sog. Albaneser Hemdes.

Futter, separate Stofflage an der Körperinnenseite des Kleidungsstückes, mit diesem mehr oder weniger locker verbunden, im Schnitt angepasst; auch anstelle des Oberstoffs (z. B. Rückteil einer → Weste); zur Formstabilisierung, gegen Kälte und/oder aus Dekorationsgründen, dann meist kontrastfarbig, evtl. auch Körperschutz (z. B. Steppfutter); auch Prestigeobjekt, z. B. als Pelz-F.; bes. wichtig als Gestaltungselement der → Schlitzmode Ende des 15. bis Anfang 17. Jh.; F.-Stoffe: seit dem Mittelalter Seide, im 20. Jh. meist ersatzweise Chemiefaserstoffe; auch Wollstoffe, Leinen usw.

G

Gabardina, *die* (span.; urspr. von span. *gab an*), anliegender Rock in der Art eines Mantels; aus Wolle; nach urspr. oriental. Vorbild nach Mitte des 15. Jh. in Spanien aufgekommen.

Gabardine, *der* (frz.; von span. → *Gabardina*), robuster Stoff aus Wolle, Baumwolle oder als Mischgewebe, heute auch mit → Chemiefasern; typ. Erkennungszeichen: Köperbindung (→ Köper) mit steilem Grat; beliebt als Mantelstoff seit Mitte 19. Jh.; patentiert 1879 in England von Thomas → Burberry als Material für den gleichnamigen Mantel und andere Kleidung, exklusives Herstellungsrecht bis 1917; auch für Armeekleidung im 1. Weltkrieg (→ Trenchcoat); heute auch für Jacken, Hosen, Damenröcke usw.

Gala, *die* (von afrz. *gale* ›Freude‹), vom Namen des arab. Ehrengewandes *chila* ausgehender, in der → Spanischen Mode übernommener Ausdruck für Prachtkleidung; Durchsetzung der Bez. im 17./18. Jh. am Wiener Kaiserhof für die offizielle Festkleidung; heute allg. für große, festliche Aufmachung.

Galants (Pl.; frz., ›edel‹, ›liebenswürdig‹). **1.** Bandschleifen als Ausputz an der Herrenkleidung, 2. Hälfte 17. Jh. **2.** → Faveurs.

Galon, *der* (von → *Gala*; Pl. *Galons* oder *Galone*), Besatz an festlicher Hofkleidung der → Spanischen Mode, vor allem an der Herrenkleidung, daher später allg. an Gala-Uniformen; an den sog. Russischen Hosen (getragen um 1814–50) Zierstreifen längs der Seitennaht, gegen Ende des 19. Jh. zunehmend an ausgesprochener Festkleidung (→ Frack, → Smoking).

Galosche, *die* (von frz. *galoche*), Überschuh als Schutz gegen Straßenschmutz, urspr. aus Leder oder Stoff mit dicker Sohle aus Holz, Kork oder Leder; kam im 14./15. Jh. aus dem Orient; in div. ähnl. Formen bis etwa Ende des 18. Jh. getragen, in der Biedermeierzeit als geschnürte Lederstiefelette; nach Erfindung der Vulkanisierung von Kautschuk (1839) wurde der sog. Gummischuh, ein Überschuh, auch als G. bezeichnet, ebenso die Kunststoffüberschuhe nach 1945; auch aus Filz, dann in umgekehrter Weise als Schutz vor Straßenschmutz in Innenräumen (z. B. zur Schonung des Parketts) benutzt.

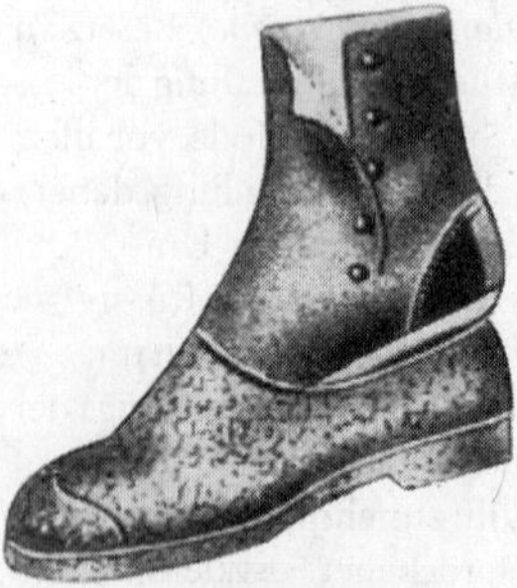

Abb. 63: Galosche. Paris 1939/40.

Gamasche, *die*, urspr. span. Bez. für ein Leder aus der libyschen Stadt Ghadames; sohlenloser Überstrumpf; bei Römern, Germanen bis Franken in der Art von → Beinbinden; die typ., seitl. geknöpfte G. war im 18. Jh. bes. Teil von preußischen Uniformen, aber auch in der Zivilkleidung üblich; ab etwa 1900 in kurzer Form, auch mit Steg, zu korrekten Herrenanzügen modern, bis Mitte des 20. Jh. zu sehen, seitdem in div. Formen haupts. Teil der Sportkleidung, bis ins 20. Jh. auch als Wickelgamasche, z. B. beim Militär. [Abb. 144]

Gamurra, *die* (ital.), repräsentatives Oberkleid vornehmer ital. Frauen, eine Art → Mantelkleid; lediglich vorne unter dem Hals zusammengehalten oder im Brustbereich geschlossen, sonst offen; auch mit typ. Elementen der → Spanischen Mode wie Ärmelpuffen, → Halskrause, Stehkragen; 2. Hälfte 16. Jh.; evtl. zurückgehend auf die formähnl. → Zimarra und/oder → Houppelande; bereits im 15. Jh. in Italien nachzuweisen, zunächst wohl als einfaches Unterkleid getragen.

Gänsebauch (auch → *Pourpoint à panseron* ›Wanstrock‹), Form des Wamsvorderteils in der → Spanischen Mode, bei dem die Taille in einer versteiften und unterfütterten Spitze ausläuft, auch zum Vorschnallen (spez. in der Rüstung); in Mode bes. in

Frankreich und den Niederlanden 1570–90.

Garçonne-Mode (frz., ›Knäbin‹), Bez. nach der Titelfigur eines Romans von Victor Margueritte (1866–1942); Stil modischer Damenkleidung nach dem 1. Weltkrieg, Ausdruck von Emanzipation; aktuell waren schmale, flache Körperformen, daher (kurze) Kleider ohne Busen- und Taillenbetonung, charakteristisch auch die Übernahme von Elementen der Herrenkleidung: z. B. des Paletotmantels (→ Paletot), des → Pyjamas als → Negligé und Kostüme mit Jackett- oder Smokingoberteil; typ. Frisur: kurzgeschnitten und gerade (Bubikopf) oder streng zurückgekämmt in der Art der Eton-Boys; 1920er Jahre, bes. um 1927.

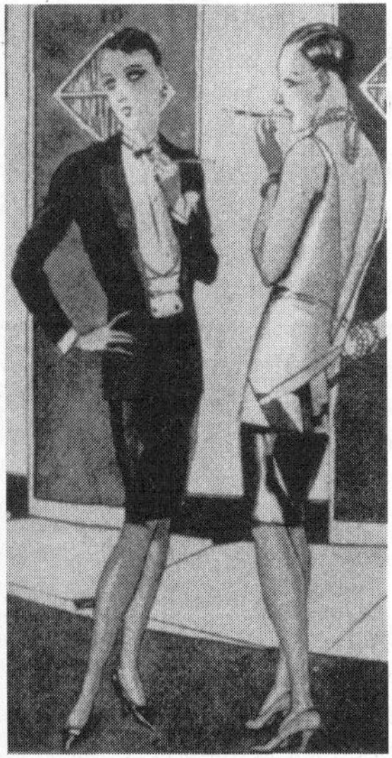

Abb. 64: Garçonne-Mode. Karikatur von 1927.

Garibaldijacke, rote Kaschmirjacke mit goldenen Knöpfen und → Litzen; um 1860 urspr. von »Halbweltdamen« lanciert, getragen als Ausdruck emanzipatorisch-sozialreformerischer Gesinnung; Vorbild: die Bekleidung der uniformierten, »Rothemden« genannten Anhänger des ital. Freiheitskämpfers Giuseppe Garibaldi; ähnl. der → Zuavenjacke.

Garrick, *der* (engl.), → Carrick.

Gauchohose, Damenhose mit wadenlangen, weiten Beinen; Vorbild: Hosen der südamerik. Viehhirten (Gauchos); Anfang der 1970er mit ausgestellten, um 1978 mit geraden Hosenbeinen modern.

Gebende, *das* (von mhd. *bant* ›Band‹), festes Leinenband um Kinn, Ohren und Oberkopf, dazu Stirnreifen (»Schapel«) oder Krone; auch mit seitl. herabhängenden Enden; Kennzeichen verheirateter Frauen, vorgeschrieben beim Kirchgang; Ende 12. Jh.–15. Jh. [Abb. 46]

Gehpelz, eleganter Herrenwollmantel mit Pelzschalkragen, meist zweireihig, antailliert und mit Pelz gefüttert; durch Einfluss des engl. Königs Georg VI. (1936–52) wurden Persianerverbrämung am Kragen und als Ärmelaufschläge modern; getragen von etwa 1870 bis zum 2. Weltkrieg, bis in die 1920er Jahre mit Zylinder.

Gehrock, meist dunkelfarbiger oder schwarzer Herrenrock, ab Mitte des 19. Jh. zweireihig; mit langen Schoßteilen (→ Schoß), lediglich über der Taille geknöpft und mit Revers; um 1800 aus der → Redingote hervorgegangen, Tagesanzug bis Mitte des 19. Jh., dann Anzug für offizielle Gelegenheiten, auch für Hochzeiten und Beerdigungen, ab den 1920er Jahren seltener; als Amtstracht z. B. für Standesbeamte bis Mitte des 20. Jh.

Gelehrtentracht, schwarze, gelegtl. auch rote → Schaube und → Barett oder die darunter getragene Backenkappe, jeweils typ. mit Ohrenklappen; auch als »dt. Humanistenkleidung« bezeichnet; 16. Jh.; in Italien wurde im 15./16. Jh. in ähnl. Weise die venezianische → Zimarra mit Barett von Gelehrten und Amtspersonen getragen; → Talar.

Georgette, Gewebe aus Kreppgarnen (→ Krepp) mit unterschiedlicher Drehrichtung und entspr. körniger Oberfläche; vermutl. als Crêpe G. erstmals hergestellt vor dem 1. Weltkrieg, angeblich auf Anregung einer Schneiderin namens G.; für elegante Blusen und Kleider.

Gêr, *der* (eigtl.: mhd., ›Wurfspieß‹), → Godet.

Gesellschaftskleidung, Kleidung für offizielle, meist festliche Veranstaltungen, heute im privaten Bereich nur noch selten maßgebend; als G. gelten bzw. galten vor allem: → Abendanzug,

→ Abendkleid, → Cutaway, → Dinnerjackett, → Frack, → Gehrock, → Messjackett, → Smoking, → Stresemann; weiterhin: u. U. Militär- und Ziviluniformen, meist in Form von Galauniformen, der schwarze → Herrenanzug, gelegtl. das Damenkostüm, vor allem am Vormittag; obligatorisch sind die Kombinationen Frack mit bodenlangem, »großem« Abendkleid und Smoking mit »kleinem« Abendkleid.

Gestaltrock (auch *Ehrrock*), Oberrock in Form der → Harzkappe; auch Amtskleidung; 2. Hälfte 16. Jh.

Gigotärmel (von frz. *gigot* ›Hammelkeule‹), → Hammelkeulenärmel.

Gilet, *das* (frz.), kurze, schoßlose Weste, ein- oder zweireihig, weiß oder farbig aus gemusterten, oft kostbaren Stoffen; bildete sich als ärmellose, hochgeschlossene → Weste heraus, 2. Hälfte 18. Jh.; häufig wurden auch mehrere G. übereinander getragen; in den 1840er Jahren von anderen Westenformen abgelöst: Mit der Veränderung der Form kam auch die Bez. aus der Mode, gilt aber noch für die von Damen ab etwa den 1930er Jahren zum Schneiderkostüm getragene »klassische«, herrenmäßige Weste.

Giornea, Giubberello, *die* bzw. *der* (ital.), kurze Männerübergewänder, seitl. offen; faltenreich, oft pelzverbrämt; mit und ohne Gürtel; auch in reich gemusterten, mit Goldfäden durchzogenen Geweben; die Giornea auch mit Ärmeln, vielfach → Hängeärmeln, ansonsten kaum voneinander zu unterscheiden; haupts. Italien, 15. Jh. [Abb. 42]

Gipsy-Look, folkloristischer Kleidungsstil, orientiert an Trachtenelementen der »Zigeuner«: Volant-, Stufenröcke (aus oben angekräuselten Querbahnen zusammengesetzte Röcke) oder → Zipfelröcke, häufig in → Patchwork-Optik; Blusen mit Dekolleté im → Carmen-Look oder unter dem Busen gebunden; Anlehnungen an »Zigeunerkleidung« bereits im 19. Jh.; aktuell seit 1976/77 im Zuge des → Folklore-Stils.

Glencheck (engl.), Webmuster und Bez. für derart

gemustertes Gewebe, meist Kammgarnstoff: bei gleichseitiger Köperbindung (→ Köper) wechseln verschiedenfarbige Fäden in → Kette und → Schuss, Schuss- und Kettfäden sind zu Gruppen zusammengefasst; Musterung zeigt meist ein Grundkaro und ein Überkaro; »klassisches«, gedecktes Muster, bes. beliebt für Anzüge und Kostüme, größere Verbreitung erstmals in den 1880er Jahren.

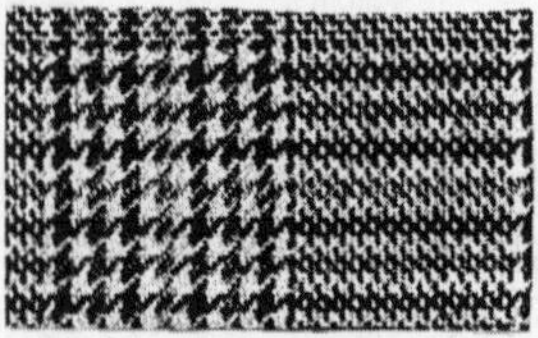

Abb. 65: Glencheck.

Glocke (von kelt. *cloc*). Prinzipiell beruhen alle Kleidungsstücke mit dieser Bez. auf der Grundschnittform des Kreises oder eines Kreisausschnitts. **1.** Umhang; Form in Anlehnung an die antike → Paenula; oft mit Kapuze, auch ein- oder beidseitig vom Saum her geschlitzt; in edler Ausführung mit breitem Schulterkragen, dieser vielfach aus Hermelin; für Männer in der 1. Hälfte des 14. Jh. in Mode gekommen, dann lange allg. verbreitetes Übergewand; ähnl. der zeitgleichen → Heuke. **2.** (auch frz. *cloche*), Damenhut mit hohem, rundem Kopfteil und heruntergebogenem Rand; modern 1925–30, um 1948 und um 1975. **3.** Steifer Herrenhut: Melone (→ Bowler).

Glockenrock (→ Glocke), seit dem 2. Weltkrieg Bez. für den Tellerrock (Schnittform: ganzer Kreis) und die Halbglocke (Schnittform: halber Kreis); mit schwingender Saumweite; auch aus einzelnen Bahnen zusammengesetzt, in dieser Schnittform bis Mitte des 20. Jh. → »Bahnenrock« genannt. [Abb. 67]

Godet, *der* (frz.; auch *falsche Falte*), keilförmiger Einsatz (→ Zwickel), haupts. an Röcken, vom Saum her zwischengesetzt, um schwingende Weite zu erzielen; in ähnl. Form und mit gleicher Funktion: die Gêren an Kleidern der Oberschicht, hohes Mittelalter.

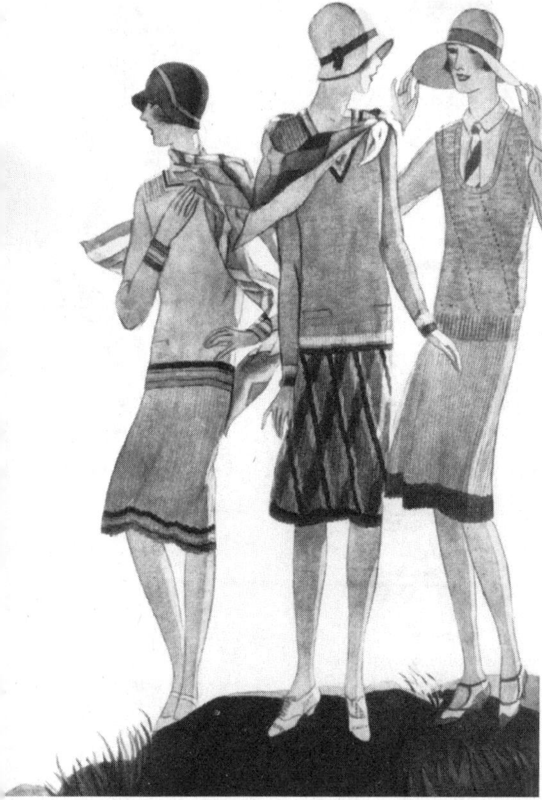

Abb. 66: Zwei Damen in Jumperkleidern mit Glocken (links), eine Dame mit Westover über Hemdbluse (rechts). 1928.

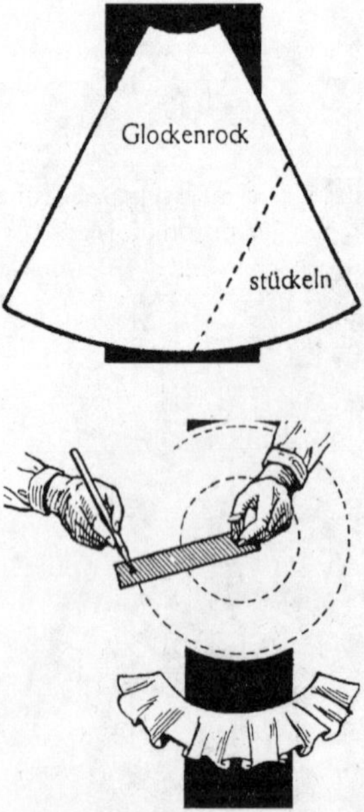

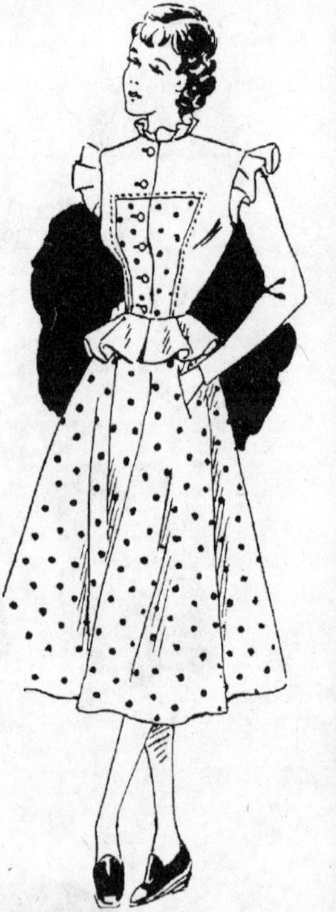

Abb. 67: Glockenrock. Schnittformen, mit Taillenvolant in der Art eines Schößchens und Ärmelvolant. 1949.

Golffalte, am Rückteil rechts und links eingelegte → Kellerfalte, die am Armloch vorbeiführt, oben in den → Sattel oder die Schulternaht mündet, unten in der Taille endet; heute, bes. in Kombination mit einem → Rückengurt, auch als Norfolk-Rücken bezeichnet (→ Norfolk); an sportlichen Sakkos: allg. Golfsakko genannt; aufgekommen in den 1930er Jahren.

Golfkleidung, urspr. zum Golfspielen getragene Kleidungsstücke mit eigener Gestaltung, wie der → Norfolk mit → Golffalten oder Sakkos mit Rückenmittelfalten, aufgesetzten Taschen, Rundum- oder Rückengurt; → Knickerbocker, bes. in der extremen Form der → Plusfours; Schuhe mit → Kreppsohlen, Handschuhe mit Knöchellöchern usw.; die etwa seit 1910 bis in die 30er Jahre sich herausbildende G. wurde zum Inbegriff gediegener, sportlicher Kleidung schlechthin und in der Alltagskleidung vielfach weiterentwickelt.

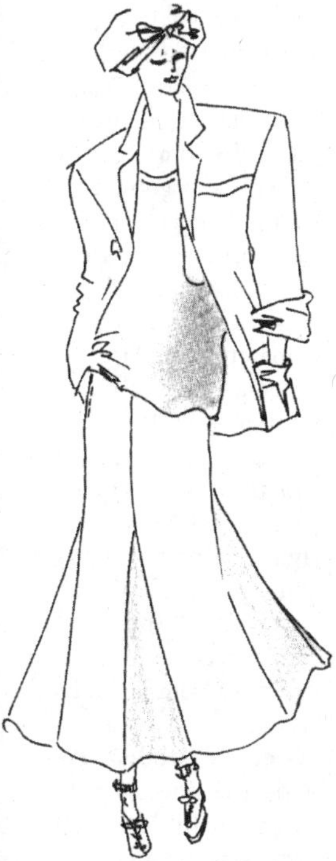

Abb. 68: Rock mit Godets. Modell von Ronaldus Shamask – Trevira Studio International. Frühjahr/Sommer 1987.

Golilla, *die* (von span. *gola* ›Kehle‹, auch *Tellerkragen*),

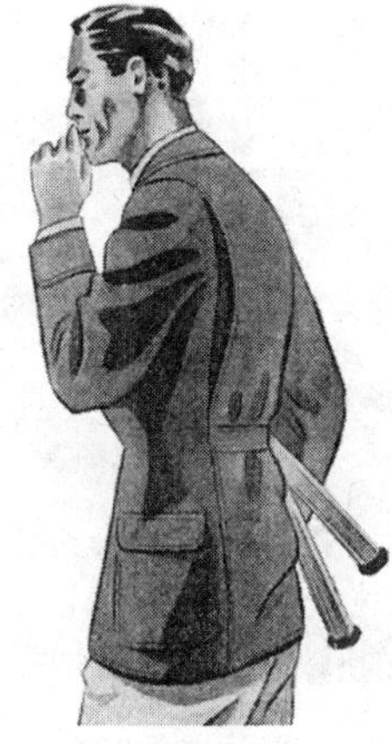

Abb. 69: Golffalte.

tellerartiger, abstehender Unterkragen mit losem Leinenoberkragen; nach 1660 seitl. schmaler und vorne mit geradem Abschluss; schwarz oder weiß; seit Anfang des 17. Jh., bes. nach dem Verbot der Spitzenhalskrause (1623) Teil der span. Männerkleidung; erhalten in Kirchen- und span. Amtstrachten.

Goller → Koller.

Granatapfelmotiv, Sammelbez. für Stoffmuster mit rhythmisch wiederkehrenden, geschweiften Ranken (Blattrosetten), die jeweils ein stilisiertes, frucht- oder blütenähnl. Motiv umschließen (häufig Granatapfel, -blüte, Distelblüte, Pinienzapfen usw.); abgeleitet vom Lotosblütenmotiv, über den Orient im Mittelalter in Europa bekannt geworden; bes. beliebt auf ital. Geweben des 14./15. Jh. sowie in Spanien im 16. Jh., allg. bis ins 18. Jh.

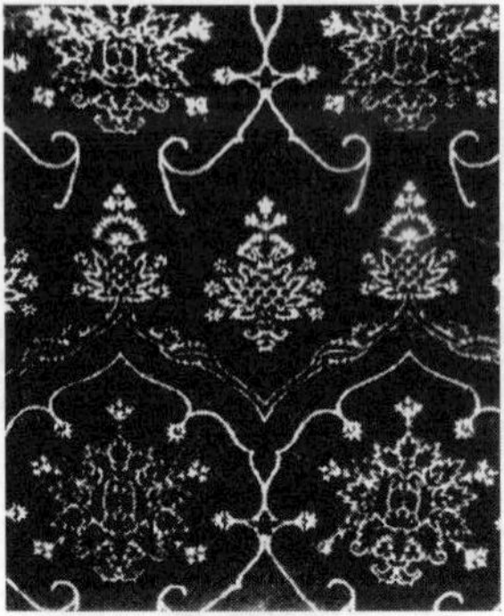

Abb. 70: Granatapfelmuster. Italienischer Samt. 3. Viertel 15. Jh.

Grande parure, *die* (frz., ›großer Putz‹), große Galakleidung (→ Gala), höfische Kleidung der Rokokozeit; im Ggs. zur *Parure* (›Halbputz‹), vor allem aber zum bequemeren, eher bürgerlichen → Negligé; entwickelten sich im Laufe des 18. Jh. immer stärker auseinander; typ.: → Manteau und → Jupe, → Stecker als Ausstattung der Damen, bei den Herren → Justaucorps, → Culotte, Seidenstrümpfe und Schnallenschuhe jeweils aus kostbarem Material und reich verziert.

Grecque, Mode à la (frz., ›Mode nach griech. Art‹), an antiken, bes. hellenistischen Vorbildern orientierte Damenmode; Impulse aus der Einfachheit und Natürlichkeit der → Englischen Mode, aber auch Ausdruck des neuerwachten

Interesses an antiker Kunst und Kultur; durchsichtige, sehr leichte, meist weiße → Chemisenkleider, auch mit tunikaartigen Überkleidern, dazu: drapierte Schals (→ Kaschmirschal, → Langschal), Sandalen und flache, gebundene Schuhe, antikisierende Frisuren; erstmals 1788 erwähnt, um 1795 auf breiter Ebene durchgesetzt; typ. Silhouette der Directoirezeit (1795–99) und der Kaiserzeit Napoleons I., bis etwa 1810; in einzelnen Elementen nochmals in den 1820er Jahren aufgegriffen.

Guardscoat, *der* (von engl. *guard's coat* ›Gardemantel‹), eleganter, jedoch zwangloser, unifarbiger Herrenwollmantel, zweireihig, mit steigendem → Revers, in Rückenmitte mit durchgehender → Kellerfalte, die einschl. zweier evtl. seitl. Falten durch einen Rückengurt gehalten wird; sehr modern Ende 19. Jh., getragen bis weit ins 20. Jh.; die sog. G.-Falte ist zu einem Begriff geworden.

Guêpière, *die* (von frz. *guêpe* ›Wespe‹), korsettartiger Miedergürtel; 1946 von Couturier Marcel Rochas (1902–1955) in die Mode eingeführt, 1947 eine der Voraussetzungen für die charakteristische Silhouette des → New Look.

Gugel, *die* (mhd. auch *gogel, kogel*), aus dem → Cucullus entwickelte Kapuze mit angeschnittenem oder angesetztem

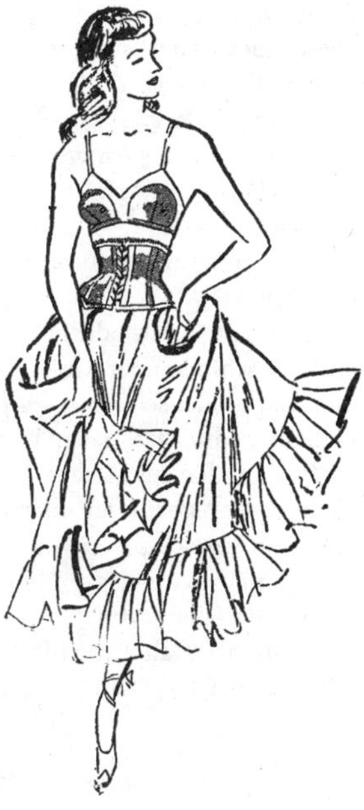

Abb. 71: Guêpière, kombiniert mit Unterrock. 1947.

Kragen bis zu umhangmäßiger Länge; im 14. Jh. allg. Kopfbedeckung, haupts. für Männer, für einfache Leute auch Mantelersatz; durch Verlängerung der Kapuzenspitze zur → Sendelbinde (= geschwänzte G.) konnte die mit der Gesichtsöffnung aufgesetzte G. auch turbanähnl. um den Kopf gebunden werden, bes. beliebt nach 1350; in urspr. Form noch als Kopfbedeckung für Reise, Jagd, als Trauerkleidung (bis Anfang 16. Jh.), aber auch als Narrenkappe sowie als Kopf- und Nackenschutz für Lastenträger bis heute.

Gürtel, um Taille oder Hüfte zu schlingender Riemen, band- oder schnurförmig, aus div. Materialien bis hin zu Gebilden aus Metallgliedern; vorn gebunden oder anderweitig geschlossen; außer der Funktion des Zusammenhaltens von Kleidung auch Halterung für div. kleinere Gegenstände, dies wohl urspr. Funktion; symbolische Bedeutung vermutl. seit den ersten Nachweisen aus der späten Altsteinzeit bis mindestens ins Mittelalter, meist Schutzfunktion; auch Rangabzeichen; heute übliche G.-Formen im wesentlichen seit der frühen mitteleurop. Eisenzeit; → Châtelaine, → Dupfing, → Dusing, → Echarpe, → Kummerbund, → Schärpe.

Gürteltasche, am Gürtel befestigte Tasche; Ende 12. bis 15. Jh. wurde die → Almosentasche meist am Gürtel getragen. Als in den Gürtel integrierte Tasche: ab dem 17. Jh. als Sicherung für Wertgegenstände, bes. Geld, daher »Geldkatze« genannt; in der Mode des 20. Jh. einige Zeit ab Mitte der 1930er Jahre, zuerst für den Wintersport, dann allg.; nach Mitte des Jh. wieder sehr beliebt, seit den 80er Jahren, vielfach in Verbindung mit → Sportkleidung.

H

Hahnentritt, Webmuster und entsprechendes Gewebe; zweifarbige Musterung mit Karos, die an jeweils zwei diagonal gegenüberliegenden Ecken waagerecht (also in Schussrichtung) bzw. senkrecht (in Kettrichtung) durch eine verlängerte Ecke miteinander verbunden sind: vierzackige Gebilde im Positiv-/ Negativeffekt; entsteht durch spez. Farbwechsel in Kette und Schuss in Kombination mit einer bestimmten Bindung [Abb. 72]; jedoch → Pepita. [s. Abb. 107]

Haifischkragen, mit weit auseinanderliegenden Kragenecken; in der Herrenmode in den 1950er Jahren an sportlichen, legeren Hemden aufgekommen; beliebt seit Ende der 1980er Jahre, nun gerne mit Krawatte getragen; auch als Reverskragen; auch in der Damenkleidung. [Abb. 89 d]

Haik, *der* (von arab. *hâka* ›weben‹). **1.** Altägypt. Pharaonen- und Königinnengewand (Neues Reich, 1551 bis 1070 v. Chr.), plissiert, vorne gebunden. **2.** Männer- und Frauenübergewand, geknotet oder gefibelt; div. Formen; Nordafrika und Ägypten.

Halbraglan(ärmel), Schnittform: vorne → Raglanärmel, hinten eingesetzter Ärmel (veralt. Bez. »Janusarm«) oder umgekehrt; haupts. an Mänteln.

Halsbinde, jede Art von → Krawatte (im urspr. Sinn); Vorläuferin des → Lang- und → Querbinders; im wesentlichen vom 17. bis Mitte des 19. Jh. getragen, gelegtl. von der Bez. her Überschneidungen, z. B. mit dem → Halstuch. [Abb. 77]

Halskrause (auch *Krause, Kröse*, frz. *fraise*; in den Niederlanden: *Duttenkragen*), in Falten gelegter, mehr oder weniger breiter, weißer, abstehender Kragen; entstanden aus dem oberen gekräuselten Hemdabschluss, 1. Hälfte 16. Jh.; Entwicklung von Spanien aus: ab Mitte des 16. Jh. war die über dem Stehkragen sichtbare, kleine Krause aktuell, ab den 1580er Jahren die breite, aufliegende Krause selbständiges Kleidungsstück:

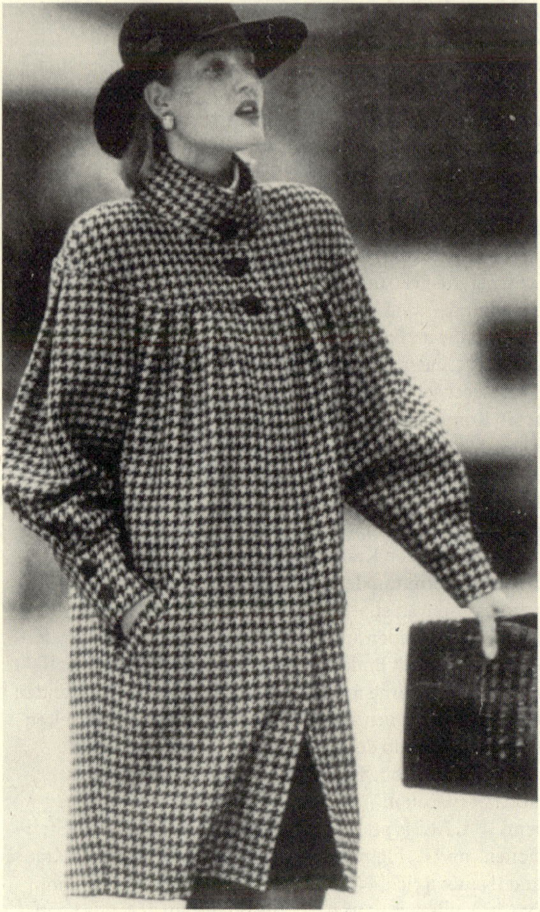

Abb. 72: Mantel in Hahnentrittmuster, mit Schwedenpasse. 1988.

haupts. aus Leinen, gestärkt, über einem Drahtgestell oder steifem Unterkragen, auch mit Spitzenbesatz; Ende des 16. Jh. Entwicklung zum übergroßen → Mühlsteinkragen; ab etwa 1630 von flacheren, weicheren Kragen abgelöst, z. B. der sog. Fallkrause; nach 1800 nochmals kleine H. an Damenkleidern; fortlebend in Volks- und Amtstrachten; obligatorisch am Pierrotkostüm.

Halsschleife, zur Schleife geschlungene Halsbinde; nach Mitte des 19. Jh. der Querbinder (im Ggs. zum Langbinder; → Krawatte) in div. Gestaltung; im 17. Jh. auch eine Schleife aus einem separaten Band, mit dem die Halsbinde zusammengehalten wurde; → Diplomatenschleife, → Fliege, → Lavallière.

Halstuch, meist quadratisches Stoffstück aus leichtem Material; als Kälteschutz oder Ausputz; hist. belegt als sog. Focale der Römer, ab Anfang 2. Jh.; ab dem 17. Jh. im Sinne einer → Krawatte verwendet, in extrem großer Form Ende des 18. Jh. (→ Cachenez, → Trompeuse); ab Mitte 20. Jh. modern als Ausputz div. Art, auch künstlerisch gestaltet; wesentlicher Bestandteil von Volkstrachten; im Ggs. zu strengeren Formen von → Halsbinden, → Lang- und → Querbindern usw. gilt das locker geschlungene H. auch als Zeichen von Freidenkern und Revolutionären; → Arafat-Tuch, → Brusttuch, → Fichu, → Nikituch.

Hamburger Mantel, doppelreihig mit Perlmuttknöpfen zu schließender Kindermantel, mit weißem, aufknöpfbarem Kragen, Taschenklappen, Rückenriegel; urspr. nach dem Schnitt des engl. → Paletot; von dem Modegeschäft »Hamburger Kinderstube« ab 1925 angeboten.

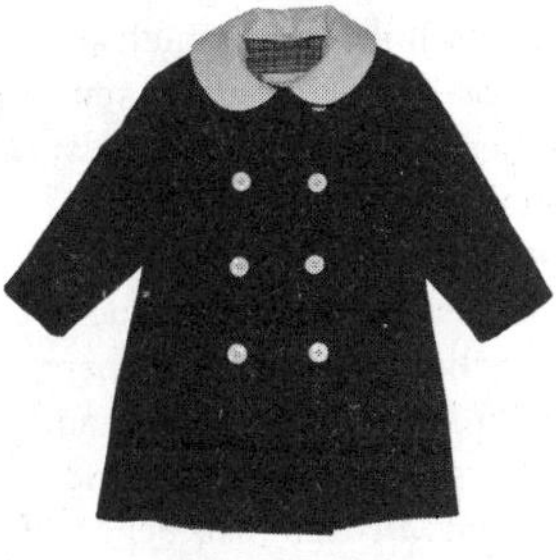

Abb. 73: Hamburger Mantel. 2009.

Hammelkeulenärmel (auch *Keulenärmel, Schinkenärmel* oder *Gigotärmel*), die Schulter betonender, am Oberarm stark gebauschter, am Unterarm oder Handgelenk anliegender Ärmel der Biedermeierzeit, vor allem um 1825–35; wieder aufgenommen um 1894/95.

Handkrause, der aus dem Ärmel der Oberkleidung hervortretende, in Falten gelegte oder mit Spitzen verzierte Ärmelsaum des Hemdes; jeweils passend zur → Halskrause; 2. Hälfte 16. bis ins 17. Jh., Ende 17. (vor allem in der Herrenkleidung) bis Ende 18. Jh. und zuweilen im 19. Jh. getragen.

Handschuh, Umhüllung der Hand, nicht unbedingt gleichzeitig der Finger (Halbhandschuh, → Mitaine); als Faust-H. (→ Fäustling) seit jeher in Schutzfunktion, als Finger-H. darüber hinaus seit dem Altertum Rangabzeichen kirchlicher, seit den Karolingern auch weltlicher Würdenträger, von daher auch rechtsgültiges Zeichen; im hohen Mittelalter als Fehde-H. Herausforderung zum Kampf; auch Liebespfand, schließlich Verbreitung als elegantes modisches Beiwerk; im 16. Jh. bes. in Spanien und Italien gerne parfümiert, bis Ende des 17. Jh. auch für Herren reich ausgestaltet; im 19. Jh., teilw. bis Mitte 20. Jh., unentbehrlicher Bestandteil der Garderobe nach Maßgabe der Etikette; ab den 1920er Jahren zunehmend als Sporthandschuh.

Hängeärmel, hinter dem Arm von der Schulter oder auch vom Ellbogen an herabhängender Ärmel oder Stoffstreifen, auch funktionsloser Zierärmel; ab 2. Hälfte des 13. Jh. am Obergewand von Männern und Frauen, beliebt im 14./15. Jh. in div. Formen, häufig am oberen, mittleren oder den ganzen Innenärmel entlang geschlitzt zum Durchgreifen; bis 17. Jh. an repräsentativen Kleidungsstücken; als H. wird gelegtl. auch der unten weit geöffnete, z. T. bis zum Boden hängende → Flügelärmel bezeichnet.

Hänger, gerade bis glockig geschnittene, von der Schulter aus locker fallende Kleider und Mäntel; Schnittform in der

Damenmode mit den → Reformkleidern aufgekommen; als Kleid bes. modern etwa 1920–28, häufig auch ab Mitte der 60er bis in die 70er Jahre, gelegtl. in den 80er Jahren; typ. Kinderkleid, auch mit Passe und in Kräuseln angesetztem Rockteil, allg. als lockeres Kleidchen erstmals nach 1760 in England als ausgesprochene → Kinderkleidung aufgekommen.

Hänschen (auch *Springrock*, auch *halber → Panier*). **1.** Bis zu den Knien reichende Konstruktion des → Reifrocks mit zwei halbrunden Fischbeingestellen auf den Hüften; um 1750 bis 1770. **2.** (auch *Hänslein*), → Schecke.

Haremshose, lange stoffreiche Hose, die große Weite der Hosenbeine ist mit einem Bündchen, Gummizug o. ä. am Knöchel zusammengefasst; kurze Zeit modern unter langen Damenröcken nach 1910 durch Einfluss der Kostüme des russ. Diaghilev-Balletts, vor allem lanciert durch Modeschöpfer Paul Poiret (1879–1944); wieder aktuell als Abendhose ab Ende der 60er Jahre und im Zuge des → Folklore-Stils der 70er Jahre.

Harzkappe, *die*, auch → Kappe, kurzer Oberrock, vielfach mit Puffen am oberen Ärmel, Stehkragen; evtl. aus der → Schaube entwickelt, jedoch unter sichtbarem Einfluss der → Spanischen Mode; für Männer dem → Gestaltrock oder Ehrrock entspr.; Mitte 16. Jh. bis um 1580.

Haube (von ahd. *huba*, jedoch auf ältere Wurzeln zurückgehend), meist anliegende Kopfbedeckung, mehr oder weniger den Kopf umschließend; grenzt sich einerseits zum steiferen Hut ab, andererseits zu formloseren Bedeckungen wie Schleier und Kopftuch, auf deren Formverfestigung in Mitteleuropa ab dem 13. Jh. u. a. die H. als typ., häufig bürgerliche Kopfbedeckung für Frauen zurückgeht. Üblich bis Mitte 19. Jh.; vielfache Überschneidungen mit anderen Kopfbedeckungsformen; → Baigneuse, → Dormeuse, → Hörner-H., → Kapotte, → Stuart-H. usw.

Hauskleidung → Casaquin, → Fez, → Joppe,

→ Kaftan, → Kimono, → Morgenmantel, → Negligé, → Pantoffel, → Peignoir, → Pyjama.

Haute Couture, *die* (frz., ›Hohe [hochwertige] Schneiderei‹), sehr qualitätvolle, exklusive Maßkleidung nach Modellen einer der Jahreszeit entsprechenden Kollektion, deren jeweils erste öffentliche Vorführung als tonangebend für die allg. Mode gilt; begründet von Charles Frederick Worth (1826–1895) im Paris der 1850er Jahre; etablierte sich in der 2. Hälfte des 19. Jh. vor dem Hintergrund des wirtschaftlich-technischen Aufschwungs; Anfang des 20. Jh. dominiert von Paul Poiret (1879–1944), der in der H. C. erstmals eine etwas lockerere Damenkleidung, unter anderem auf orientalisierende Bühnenkostüme zurückgreifend, propagierte (→ Haremshose, → Hosenrock; s. jedoch → Humpelrock). Im 1. Weltkrieg und danach war bes. Gabrielle (»Coco«) Chanel (1883–1971) mit zweckmäßig-bequemen Kleidungsstücken erfolgreich (→ Chanel-Kostüm, → Jersey, → Jumper usw.). Neueröffnung vieler H.-C.-Häuser in den 30er Jahren, nach Mitte des Jahrzehnts erste Stilelemente des 1947 am eindeutigsten von Christian Dior (1905–1957) vertretenen → New Look; in den 60er Jahren mehr den Modeansprüchen Jugendlicher folgend, Entstehung unkonventioneller Kollektionen mit klaren Formen und Farben (z. B. → Courrèges-Stil), seitdem abnehmende Beeinflussung der Mode, jedoch zunehmende Bedeutung des → Prêt-à-porter.

Havelock, *der*, langer Mantel, ärmellos, mit hüftlanger → Pelerine; Bez. nach dem engl. General Henry H. (1795–1857); aufgekommen in der 1. Hälfte des 19. Jh., von Männern und auch Frauen getragen, sehr modern Mitte des 19. Jh., in der 2. Hälfte des 19. Jh. und darüber hinaus als zweckmäßiges Kleidungsstück beliebt; etwa ab 1900 auch als Abendmantel (Frack-H.) mit verdeckter Knopfleiste, Seidenrevers und -futter; nach 1970 Anklänge an den H. in sportl. Mänteln mit ellbogenlanger → Pelerine, nun mit Ärmeln.

Heerpauke, ugs. für die Spanische Hose: mit Werg (Abfallprodukt, das bei der Flachsbearbeitung anfällt), → Rosshaar oder Kleie kugelig ausgefüllte Hose, etwa den halben Oberschenkel bedeckend, dort am Bein eng zusammengefasst; der Form der unteren Hose folgten als »Oberhose« anliegende, verzierte Stoffstreifen; Mitte des 16. Jh. am kürzesten, mit ausgeprägter → Schamkapsel bis 1560 getragen; noch aktuell in der 2. Hälfte des 16. Jh. und darüber hinaus, ab etwa 1600 ohne Schamkapsel; typ.

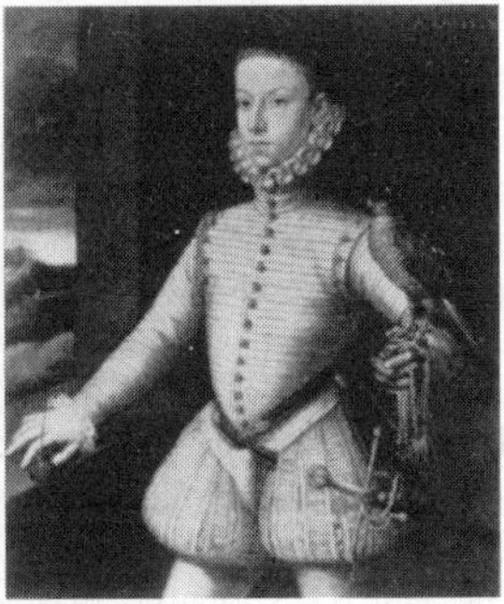

Abb. 74: Heerpauke. 1571.

für die Hofkleidung der → Spanischen Mode.

Hemd (ahd. *hemidi*; vermutl. von indogerman. *kem* ›verhüllen‹), aus dem Untergewand (in Mitteleuropa seit dem 3. Jh., für Frauen seit dem 8./9. Jh. nachzuweisen) hervorgegangenes und wie dieses locker geschnittenes Kleidungsstück, allg. üblich; in der Regel mit Ärmeln und kürzer als das Obergewand, bes. bei den unteren Bevölkerungsschichten, weil Arbeitskleidung; zunächst meist aus Leinen, ab dem 14. Jh. vielfach auch → Barchent, ab 1769 reine Baumwolle; auch Wolle und Seide; Material und Ausgestaltung kennzeichneten seit jeher den Stand, bes. augenfällig seit dem 15. Jh., da nun sichtbar bes. am Ausschnitt hervortretend; mindestens bis gegen Ende 18. Jh., z. T. jedoch bis ins späte 19. Jh. auch als Nachthemd, auch anstelle des Unterrocks, sowie in Ermangelung einer Unterhose getragen; Frauenunter-H. im heutigen Sinn im Verlauf des 18. Jh., da nun von der Oberkleidung meist verdeckt, in der Männerkleidung um 1800 beginnende Aufteilung in Ober- und Unter-H. [Abb. 75]

Hemdbluse, Blusenform in Anlehnung an die Silhouette von Herrenoberhemden: meist mit Umlegekragen, → Bündchenärmeln, vorderer Knopfleiste, häufig aufgesetzter Brusttasche; erstmals unter dieser Bez. Ende 19. / Anfang 20. Jh., in der typ. Form jedoch erst seit etwa 1916; in ähnl. Gestaltung die locker geschnittenen H.-Kleider, von »Coco« Chanel (1883–1971) zeitgleich in Mode gebracht. [Abb. 66]

Hemdkleid, allg. Bez. für ein locker fallendes Kleid, häufig aus leichten Stoffen; bes. in der Antike der griech. → Chiton und die röm. → Tunika; nachgewiesen als Frauenkleidung bei Kelten und Germanen, hier in röm. Zeit auch tunikaähnl.; allg. Form des Frauenkleides vom 10. bis ins 15. Jh., bes. in den unteren Bevölkerungsschichten. Als H. gelten auch die → Chemisenkleider um 1800 und die kurzen, hemdartigen Kleider der 1920er Jahre, weiterhin taillenlose

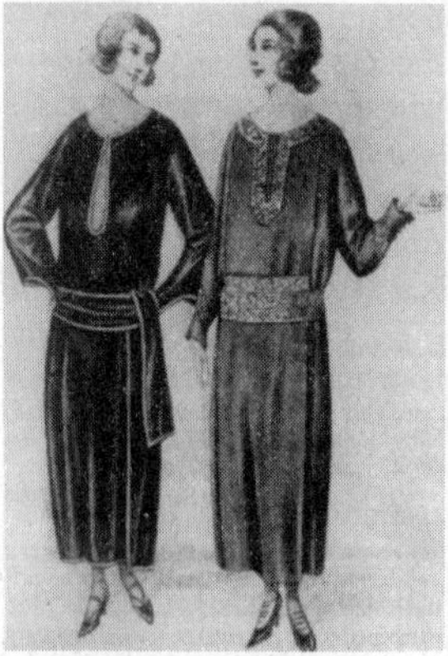

Abb. 75: Hemdkleider. Frühe 1920er Jahre.

Kleider div. modischer Gestaltung ab Mitte des 20. Jh.

Hennin, *der* (frz.; von arab. *hanîn* ›lieblich tönend‹), nach dem metallischen Klang des oriental. silbernen Turturs, einer hohen, auf dem Kopf getragenen Spitze mit Schleier, hohe, kegelförmige Kopfbedeckung mit langem Schleier (Flinder), meist kombiniert mit einem die Stirn bedeckenden Tuch; in Europa populär geworden durch Einfluss der Kreuzzüge, bes. aber durch die frz. Königin Isabeau (1370–1435); getragen etwa

1385–1483; Variation des H. mit doppelter Schleierkonstruktion: Schmetterlingshaube; typ. für die → Burgundische Mode.

Herrenanzug, Kombination von Sakko und Hose: Zweiteiler, bzw. Sakko, Hose und Weste: Dreiteiler; Bez. seit Mitte des 19. Jh. mit dem Aufkommen des → Jacketts und des → Sakkos (um 1865), in der 2. Hälfte des 19. Jh. zunehmende Bedeutung des in Stoff und Farbe einheitlichen Anzugs; heutige Unterscheidung vom Anlass her: (a) Freizeit-, (b) Straßen-, Geschäfts- oder Cityanzüge, (c) Repräsentations- und Gesellschaftsanzüge; Unterscheidung nach der Form: → Einreiher, → Zweireiher; → Abendanzug, → Cutaway, → Frack, → Kombinierter H., → Smoking, → Stresemann.

Heuke, *die,* auch *Hoike,* mantelartiger Umhang, ähnl. der → Glocke mit kreisförmigem Schnitt, an einer Seite offen, auf der Schulter geknöpft; für Frauen eher geschlossener; in Gebrauch ab 1. Hälfte des 14. Jh., nach 1400 noch bis mindestens ins 16. Jh. typ. für Frauen des Bürgertums, die sie über den Kopf gelegt trugen, z. B. in extremer Form mit breitem, schirmartigem Gestell oder als Tiphoike (niederl./nd.): auf der Stirn gehalten von einer flachgewölbten, runden Holzkappe mit einer pompongekrönten Spitze (→ Pompon).

Himation, *das* (griech.), als Überkleidung umgelegtes, großes, rechteckiges Wolltuch, meist naturfarben, vielfach auch mit farbigem oder gemustertem Randstreifen; auf div. Art und Weise getragen: locker drapiert oder straffgezogen und auf einer Schulter festgesteckt, symmetrisch um beide Schultern oder asymmetrisch über eine Schulter gelegt, kürzer oder länger: bes. letzteres konnte auch Stand und Bildung anzeigen; von Frauen auch über den Kopf gelegt; in der Regel über dem → Chiton, von Männern evtl. auch ohne Unterkleidung getragen; ab dem 6. Jh. v. Chr. bis in hellenistische Zeit.

Hippie-Mode, Kleidungsstil junger Leute als Ausdruck ihrer friedliebenden, naturverbundenen Einstellung und ihres Protests gegen die bürgerliche Wohlstandsgesellschaft: unkonventionelle, sehr legere und farbenfrohe Mode in phantasievoller Zusammenstellung; Elemente aus traditioneller Kleidung bes. ind., indian., oriental. Völker usw.; wichtiges Dekorationselement und Symbol: die Blume; Mitte der 1960er bis in die 70er Jahre, zuerst und bes. in den USA; einige Jahre in vielfacher Ausprägung die allg. Mode beeinflussend.

H-Linie, Christian Diors Modelinie von 1954: Kleidungsstücke mit langem, anliegendem Oberteil, also tiefsitzender, z. B. mit einem Gürtel betonter, jedoch nicht allzu enger Taille; weiter oder schmaler Rock.

Hoftracht, Hofkleidung, mehr oder weniger festgelegte Kleidung für den Adel an Fürstenhöfen oder, bes. im 19. Jh., Hofuniform für Bedienstete (→ Livree); einzelne Fürstenhöfe gaben vom Mittelalter bis zur Französischen Revolution wesentliche modische Impulse: bes. der frz. Königshof (aber auch das Rittertum) im 12./13. Jh.; der Hof der burgundischen Herzöge nach Mitte des 14. und im 15. Jh.; der span. Königshof gegen Mitte des 16. bis weit ins 17. Jh.; der frz. Königshof nochmals im 17./18. Jh.; spez., häufig auftretende Elemente der H. sind: enge Taillierung, sehr hochwertige Stoffe, als konkreter Kleidungsbestandteil: die → Schleppe; die von Napoleon I. eingeführte H. und die seiner Nachfolger hatte jedoch kaum noch Einfluss auf die Mode.

Hollandaise, *die* (frz., auch *Robe á la hollandaise*), Negligékleid (→ Negligé) in Form der → Adrienne; vermutl. benannt nach der Frau des Watteau-Schülers Jean-Baptiste Pater; 18. Jh.

Höllenfenster → Teufelsfenster.

Homburg, *der*, eleganter, grauer oder schwarzer Herrenfilzhut mit hochgebogener, eingefasster Krempe, Kopfteil mit Delle in der Mitte, umlaufendem Zierband; urspr. in Bad Homburg hergestellt und von dort ausgehend durch den späteren engl. König

Edward VII. (1841–1910) Ende des 19. Jh. populär gemacht, bis in die 1950er Jahre aktuell.

Homespun (engl., ›heimgesponnen‹), urspr. engl. oder schott. Wollgewebe aus handgesponnenen Garnen, heute handwebartige Stoffe mit groben, unregelmäßigen, wie handgesponnen wirkenden Garnen; in → Leinwand- oder Köperbindung (→ Köper); ab den 1920er/30er Jahren auf dem Kontinent modern als Mantel- und Kostümstoff; → Tweed.

Hörnerhaube, hörnerartiger Kopfputz aus zwei mehr oder weniger hohen, kegelförmigen Wülsten, auf dem Oberhaupt oder über den Schläfen angebracht; oft mit übergelegtem, die Stirn freilassendem Schleier; Hörner auch aus den Haaren gebildet und mit einem Überzug aus kostbarem Stoff oder einem Haarnetz versehen, daher meist als Kombination von Kopfputz und Frisur anzusehen; ab 1380/90 bis nach Mitte des 15. Jh. modern; entspricht der ital. → Sella.

Hose (ahd. *hosa*, mhd. *hose* ›Bekleidung von [Unter-] Schenkeln und Füßen‹, seit dem 16. Jh. in der heutigen Bedeutung), als Kleidungsstück des Mannes (Oberhose) durch östl. bzw. südöstl. Völker (z. B. Skythen, Perser) in den europ. Kulturbereich eingegangen; in der griech. Antike bekannt, jedoch als Kleidungsstück der »Barbaren« nicht üblich geworden; in der röm. Antike durch die Beziehungen zu Galliern und Germanen von Soldaten spätestens ab dem 2./3. Jh. eingeführt, von jenen zu diesem Zeitpunkt bereits H.n unterschiedlicher Form und Länge getragen. Für Frauen erstmals im 15. Jh. als Reithose unter der Oberkleidung, ab dem 16. Jh. als gelegtl. Unterkleidung nachweisbar; stark verpönt, da als Machtsymbol des Mannes geltend; zögernde Einführung ab Mitte des 19. Jh., endgültige Durchsetzung als Oberkleidung erst in den 1960er Jahren; → Bloomers, → Bracca, → Bruch, → Culotte, → Heerpauke, → Hosenanzug, → Hosenrock, → Jeans, → Knickerbocker, → Kniehose, → Matelot(e), → Pantalon, → Pluder-H.,

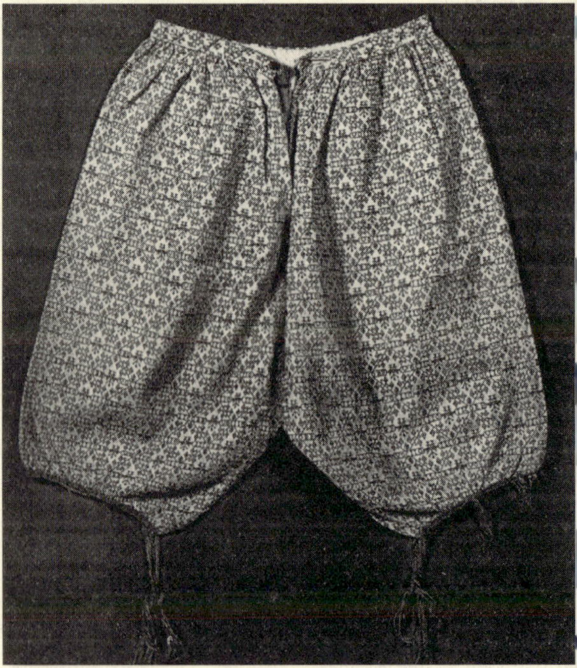

Abb. 76: Italienische Frauenhose. 2. Hälfte 16. Jh.

→ Plusfours, → Pump-H., → Rheingrafen-H., → Schlüpfer, → Shorts, → Slip, → Strumpf-H. usw.

Hosenanzug, Anzug für Damen aus Oberteil und Hose, auch in »klassischer« Form mit Weste; nach einigen Vorläufern (z. B. → Bloomers mit Kleid, um 1850/60; um 1911 mit → Tunika) und nach Formen, die haupts. an Herrenanzügen orientiert waren (1920er/30er Jahre), in eigener Ausprägung und unter der Bez. seit Mitte der 1960er

Jahre mit der Durchsetzung der modischen Damenhose in die Tages- und Abendmode eingegangen.

Hosenlatz, Hosen-Vorderverschluss in Form einer recht- oder dreieckigen Klappe; erstmals ab Mitte des 15. Jh. an den nun am Rumpf vorn und hinten zusammengefügten Strümpfen bzw. anschließend der → Strumpfhose, Befestigung mit Nesteln; immer stärkere Betonung des H. durch Ausstopfung, Verzierung, daraus Entwicklung der → Schamkapsel, aktuell bis ins späte 16. Jh.; Hervorhebung des H. nochmals ab Mitte des 18. Jh. durch → Berlocken; Übergang zum Vorderschlitz nach Mitte des 19. Jh.

Hosenrock, Hose mit weit geschnittenen Beinen, die wie ein Rock mit vorderer und hinterer Mittelfalte wirkt; nach gescheiterten Einführungsversuchen von Damenhosen im 19. Jh. (→ Bloomers) erster größerer Erfolg in Form eines H. zum Radfahren und Wandern Ende des Jh. (auch *geteilter Rock* oder *Rockhose*); als Tageskleidung von Paul Poiret (1879–1944; → Haute Couture) 1911 vorgeschlagen; nach dem 1. Weltkrieg, bes. ab den 30er Jahren allg. in die Mode eingegangen; bes. beliebt ab Mitte der 60er bis etwa 1973 und Anfang der 80er Jahre.

Hosensteg, an den seitl. Nähten des Hosenbeins nahe der unteren Kante angebrachtes oder angeschnittenes, unter dem Fuß herführendes Verbindungsstück; hält das Hosenbein straff und verhindert somit das Hochrutschen; üblich in der Tagesmode in den 1840er Jahren, unter der Schuhsohle hindurchführend; an Skihosen als → Keilhosen für Damen und Herren, dann im Schuh, ab 1936, später auch an Trainingshosen; in der Damenmode Anfang der 80er sowie Anfang der 90er Jahre (»Steghose«); meist an Hosen aus elastischen Stoffen.

Hosenträger, zwei über die Schulter führende Gurte, vorne und hinten an die Hose anzuknöpfen oder anzuklammern, hinten auch in einen Gurt zusammenlaufend; seit Ende des 17. Jh. als sog. Hosenhebe an Arbeits- und Kinderhosen, Ende des

18. Jh. üblich als Halterung an den höher als die Taille reichenden → Pantalons; weit verbreitet im 19. Jh., unter der Weste verborgen, ab den 1840er Jahren in flexibler Form mit Gummi; außerhalb der Mode bis in die 1960er Jahre gebraucht, bis heute an → Smoking- und Frackhosen (→ Frack), da diese ohne Gürtel; seit den 80er Jahren gelegtl. Modeartikel.

Hosenumschlag (auch *Hosenaufschlag*, *Stulpe*), Umschlag am unteren Rand von Hosenbeinen; gegen 1900 eine Erfindung des späteren engl. Königs Edward VII. (1841–1910), der ihn zunächst als Schutz gegen Schmutz und Nässe angebracht haben soll; übernommen als Zierumschlag, vor allem an zwangloseren Hosenmodellen; heute auch zum zweireihigen Anzug und bei Kombinationen (→ Kombinierter Herrenanzug).

Hot pants (Pl.; engl., ›Heiße Höschen‹), → Shorts mit minimalem Beinansatz, meist eng anliegend, vielfach aus dehnfähigem Material wie → Maschenware; für den Abend z. B. aus → Samt oder → Lurex; auch unter den vorne kaum zugeknöpften Röcken der → Midimode getragen, Anfang der 1970er Jahre; ausgesprochen jugendliche Mode im typ. Stil der Zeit.

Houppelande, *die* (frz.), langes, weites, mantelartiges Gewand mit Ärmeln, meist vorne offen, gegürtet, für Männer seitl. geschlitzt und oft mit Stehkragen; zunächst von Männern, dann auch von Frauen getragen; ab Anfang des 15. Jh. auch kürzere und engere Formen für Männer, jedoch weiterhin gültig als Repräsentationsgewand mit Schleppe, großen Ärmeln, bes. → Hängeärmeln, sowie zeittyp. Ausputz wie → Zatteln u. ä.; durch engl. Truppen im Elsass nach Mitte des 14. Jh. bekannt geworden, in die frz. höfische und die → Burgundische Mode eingegangen, bis Ende des 15. Jh. getragen und weit verbreitet. [Abb. 36]

Hüftpolster (auch → *Bouffante*; ugs. *Weiberspeck*), Auspolsterung der Hüften in Form eines über dem Unterrock umgebundenen, mit Werg (minderwertige Flachsfasern) gefüllten Wulstes, in Ablösung des → Reifrocks; 1. Hälfte des 17. Jh., in den Niederlanden auch darüber hinaus; als Hüftkissen kurzzeitig um 1950 an → Cocktail- und Abendkleidern im Zuge des → New Look.

Hulle, *die* (auch *Hülle*; ahd. *hullan* ›einhüllen‹), haubenartige Verhüllung von Kopf und Hals, aus Leinen; div. Ausprägungen; durchweg eine Kopfbedeckung bürgerlicher, meist verheirateter Frauen; hohes und spätes Mittelalter.

Humpelrock, knöchellanger Rock, unterhalb der Knie meist mit einem verengenden Ansatzstück aus Stoff oder Pelz: daher nur geringe Schrittlänge möglich; in Höhe der Waden angebrachte Bänder, sog. Fußfesseln, sollten einem Einreißen des Rocks durch zu weites Ausschreiten entgegenwirken. Extravagante, jedoch nicht allg. durchgesetzte Kreation von Paul Poiret (1879–1944; → Haute Couture) 1910, getragen bis etwa 1914.

Husse, *die*, Übergewand mit kreisförmigem Schnitt, ähnl. der → Heuke; beidseitig offen, hinten doppelt so weit wie vorn; in kürzeren und längeren Formen getragen; haupts. für Männer; ähnl. auch der frz. Housse, auch Houce, die jedoch Ärmel hatte; 14. Jh.

Hut (von ahd. und mhd. *huot*; Zusammenhang mit ahd. *huota*, mhd. *huote* ›Behütung, Schutz‹), steife Kopfbedeckung, meist mit Krempe; in Europa etwa seit dem 12. Jh. lange Zeit bes. für Männer, zuerst nur höheren Standes, üblich; mehr als andere, allg. getragene Kopfbedeckungen (→ Haube, → Mütze, → Kappe usw.) Symbol der Autorität (daher auch im Ggs. zur weniger erhabenen, anliegenden → Haube der Frauen zu sehen!), als Stellvertreter der Person auch Symbol der Rechtsgültigkeit; auch Zeichen der Gesinnung; als negatives Standeskennzeichen (z. B. → Judentracht) bes. diskriminierend; bis ins 20. Jh. hinein Ausdruck von Eleganz, in der Damenkleidung im allg. seit der 1. Hälfte des 19. Jh.;

nicht immer eindeutig von anderen Kopfbedeckungen, bes. der → Kappe zu unterscheiden; → Biber-H., → Billycock, → Boater, → Bowler, → Breton, → Camber, → Canadien, → Canotier, → Chapeau claque, → Demokraten-H., → Dreispitz, → Florentiner H., → Homburg, → Kalabreser, → Panama, → Schlapp-H., → Sombrero, → Wagenrad, → Zweispitz, → Zylinder.

Hüttenschuh, weicher, warmer Schuh z. B. aus Filz oder Fell mit dicker Sohle, auch gestrickt als Schlupfschuh mit geschmeidiger Ledersohle; Verzierung oder Musterung vielfach im Stil alpenländ. Volkstrachten; typ. als Teil der → Après-Ski-Kleidung der 1950er und frühen 60er Jahre.

I

Imprägnieren (lat., ›schwängern‹), Durchtränkung eines Gewebes mit chem. Mitteln zur Verbesserung der Gebrauchseigenschaften, haupts., um es wasser-, aber auch fleckenabweisend zu machen, Luftdurchlässigkeit bleibt erhalten.

Imprimé (frz.), allg. Bez. für einen Stoff mit Druckmuster.

Incroyable, *der* (frz., ›unglaublich‹), Modegeck, bekleidet mit einem schlecht sitzenden → Frack mit breitem Revers und hohem Kragen, voluminösem Halstuch, sehr kleiner Weste, hoch über die Taille gezogenen → Pantalons, halbhohen Stiefeln sowie überdimensionalem → Zweispitz, von dem die Bez. auf den Träger überging; zu sehen in Paris um 1800, wieder um 1814/15 und zusammen mit der ihm entsprechenden weiblichen → Merveilleuse bes. in Karikaturen von Horace Vernet (1789–1863) dargestellt. [Abb. 32]

Indienne (von frz. *indien* ›indisch‹), bedruckter, feinfädiger Baumwollstoff; gelangte Anfang des 17. Jh. von Indien und Persien nach Europa, hatte dort großen Einfluss auf den Zeugdruck, wurde in Musterung und Art der Drucktechnik nachgeahmt; heute vielfach gestreifter, jedoch auch anderweitig gemusterter Baumwollstoff.

Inkrustation, *die*, eigtl. Einlegearbeit, hier »Einsetzarbeit« z. B. von Spitze, einem Stoff- oder Lederstück als Dekorationselement in ein textiles Material, unter Aussparung des darunterliegenden Flächenstücks (Ggs. → Applikation).

Innocente, *die* (frz., ›die Unschuldige‹), Negligékleid (→ Negligé), von Madame de Montespan, 1668–76 Geliebte Ludwigs XIV., als Umstandskleid getragen; vermutl. Vorläuferin der → Adrienne.

Inverness, *der*, Herrenmantel mit → Pelerine, getragen ab Mitte des 19. Jh., gegen Ende des Jh. auch ohne Ärmel; Bez. nach der gleichnamigen schott. Stadt, dort Herstellung von Wollstoffen.

J

Jabot, *das* (frz.; urspr. ›Kropf des Vogels‹, ›Halskrause‹), Dekoration aus Rüschen oder Volants aus feinem Stoff, mit oder aus Spitze, rechts und links bzw. einseitig am Brustschlitz oder -verschluss des Hemdes angenäht, diesen verdeckend; ab dem 17. bis ins 19. Jh. (außer z. Z. der Französischen Revolution), haupts. jedoch im 18. Jh. zu eleganter Herrenkleidung; als sog. Wasserfall bes. großzügig, modern Mitte 18. Jh.; ab Ende des 19. Jh. beliebt an Damenkleidern und -blusen.

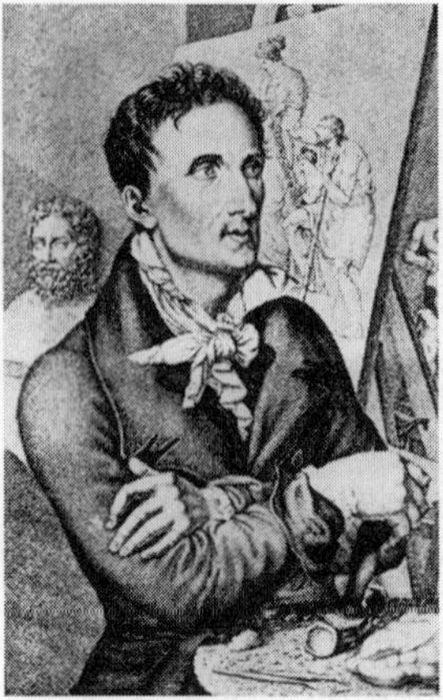

Abb. 77: Plissiertes Jabot des Hemdes, darüber Halsbinde. Rock mit modischem Revers. Um 1800.

Jacke (von frz. *jaque*, danach im 14./15. Jh. → Schecke, im 19. Jh. → Jackett), der Länge nach zu schließende Überkleidung, meist taillen- bis hüftlang, in der Regel mit Ärmeln; in hist. Zeiten eher bürgerlich/bäuerliches als gehobenes, repräsentatives Kleidungsstück; wenn aufwendiger, dann für Herren als »Rock« bez., Übergänge sind fließend; Grundform in div. Ausprägungen, meist unter spez. Bez., → Anorak, → Caraco, → Carmagnole, → Garibaldi-J., → Janker, → Joppe, → Lumberjack, → Matinée, → Schecke, → Spenzer, → Wams, → Wind-J., → Zuaven-J.

Jackett (von frz. *jaque* ›Jacke‹ bzw. von *jaquette* ›Jäckchen‹), Herren-Oberrock; etwa oberschenkellang, wenig tailliert, mit Revers; anfangs durchweg einreihig mit drei bis vier Knöpfen geschlossen, im Ggs. zum → Gehrock mit kürzeren Schößen, aber ähnl. einer Form des → Fracks mit dessen typ., vorne abgeschrägter Kante: beide wurden durch das J. in der Tageskleidung abgelöst; vor Mitte des 19. Jh. aufgekommen, bis um 1860 mit andersfarbiger Hose; heute mit dem → Sakko übereinstimmend.

Jacquardgewebe, Stoff mit ausgeprägter Webmusterung in großen → Rapporten, meist sog. Bildmusterung; nach dem Jacquard-Prinzip mit Hilfe der gleichnamigen Maschine hergestellt: Durch Steuerung urspr. über ein Lochkartensystem, heute elektronisch, können für jeden Gewebeschuss beliebige Kettfäden unabhängig voneinander gehoben oder gesenkt werden; erfunden 1805 in Lyon von Joseph-Marie Jacquard (1752–1834); typ. J. → Damast.

Jakobinerkleidung, Kleidung der zum Klub der Jakobiner gehörenden Aufständischen der Französischen Revolution: zuerst schwarzer Tuchrock als von der Nationalversammlung propagierte bürgerliche Ehrenkleidung, dazu die rote → »Phrygische« Mütze, nun auch »Jakobinermütze« genannt, die sie als Zeichen der Freiheit trugen; später kleideten sie sich auch in der Art der Revolutionstracht, die bes. für die → Sansculotten typ. war, bestehend aus → Carmagnole, → Pantalons usw.

Jakobinermütze → Jakobinerkleidung, → Phrygische Mütze.

Janker, *der*, charakteristische alpenländ. Trachten-

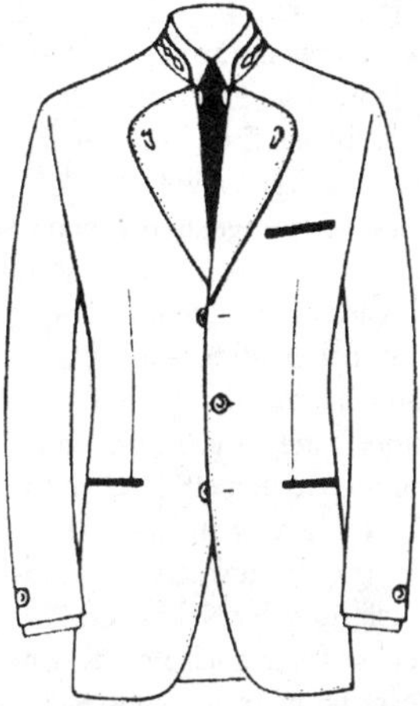

Abb. 78: Sakko in der Art eines Trachtenjankers. 1970er Jahre.

jacke, für den Sommer aus Leinen oder Baumwolle, für den Winter aus → Loden; Farbe je nach Region, meist grau, wollweiß, grün oder rot; mit andersfarbigem Besatz, bes. an kragenlosen Modellen oft mit Kanteneinfassung; typ. mit Trachtenknöpfen aus Horn oder Metall; Bez. von einem österr. bodenlangen Frauenmantel des 16./17. Jh. im 18. Jh. auf die Jackenform übertragen; in Mode ab den 1950er Jahren, bes. aktuell Ende der 60er Jahre; → Trachtenmode.

Janusarm → Halbraglan(ärmel).

Jeans (Pl.; engl./amerik.), zunächst Herkunftsbez. des verwendeten Gewebes; strapazierfähige, heute weltweit aktuelle Allzweckhose, klassisch aus blauem → Denim (daher »Blue Jeans«); angeblich von dem Deutsch-Amerikaner Levi Strauss kurz vor 1850 in den USA erstmals für Goldgräber angefertigt; seit 1873 mit Kupfernieten zur Stabilisierung der Nähte versehen, seitdem auch als »Nietenhose« populär; in den 1940er Jahren in Mitteleuropa eingeführt; seit den 50er Jahren Freizeitkleidung, galt bis in die 70er Jahre auch als antibürgerliche Protestkleidung, seitdem Weiterentwicklung in Anpassung an die modische Linie.

Jerkin, *der* (engl.), Bez. für eine Art Jacke, Wams o. ä. in keiner allg. gültigen Form: z. B. als engl. Ausdruck für die → Schecke, für den span. Sayo (langärmeliger, oben enger Rock mit stoffreichem Schoß; Kleidungsstück einfacher Leute), 2. Hälfte 16. Jh.; auch Name eines ärmellosen, westenartigen Überwurfs für Herren aus Wolle oder Wildleder, aktuell Ende der 1950er Jahre.

Jersey, *der* (engl.), nach der brit. Kanalinsel J., → Strick- oder Wirkware (selten: ein Kreppgewebe); heute allg. Bez. für Oberbekleidung aus → Maschenware, bes. aus Wolle oder ihr ähnl. → Chemiefasern; Kleidungsstücke sind dehnfähig, füllig und weich; in den 1860er Jahren erstmals als Sportoberteil (*das* J.) nach dem Vorbild der Seemannskleidung in England hergestellt; J.-Kleid: um 1879 durch die später als »J.-Lily« bekannte engl. Halbweltdame in Mode gekommen; von »Coco« Chanel (1883–1971) in den 1920er Jahren erfolgreich in die Haute Couture eingeführt, wirkte stilbildend; in den 70er Jahren wurden sog. Seidenjerseykleider (meist aus Chemiefasern) modern.

Jodhpurhose, auch *Jodhpurs*; nach Jodhpur, einer Stadt im ind. Bundesstaat Rajasthan; Reithose, an den Oberschenkeln seitl. ausladend geschnitten, am Innenbein mit Leder verstärkt; ab den Knien schmal, unten meist mit Umschlag, über den halbhohen Jodhpurstiefeln zu tragen; Anfang des 20. Jh. aus einer im unteren Beinbereich engen ind. Reithose hervorgegangen, bald bei der dortigen engl. Kavallerie eingeführt, auch beim Polospiel getragen; ab etwa 1970 zuweilen als modische Damenhose zu sehen.

Jogging-Anzug (von engl. *jog* Stoß, auch Trott, heute: Dauerlauf), bequemer Anzug: urspr. pulloverartiges Oberteil und Hose mit Gummibund, am Bein unten meist mit Strickbündchen; aus Maschenware; Baumwolle, heute auch mit Chemiefaser, innen aufgerauht; in den 1970er Jahren in der Nachfolge des → Trainingsanzugs als Sportanzug aufgekommen, bald allg. Freizeitanzug; vielfältig gemustert durch farblich unterschiedliche Einsätze oder Aufdrucke u. ä.

Joppe, *die* (vor allem früher auch *Juppe/Jupe*, auch *Schoppe* u. ä.), jacken- oder rockartiges Kleidungsstück; urspr. ein eng anliegendes, vorne zu schließendes Obergewand, vermutl. auf die → Djubbeh zurückgehend, etwa seit Ende des 12. Jh. von Männern, später auch von Frauen bis ins späte Mittelalter getragen; ab dem 16. Jh. bürgerliche Jacke, bis Mitte des 20. Jh. Herren-Hausjacke; außerdem typ. alpenländ., auch allg. modische Trachtenjacke aus grauem → Loden, vielfach mit grünem Besatz, meist hochgeschlossen.

Judentracht, Kleidung, die den Juden als Kennzeichnung vorgeschrieben war; im Orient bereits im frühen Mittelalter: Zuweisung der gelben Farbe in Teilen der Kleidung; typ. der meist gelbe Hut mit einer hohen, auch knaufartigen oder umgebogenen Spitze, musste seit Ende des 12. Jh. getragen werden, wiederholt durch kirchliche Anordnungen bestätigt; ab 1215 wurde europaweit ein (meist) gelber Stoffring oder -fleck verpflichtendes Zeichen der Ausstattung, zu der z. T. auch der lange → Kaftan usw. gehörte; bis mindestens Ende des 16. Jh. gültig; diskriminierender »Judenstern« von den Nationalsozialisten ab September 1941 allen dt. Juden vorgeschrieben.

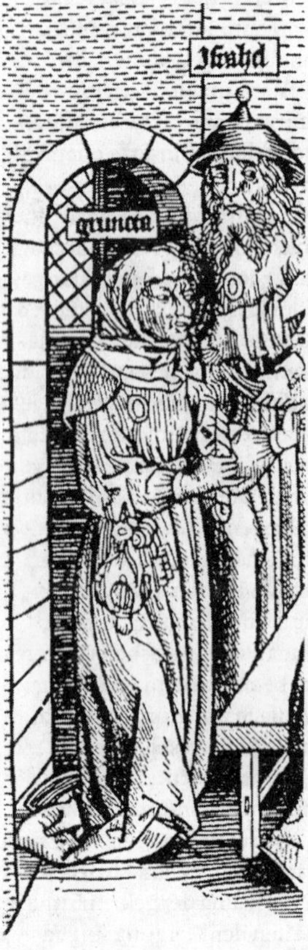

Abb. 79: Judentracht. 1493.

Jumper, *der* (engl., ›Springer‹), urspr. gestrickte Schlupfbluse für Seeleute, bes. für Arbeiten an der Takelage, da elastisch und warm; ab den 1860er Jahren als engl. Sportkleidung aufgekommen; z. Z. des 1. Weltkriegs in die Damenkleidung als praktisches, auch in Handarbeit herzustellendes Oberteil eingegangen, vor allem ausgehend von »Coco« Chanel (1883–1971), die ab 1916/17 Strickkleidung groß herausbrachte; modern in den 20er Jahren im Zuge der → Garçonne-Mode, bes. als J.-Kleid mit tiefliegender Taille; ab den 30er Jahren »Pullover« genannt. [Abb. 66]

Jumpsuit, *der* (von engl. *to jump* ›springen‹ und *suit* ›Anzug‹), einteiliger Anzug, mit meist kurzen Hosenbeinen aus elastischen Stoffen; Freizeitanzug für Damen; um 1969 aufgekommen.

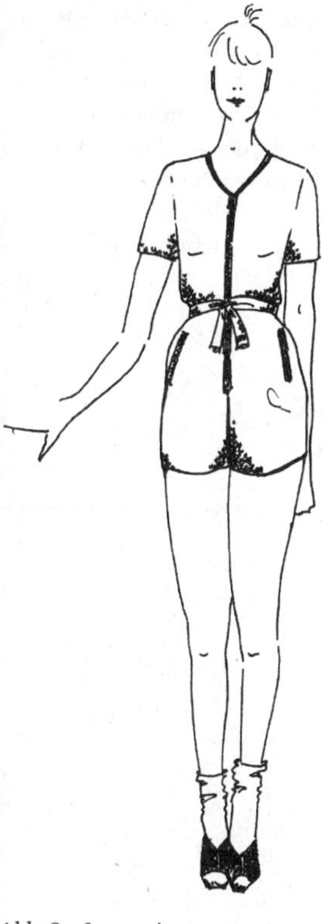

Abb. 80: Jumpsuit.

Jupe, *die* (frz.), in der Öffnung des → Manteau sichtbarer, oberster Unterrock; vorne wie dieser aus edlem Material, unter der Abdeckung des Oberkleides einfacher; über dem Reifrock getragen; evtl. auch selbständiges Kleidungsstück zu Negligé-Jacken (→ Negligé); unter der Bez. üblich ab etwa 1670 bis letztes Viertel 18. Jh.; im hohen Mittelalter bis ins 17. Jh. auch Bez. für eine anliegende, vorne zu schließende, längere Herrenjacke (→ Joppe). In der Schweiz noch heute Bez. für den Damenrock.

Jupon, *der* (frz., ›Unterrock‹), eleganter Unterrock; bes. ein Unterrock, der beim Hochheben des Oberrocks sichtbar wurde, so in der Mode der Rokokozeit im 18. Jh., auch Ende 19. /Anfang 20. Jh.; in Zusammenhang mit der Bez. → »Jupe« (›Rock‹) Ende des 17. Jh. entstanden, zeitweise (bis um 1890) ebenso als Bez. für den Oberrock anzusehen.

Justaucorps, *der* (frz., ›direkt am Körper‹), eng anliegender, etwa knielanger

Herrenrock; tailliert, Schoß auch versteift und abstehend, bes. in der 1. Hälfte des 18. Jh.; vorne mit Knöpfen, ab etwa 1700 mit umgeschlagenen Kanten, dadurch bes. im Brustbereich das farbige Futter sichtbar (→ Revers); schmal eingesetzte, etwa dreiviertellange Ärmel mit breitem, weitem Aufschlag, nach 1700 → Pagodenärmel; eingearbeitete Taschen; bei Hofe reich verziert mit → Litzen, → Tressen, → Stickerei; aus der Uniform der Truppen Ludwigs XIV. etwa in den 1660er Jahren in die Zivilkleidung übernommen; im 18. Jh. durch Einfluss der → Englischen Mode zurückhaltender in Form und Dekor, ab etwa 1770 bes. in der bürgerlichen Kleidung aus der Mode; div., z. T. neu aufgekommene Details des J. haben sich etabliert, z. B. → Ärmelaufschlag, → Reitschlitz, → Revers u. a. [Abb. 3, 13]

K

Kaftan, *der* (urspr. pers./ arab.), langes Übergewand, angesetzte Ärmel; an den vorderen Kanten mit angefügtem, unten breiterem Keil, entspr. großzügig übereinanderzuschlagen; gelegtl. im oberen Bereich zu schließen, meist jedoch nur mit Gürtel zusammengehalten, für Frauen ohne; meist kragenlos; Grundform der Kleidung, asiat./ oriental. Ursprungs: im späten Mittelalter im östl. Europa als repräsentatives Gewand übernommen, beeinflusste stark die europ. Mode (s. a. → Djubbeh); bes. dem K. ähnl.: Herren-Haus- und Morgenmäntel, seit 17. Jh.; modisches K.-Kleid heute gerade, durchgehend geschnitten.

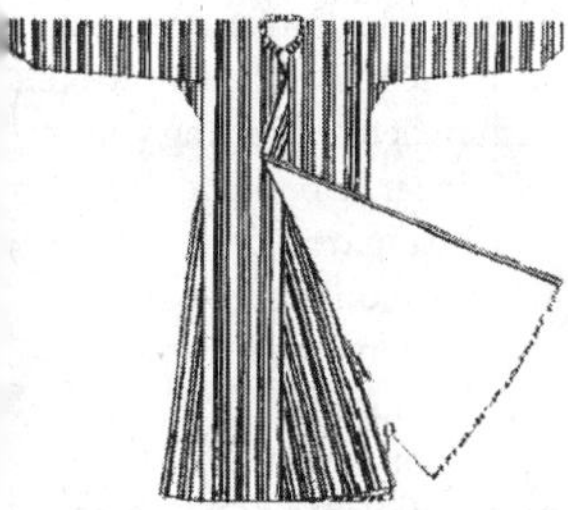

Abb. 81: Kaftan.

Kalabreser, *der*, auch *Heckerhut*, *Karbonarihut*, weicher Filzhut mit breiter Krempe, spitzes oder flaches, rundes Kopfteil; urspr. in Italien von den kalabrischen Freiheitskämpfern und (um 1820) Geheimbündlern der Karbonari, ab 1848 allg. als Zeichen revolutionär-freiheitlicher Gesinnung getragen; als »Heckerhut« populär durch den revolutionären Politiker Friedrich Hecker (1811–1881), später Künstlerhut; ähnl. Damenstrohhut ebenfalls als »K.« bekannt.

Kalasiris, *die* (ägypt./ griech.), undifferenzierte, nicht fachspezifische Bez.; allg. für altägypt., mehr oder weniger körperbedeckende Gewänder verwendet: fuß- oder knöchellang, eng anliegend, für Frauen bis unter bzw. über die Brust reichend, mit einem oder zwei breiten Schulterträgern; seit etwa 2600 v. Chr.; auch in weiter geschnittener Form, mit → Scheinärmeln oder engen echten Ärmeln, häufig plissiert und transparent, für beide Geschlechter, ab etwa 1600 v. Chr.

Kalotte, *die* (frz., *calotte* ›Käppchen‹), eng anliegende, halbkugelförmige Kappe aus Leder oder Stoff; nach dem Vorbild des griech. Pilos (halbkugelförmige antike Kappe) seit dem 13. Jh. unter dem Helm, Ende des 15. und im 16. Jh. von Männern und Frauen urspr. als Netzunterhaube unter dem → Barett getragen und dieses darauf befestigt, als Frauenkappe auch aus besticktem und mit Perlen verziertem Goldstoff, Samt oder Seide; im 17./18. Jh. Hauskappe für Herren; seit dem 16./17. Jh. obligatorische Bedeckung des Oberkopfes (Pileolus) katholischer Geistlicher.

Kamelhaarmantel, leichter, fülliger Mantel aus dem Flaumhaar ein- und zweihöckriger Kamele; z. Z. der Olympiade 1908 in London von ungar. Großgrundbesitzern (Magnaten) eingeführt, zunächst auch »Magnatenmantel« genannt; seitdem als sportlich-eleganter Mantel meist in der typ. beigebraunen Farbe in div. Modellvariationen beliebt; seit den 30er Jahren auch als Damenmantel.

Kaminrock, langer, eher locker geschnittener Damenabendrock, meist aus warmen, auch buntgemusterten Stoffen; elegante → Freizeit- bzw. Hauskleidung, aktuell in den 1960er / Anfang 1970er Jahren.

Kamisol, *das* (von lat. *camisia* ›Hemd‹), Wams oder Unterjacke, 16./17. Jh., ab der 2. Hälfte des 16. Jh. Schoßjacke für Frauen, bürgerliche Kleidung; im 18./19. Jh. anliegendes, vorn zu schließendes Oberteil der Frau in div. Formen, Teil der Unterkleidung; bei Volkstrachten, bes. süddt., kurze, anliegende Jacke mit kurzen oder langen Ärmeln, auch mit Schößchen, zuweilen auch in der Bedeutung von → Mieder (Oberkleidung).

Kammgarn, glattes Wollgarn ohne abstehende Faserenden (kurze Fasern wurden ausgekämmt) sowie das daraus hergestellte Gewebe mit deutlich sichtbarer → Bindung; heute auch als

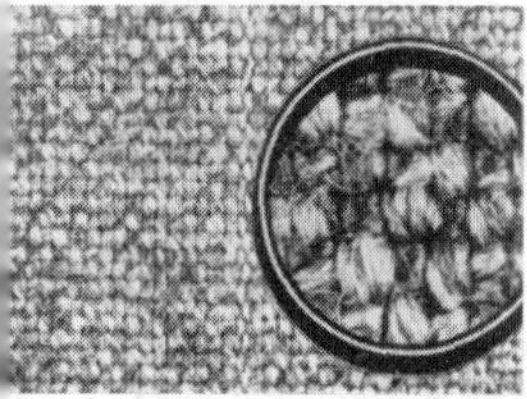

Abb. 82: Kammgarnstoff in unterschiedlicher Vergrößerung.

Chemiefaser- und Mischgewebe.

Känguruhtasche, aufgesetzte oder in eine Passennaht eingearbeitete große Tasche; urspr. vorn in Taillenhöhe, obligatorisch in Brustmitte; an locker geschnittenen Oberteilen der → Freizeitkleidung, typ. am → Anorak, um 1950 aufgekommen.

Kapotte, *die.* **1.** (auch frz. *capote,* auch *Kiepenhut/Kiepe*), den Kopf weitgehend umschließende, hut- bzw. haubenartige Kopfbedeckung für Damen (und Kinder), vorn mit mehr oder weniger vorstehender, das Gesicht umrahmender Krempe; unterschiedlich geformtes Kopfteil; unter dem Kinn gebunden; aus div. Material, vielfach aus Stroh; ab etwa 1800 bis Mitte 19. Jh. **2.** (auch *Kapotthut*; gelegtl. auch *Kiepenhut*), flacher, sehr kleiner Hut, am Hinter- bzw. Oberkopf befestigt, anfangs mit Kinnband; vielfältige Ausgestaltung; 1860er Jahre bis ins 20. Jh. **3.** (auch *Kaput*), langer Regenmantel, ähnl. dem → Carrick; im späten 18. Jh. zum obligatorischen Kutschermantel geworden.

Kappe, *die* (von mlat. *cappa* ›Mantel mit Kapuze‹). **1.** Geschlossener Umhang in Mantelfunktion, urspr. mit → Kapuze: im Hochmittelalter rundgeschnittene Form (→ Glocke) mit Kapuze, Reisemantel vornehmer Männer und Frauen, Mantel von Geistlichen, auch Bez. für Kombinationsformen von Kragen oder kurzem Umhang mit Kapuze; als »Spanische Kappe« bis ins 16./17. Jh. getragen (→ Spanische Mode; → Capa). **2.** Krempenlose, mehr oder weniger steife, häufig anliegende Kopfbedeckung, auch mit Schirm; als Kopfbedeckung unter dieser Bez. (neben »Mantel«) seit dem Mittelalter bekannt; nicht

eindeutig von »Mütze« abzugrenzen; bis ins 16. Jh. auch Bez. für → Kapuze.
3. Steifes Materialstück am Schuh, die Zehen oder die Ferse umschließend.

Kapuze (von mlat. *caputium* ›kleine Cappa‹, → Kappe), Kopf und Hals bedeckendes Kleidungsstück, meist mit einem Oberteil fest oder flexibel verbunden; verschiedene Schnittformen, einfachste: an einer Kante zusammengenähtes Rechteck: K. mit Spitze; bei mehreren Teilungsnähten runde, eng umschließende Form möglich; nachweislich seit der jüngeren Altsteinzeit bekannt; typ. Kleidungsstück der Kelten (→ Cucullus), in die röm. Kleidung übernommen, im Mittelalter als → Gugel beliebt; im 20. Jh. seit den 30er Jahren bes. an sportlichen Kleidungsstücken.

Kapuzenmantel, → Caban, → Cucullus, → Dufflecoat sowie mantelartig getragene Umhänge mit Kapuze, z. B. → Caracalla, → Kappe, → Kotze, → Paenula; als Mantelform wohl seit der Bronzezeit (Kelten) üblich.

Karomuster, Stoffmuster mit viereckigen, farblich sich wiederholenden Flächen bzw. sich rechtwinklig überschneidenden Linien: orig. als Webmusterung mit in der Farbe wechselnden Schuss- und Kettfäden; früheste Erwähnung als Musterung kelt. Kleidung, hat sich an traditionellen schott. und irischen Kleidungsstücken (→ Plaid, → Kilt usw.) bis heute erhalten; K. zeigen auch norddt. Originalfunde aus dem 3./4. Jh. (z. B. der »Thorsberger Prachtmantel«); div. Abwandlungen; → Schottenmuster, → Glencheck; → Madras usw.

Kasack, *der* (frz. *casaque*). **1.** Langer Überrock für Männer, weit geschnitten, vermutl. Ende des 16. Jh. aus der kurzen → Schaube hervorgegangen, Soldatenrock (auch Hongreline); im 17. Jh. enger anliegend und mit kurzen Ärmeln: nach 1660 in England → Hoftracht, in Frankreich von Lakaien getragen; bis ins 18. Jh. Überrock der Galakleidung von Gardesoldaten; einer der Vorläufer des → Justaucorps, der sich Mitte des 17. Jh. daraus entwickelte. **2.** Schoßjacke (meist *Casaque*), → Casaquin. **3.** Damenbluse in Hüftlänge, über dem Rock getragen; modern ab 1922 bis in die 30er Jahre sowie in den 50er Jahren, weit oder enger geschnitten; auch kittelartig über der Hose getragen.

Kaschmir, Landschaft im nordwestl. Himalaja; Wolle der aus dem innerasiat. Hochland stammenden K.-Ziege, vor allem deren bes. feines Unterhaar; auch Kurzbez. für K.-Gewebe: leichte, weiche Stoffe aus K.-Wolle oder unter Zugabe davon, meist in Köperbindung (→ Köper); für Kleider, Mäntel usw.; namengebend für die daraus gefertigten → K.-Schals.

Kaschmirschal, langer, um die Mitte des 19. Jh. vielfach rechteckiger, orig. sehr hochwertiger Schal aus Kaschmirwolle; typ. Musterung: unifarbenes Mittelfeld, in das von den Rändern aus die charakteristischen Palmetten in div. Ausgestaltung und Anordnung hineinragen, urspr. nur als Webmuster; in Europa seit dem 15. Jh. bekannt; ab Ende des 18. Jh. in die Damenmode eingegangen, sehr beliebt bis in die 1870er Jahre; vielfach als Ersatz für Überkleidung getragen; ab Anfang des 19. Jh. in Europa Herstellung von preiswerten, weniger qualitätvollen Imitationen; → Langschal, → Paisleymuster.

Kasel, *die* (früher auch lat. *Casula* ›Hüttchen‹), loser, mindestens gut knielanger Überwurf, Messgewand katholischer Geistlicher; vom frühen Mittelalter bis zum 13. Jh. in der runden, geschlossenen Schnittform der → Glocke (Glockenkasel), auf die → Paenula zurückgehend; allmählich Veränderung der Form durch Verkürzung der über den Armen liegenden Stoffteile, schließlich gegen Ende des 16. Jh. ein fast glatt anliegender, kaum die Arme bedeckender Überwurf, heute wieder voluminöser. [Abb. 103]

Kastorhut → Biberhut.

Kattun (urspr. arab.; davon abgeleitet engl. *cotton*, frz. *coton*), Baumwollgewebe in Leinwandbindung; spätestens seit dem 17. Jh. in Europa unter dieser Bez. bekannt, aus Indien als buntbedruckter Baumwollstoff eingeführt, entspr. dem frz. → Indienne; weit verbreitet für Damenkleider im 18. und bes. im 19. Jh., daher damals häufig gleichbedeutend mit Baumwollstoff schlechthin.

Keil → Zwickel.

Keilhose, Hose mit keilförmig nach unten verlaufenden Hosenbeinen, hier eng anliegend, angeschnittener oder angesetzter Gummiband-Steg im Schuh unter der Fußsohle herführend; aufgekommen im Zuge der Olympischen Winterspiele 1936, die bis dahin obligatorische → Überfallhose (→ Norwegeranzug) ablösend; Anfang der 50er Jahre aktuell in bes. körpernaher Form aus elastischem → Lastex, nicht mehr ausschließlich Sporthose; für Damen nochmals modern Anfang der 80er und Anfang der 90er Jahre.

Kelchkragen, vorne angeschnittener Stehkragen, hinten meist angesetzt. [Abb. 89 b]

Kellerfalte, Konstruktion aus zwei einzelnen Falten, bei denen die Faltenumbrüche auf der Außenseite des Kleidungsstücks aneinanderstoßen; Ggs. → Quetschfalte.

Keulenärmel → Hammelkeulenärmel.

Kiepe (auch Abkürzung für ›Kiepenhut‹; mittel- und ndt. für ›Korb‹). **1.** Großer, bäuerlicher, auch »unmodischer« Hut, haupts. im mittel- bis norddt. Raum bekannt. **2.** → Kapotte.

Kilt, *der* (schott.), faltenreicher, etwa knielanger Wickelrock, vorn mit einem glatten Frontstück, seitl. mit Lederlaschen und Schmucknadel geschlossen; als unterer Teil eines gefältelten, um den Körper geschlungenen karierten Tuchstücks in der 1. Hälfte des 18. Jh. entstanden; traditionelles Kleidungsstück urspr. der Hochlandschotten, jeweils in den Farben des Clans (Stammes), auch typ. irisch; von Schotten noch heute zu bes. Gelegenheiten, aber auch allg. als modischer Damenrock getragen. [Abb. 109]

Kimono, *der* (japan., ›Ding zum Anziehen‹), traditionelles japan., kaftanähnl. Wickelgewand für Männer und Frauen, bis auf Formen des 7./8. Jh. zurückgehend; aus 40 cm breiten Stoffbahnen zusammengenäht; weite, gerade angesetzte oder angeschnittene Ärmel, häufig mit teilw. zugenähten bzw. nicht den ganzen Ärmelumfang nutzenden Durchschlupföffnungen an Handgelenken und Oberarmansätzen; Ausschnittblende; bei Frauen mit einem repräsentativen Gürtel (→ Obi) zusammengehalten; vielfach in der europ. Mode aufgegriffen und dieser angepasst; beliebte Form z. B. für Haus- und Morgenmäntel.

Kimonoärmel, in Anlehnung an die Ärmelform des → Kimono benannter, an das Oberteil angeschnittener bzw. in einer geraden Linie angesetzter, meist weiter Ärmel: gilt als grundsätzliche und ursprünglichste Art und Ansatzweise des Ärmels; modische Ärmelform seit Anfang des 20. Jh., zuerst an → Reformkleidern. [Abb. 59, 83]

Kinderkleidung, bis ins 20. Jh. Spiegelbild des Standes der Eltern in gesellschaftlicher und wirtschaftlicher Hinsicht; nach tunikaförmigen Kleidern, im späten Mittelalter bes. noch für Kleinkinder üblich, galten für Kinder der Oberschicht

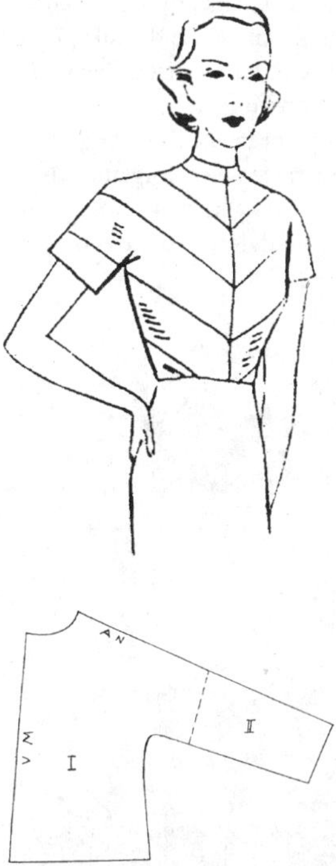

Abb. 83: Kimonoärmel. Schnittkonstruktion. VM = vordere Mitte, AN = Achselnaht.

die Kleidungsmaßstäbe der Erwachsenen: d. h. für Mädchen Einschnürung von Taille und Oberkörper, bes. in der → Spanischen Mode; für kleine Jungen bis etwa 4./5. Lebensjahr begannen im 16. Jh. lange Kleider allg. üblich zu werden; Umsetzung von Bestrebungen zur kindgerechten Kleidung allg. ab etwa 1770, von England aus; der engl. Skeleton-Anzug mit → Pantalon und kurzem,

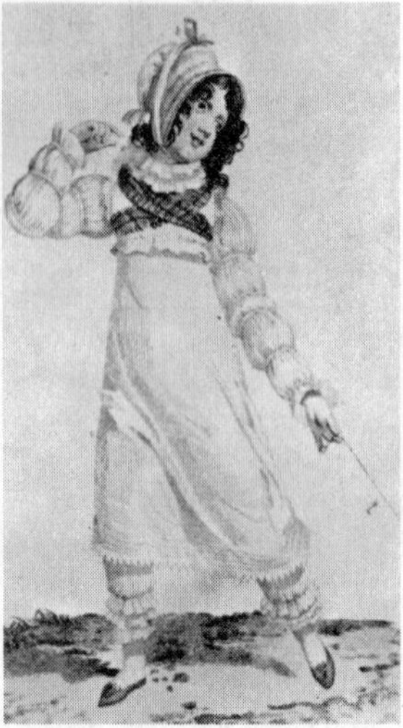

Abb. 84: Kinderkleidung. 1810.

lockerem Oberteil war Vorbild für den Matrosenanzug (→ Matrosenkleidung), Mädchenkleider entsprachen bald den damaligen → Chemisenkleidern; 1. Hälfte 19. Jh.: typ. für Mädchen des Bürgertums: weiße → Pantalons zu zunächst kniekurzen Kleidern, ähnl. auch für kleine Jungen, lange Hosen und Kittel für größere; mit der Krinolinenmode für Mädchen Rückkehr zur einengenden Damenkleidung, Jungen trugen vielfach uniformartige Kleidung, Kinder ärmerer Eltern besaßen oft nicht einmal Schuhe. Ab 1890: Bleyle-Anzüge; für großbürgerliche Mädchen waren weiße, lockere Kleider mit farbigen Schärpen aktuell, sonst vielfach Turnürenkleider; nach 1900 im Zuge der Reformbewegung Durchsetzung kindgerechter Kleidung: für Mädchen → Hänger, für Jungen bequeme Kniehosen, weiterhin Matrosenkleidung; ab den 20er Jahren bekamen auch kleine Knaben Hosen. Von den 30er bis in die 60er Jahre war für Jungen die kurze Hose üblich, ab etwa 1945 als Lederhose; Ende der 60er Jahre: Vereinheitlichung der K. durch Jeans und T-Shirt; → Flügelkleid. [s. Abb. 62, 125]

Kittel, einfaches, locker geschnittenes Kleidungsstück mit Kopfloch, häufig Brustschlitz oder kurzer Knopfleiste, auf der Schulter oder vorne durchgehend geknöpft (z. B. der heutige Berufskittel), mit bzw. ohne Ärmel; Bez. aus dem 12. Jh., jedoch schon vorher Form des allg. und typ. Kleidungsstücks der kelt., nachbronzezeitlichen germ. und der fränk. Männer; bis weit ins Mittelalter übliche Kleidung der Bauern, weiterhin Arbeitskleidung; spez. Formen erhielten sich als Teil von Volkstrachten, z. B. der »Hessenkittel«.

Kittelkleid, Kleid im lockeren, geraden Schnitt von → Kitteln; von »Coco« Chanel (1883–1971) bereits vor dem 1. Weltkrieg aus Baumwolltrikot vorgeschlagen; anfangs mit angesetztem Rockteil unterhalb der Taille, darüber ein loser Gürtel; erstmals aktuell in den Kriegsjahren 1917/18.

Klappenkragen, auch *Eckenkragen, Kläppchenkragen*; Stehkragen, bei dem die beiden Ecken der vorderen Kanten umgeklappt sind; um 1880 entstanden; bis Anfang der 1920er Jahre gelegtl. auch noch an Hemden zum Sakkoanzug, jedoch haupts. zu Gesellschaftsanzügen, so heute zu → Frack und → Smoking; auch als separater, anknöpfbarer Kragen. [Abb. 128]

Klapphose, heutige Bez. für eine Hose, die mit einem → Hosenlatz unterhalb des Bundes geschlossen wird.

Kleid (mhd. *kleit*, vermutl. zurückgehend auf *Klei* ›fette Tonerde‹, Walkmittel für Tuch; bedeutete somit urspr.: ›das mit Klei Gewalkte‹), vom 12./13. bis mindestens ins 17. Jh. allg. Bez. für die Kleidung von Mann und Frau; das lange, kleidartige Gewand hatte bis ins späte Mittelalter auch andere, allg. Bez., z. B. → Rock, → Cotte, blieb ab etwa Mitte des 14. Jh. mit der Verengung und Verkürzung der modischen Männerkleidung und deren Entwicklung zur zweiteiligen Kleidung Jacke/Hose

(→ Beinling, → Schecke, → Wams) als spez. Kleidungsstück der Frau bestehen; das durchgehend geschnittene K. erstmals nach 1380 mit Taillennaht, teilte sich in Oberteil und angefügten Rock, jedoch waren auch einteilige K. nicht ganz unüblich; → Abend-K., → Adrienne, → Ball-K., → Charleston-K., → Chemise-K., → Chemisen-K., → Dirndl(-K.), → Gamurra, → Hänger, → Hemd-K., → Hollandaise, → Kontusche, → Manteau, → Mantel-K., → Prinzess-K., → Reform-K., → Robe, → Schlender, → Vlieger. [Abb. 48]

Kleiderrock, Rock mit angeschnittenem bzw. angesetztem ärmellosem Oberteil, über Blusen oder Pullovern zu tragen, ähnl. dem → Trägerrock; aktuell bes. in den 1960er Jahren bis in die 70er Jahre.

Kleppermantel, Markenbez. für einen Wettermantel: einreihig, Raglanärmel (→ Raglan), Rückenkoller (→ Koller), aus gummiertem Gewebe und geschweißten Nähten, mit Ventilationsschlitzen (»Rillo-Lüftung«, patentiert); 1919 entworfen von dem Schneider und Textilfabrikanten (»Klepperfaltboot«, »Klepperzelt«) Johann Klepper (1868–1949), Rosenheim; sehr beliebt bis in die 1950er Jahre, international bekannt.

Klimastoffe, für wind- und wasserfeste Kleidung, die diese durch spez. Verfahren dennoch nach außen feuchtigkeitsdurchlässig machen; möglich z. B. durch Einarbeitung von entsprechenden Substanzen in die äußere Beschichtungsmasse; seit den 1980er Jahren durch Einarbeitung von sog. Nässesperrmembranen: hauchdünne, äußerst feinporige oder feinstrukturierte Folien, die zwischen Oberstoff und Futter eingearbeitet oder aufgezogen werden; auch durch Verwendung von → Mikrofaserstoffen; bes. für Sportkleidung.

Klubjacke → Blazer.

Knebelverschluss, Verschluss an Mänteln und Jacken mittels eines länglichen Knebelknopfes, z. B. aus Leder, Holz oder Bambus, meist durch eine aufgenähte Schnur oder einen Lederriemen gehalten und durch eine ebensolche Schnur-/Riemenschlinge auf dem entgegengesetzten Vorderteil geführt; vereinfachte Formen mit einseitigen, in die Kante des → Übertritts gefassten Stoffschlingen; bes. typ. am → Dufflecoat. [Abb. 55]

Knicker, auch *Marquisenschirm*; kleiner Sonnenschirm mit ein oder zwei Scharnieren, zum Zusammenklappen des Schirmstocks und evtl. seitl. Wegklappen des Schirmdaches; Mitte 18. Jh. bis etwa 1870; ab etwa 1830 bes. zierlich.

Knickerbocker (Pl.), halb- bis dreiviertellange Hose mit festem Abschluss unterhalb des Knies, heute in Wadenhöhe, Hosenbeine mehr oder weniger überfallend (→ Überfallhose); Ende des 19. Jh. als Sporthose aktuell, auch von Frauen getragen; in bes. fülliger Form seit den 1920er Jahren als → »Plusfours« bekannt; in den 30er Jahren in der Tageskleidung beliebt, seitdem gelegtl. wieder aufgegriffen, bes. in den 50er Jahren; Bez. geht zurück auf die 1809 in einer Satire des amerik. Schriftstellers Washington Irving (1783–1859) so genannten niederl. Mitbegründer New Yorks (1614) nach den für sie als typ. angesehenen → Pumphosen.

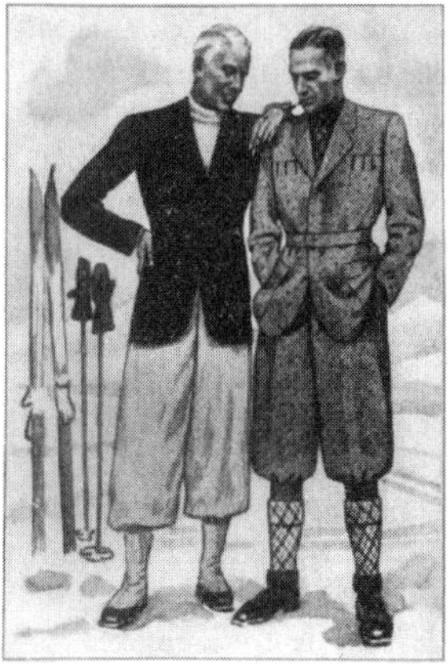

Abb. 85: Knickerbocker, hier ohne überfallende Hosenbeine (rechts), und Plusfours (Überfallhose). 1930er Jahre.

Kniebesatz, verstärkender Besatz am vorderen Hosenbein in Kniehöhe, vielfach aus Leder bzw. Lederimitat, heute auch aufzubügeln; an Kinder- und Arbeitshosen; traditionell an Reithosen im inneren Kniebereich (→ Breeches).

Kniebundhose, auch *Bundhose, Bündchenhose*; Kniehose

mit mäßig weiten Beinen, in → Bündchen gefasst, meist seitl. mit Schnalle, Knopf oder Schnürung zu schließen; keine → Überfallhose wie die Knickerbocker; als Trachtenhose aus Leder, nun zum Wandern; klassische Hosenform für den Skilanglauf; Ende der 1960er bis in die 80er Jahre zeitweise modische Damenhose (Pagenhose, Mozarthose usw.), bes. für den Abend.

Kniehose, allg. eine Hose, deren Beine bis unter die Knie reichen und dort eng zusammengefasst sind; hervorgegangen aus dem anliegenden Oberteil der → Strumpfhose, das nach Abtrennung der Strümpfe (ab etwa 1500) unterhalb des Knies als entsprechende Hose bestehen geblieben war; entwickelte sich zu div. eigenständigen Formen; → Culotte, → Knickerbocker, → Kniebundhose, → Plusfours, → Pumphose, → Schlumperhose. [Abb. 146]

Knopf, an der Kleidung meist längs von Kanten zum Verschließen angebrachter Gegenstand in div. Formen; auch reines Schmuckobjekt

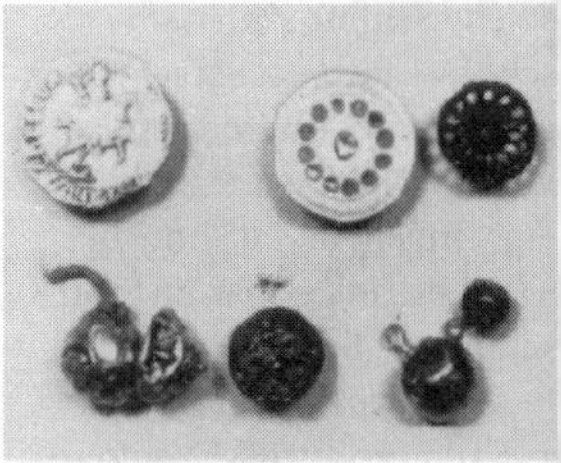

Abb. 86: Knöpfe. 17. und 18. Jh. (oben), 18. und 19. Jh. (unten).

ohne festgelegte Plazierung, aus wertvollem Material oder mit bes. Gestaltung (z. B. Herstellermarkierung) auch Statussymbol, ehemals und außerhalb der europ. Mode auch Kultobjekt; nach Verwendung in frühgeschichtlicher Zeit jahrhundertelang in Europa unüblich, durch Einfluss der Kreuzzüge im 13. Jh. wiedereingeführt; unerlässlich seit Mitte des 14. Jh. an der nun eng anliegenden Kleidung, Aufkommen des Knopflochs; geschlechtsverschiedene Knöpfung (bei Herren links auf rechts, bei Damen umgekehrt) setzte sich in den 1860er Jahren durch.

Koller (von lat. *collum* ›Hals‹ bzw. von frz. *collier*). **1.** *Der* K., auch *Goller*, vom

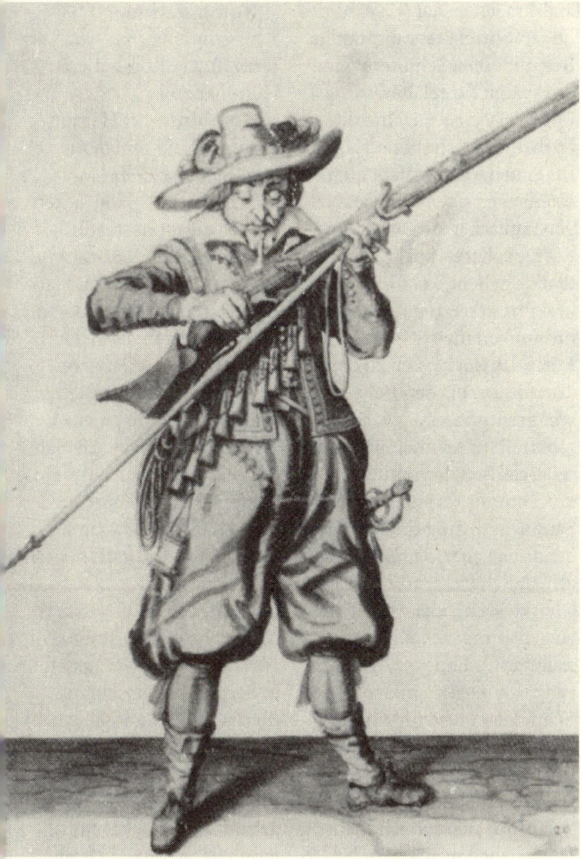

Abb. 87: Schütze in Koller und Schlumperhose. Niederlande, 1607.

Halskragen an der Rüstung des hohen Mittelalters abgeleitete Bez. für einen Schulterkragen des späten Mittelalters; ab Ende des 15. bis 1. Hälfte des 17. Jh. breite Schulterauflage für Frauen: vorn offen, kleiner Stehkragen oder Umlegekragen; zunächst zur Bedeckung des Dekolletés; bei Frauen aller Stände beliebt, kostbarer Ausgestaltung setzten Kleiderordnungen meist Grenzen; vor Mitte des 16. Jh. auch zu einer kurzen, ärmellosen Jacke weiterentwickelt. **2.** *Das* K., Oberteil für Männer: ärmellos, mit Schößen, Verschluss vorn mittels Knöpfen oder Schnürung; zunächst vorwiegend aus Leder, da rüstungsartiger Schutz, später in der Zivilkleidung meist aus Tuch; auch mit angenestelten Ärmeln; etwa Ende 15. / 1. Hälfte 17. Jh. **3.** *Der* K., in der Schneiderei Bez. für ein loses, aufgestepptes oder evtl. angenähtes Stoffteil (→ Passe) unterhalb der Schulter; → Sattel.

Kolpos, *der* (griech.), durch Hochziehen des Gewandes über den Gürtel fallender Stoffbausch an → Peplos und → Chiton; ab dem 5. Jh. v. Chr.

Kombination.
1. → Combinaison. **2.** Kurzform für: → Kombinierter Herrenanzug.

Kombinierter Herrenanzug (auch *Kombination* oder engl. *combination*), Zusammenstellung von Jackett und Hose unterschiedlicher Farbe und/oder Musterung; Mitte 19. Jh.: Jackett und Hose meist farblich kontrastierend; als Anzug erstmals in der sommerlichen Freizeitmode um 1905; in den 20er Jahren als Kombination mit einem → Blazer, bis in die 30er Jahre dunkles Jackett zu heller Hose, dann auch umgekehrt; ab den 50er Jahren als → Campus-Anzug bekannt, auch dreiteilig mit Weste.

Konfektion, *die* (nach frz. *confection* ›Herstellung‹), Fabrikation von Fertigkleidung in Serien, im Ggs. zur individuellen Maßarbeit, auch Bez. für derartige Kleidung; Anfang des 18. Jh. erste bedeutendere Ansätze, bes. in Frankreich, zunehmend gegen Ende des Jh.; Voraussetzungen: Aufhebung von Kleiderordnungen, Anfang des 19. Jh. von Zünften, Entwicklung eines Maßsystems (wie schon vorher bes. an preußischen Uniformen), 1851 Einführung einer funktionstüchtigen Nähmaschine, seit den 1880er Jahren Arbeitsteilung; um 1840 Entstehung vieler K.-Betriebe bes. für Herrenkleidung, um 1900 auch verstärkt für Damenkleidung, da Serienherstellung möglich aufgrund der nun modischen, lockerer geschnittenen, nicht mehr individuell anzupassenden Kleidung wie Blusen und Kostümjacken; endgültige Durchsetzung nach dem 1. Weltkrieg.

Kontusch, *der* (poln., *kontusz*), repräsentativer Mantel mit Zier- bzw. → Hängeärmeln und Pelzverbrämung; urspr. türk. Gewand, im Schnitt der → Djubbeh ähnl.; vom türk. Sultan an Jan III. Sobieski (König von Polen 1674–96) geschenkt, dadurch in vornehmen poln. Kreisen populär geworden, jedoch schon vorher als Alltagskleidung getragen; nach der 1. Teilung Polens (1772) in abgeänderter Form als lange, anliegende, im Rücken locker geschnittene Damenjacke (Negligéjacke; → Negligé) von 1773 bis etwa 1780 allg. modern, später auch in Mantelform zu finden.

Kontusche, *die* (evtl. *Kontusch*; auch *Contouche*, *Schlender*), Negligékleid (→ Negligé), lose den Körper umhüllend, dennoch über Korsett und Reifrock getragen; hinten mit → Watteaufalte; auch mit Gürtung: vorn über dem Kleid, unter dem Arm durch Schlitze nach hinten geführt, somit im Rückteil unter dem Kleid weiterlaufend; ähnl. der → Adrienne, jedoch kürzer; 1. Hälfte 18. Jh.

Köper, Bez. für eine Grundbindung (→ Bindung) und derartige Gewebe; Bindungspunkte von Kette und Schuss berühren sich in schräger Linie: Gewebe zeigen einen Diagonalgrat; Unterscheidungen: Kett-K.: auf der Stoffaußenseite sind mehr Kett- als Schussfäden zu erkennen, beim Schuss-K. umgekehrt, oder gleichseitiger K.; auch mit wechselnder Gratrichtung, → Fischgratmuster. [Abb. 20 b]

Kopftuch, vier- oder dreieckiges Stoffstück zur Bedeckung des Kopfes, meist von Frauen getragen; Viereck überwiegend zu dreieckiger Form gefaltet, zwei Enden unter dem Kinn, im Nacken oder auf dem Kopf zusammengebunden; z. T. fließende Übergänge zu anderen Kopfbedeckungsformen wie → Haube, → Schleier, → Turban; Funktion und Bedeutung vom einfachen Wetterschutz bis zur Verhüllung mit Symbolcharakter (christliche Frauen, bes. im Mittelalter, islamische Frauen); gehört zu den ältesten Kopfbedeckungen: z. B. in altägypt. Zeit als Königs-K. getragen; im 20. Jh. als Teil der Modekleidung ab den 1930er bis in die 60er/70er Jahre beliebt; häufig Bestandteil von Volkstrachten.

Korsage, *die* (urspr. von afrz. *cors* ›Körper‹; frz. *corsage* ›Leibchen‹), körpernah geschnittenes, evtl. korsettartig versteiftes Oberteil, taillen- oder hüftlang; seit dem 18. Jh. auch im Dt. Bez. für das Oberteil des Kleides; heute meist schulterfrei, als Unterkleidung, an Sommer- und Abendkleidern; im 20. Jh. charakteristisch für den → Lingerie-Stil, bes. modern an Kleidern im Romantik-Look Mitte der 70er Jahre.

Korselett, *das* (von frz. *corselet*; Verkleinerungsform von *Korsett*), leichtes → Korsett, ohne steife Einlagen; in den 1920er Jahren (→ Garçonne-Mode!) für fülligere Figuren angeboten; auch beliebt, jedoch stärker formend, mit elastischen Gummieinsätzen und integriertem Büstenhalter in den 30er und 50er Jahren; ein unversteiftes Korsett wurde auch Anfang des 18. Jh. unter der Bez. »Gourgandine« zum Negligé angelegt.

Korsett, *das* (von frz. *corps* ›Körper‹, ›Leib‹; bis etwa 1800 im Dt. auch *Schnürbrust*, *-leib*, *-mieder* oder → Mieder), den Körper zwischen Brust und Hüfte meist stark einengendes, formendes Kleidungsstück; in der Regel verstärkt mit Stangen oder Platten aus Metall, Holz, Fischbein usw., Regulierung der Weite meist mittels Schnürung; im 18. Jh. im Ggs. zur Schnürbrust u. a. als ein weniger einengendes Oberteil, auch mit Ärmeln, aufgefasst; Hilfsmittel zur Erzielung einer schmalen Taille wurden seit dem hohen Mittelalter angewendet, häufig auch in der Oberkleidung (→ Mieder); bes. drastisch in der → Spanischen Mode: nun auch Einzwängung des Busens; um 1800 zu den → Chemisenkleidern erstmals kein K., jedoch bereits um 1805 wieder aktuell; im Nachklang der Reformbewegung ab etwa 1914/18 allmähliche Abschaffung; → Guêpière, → Planchette, → Korselett, → Kürasstaille, → Sansventre-Linie; → Büstenhalter. [s. Abb. 91]

Kostüm, *das* (von ital./frz. *costume*). **1.** Im 19. Jh. allg. Bez. für hist. Kleidung, danach auch für »Verkleidung«, auch im Sinne von »Bühnenkleidung«. **2.** Jacke und zugehöriger Rock; Kleider mit jackenartigem Oberteil und Rock seit den 1870er/80er Jahren (→ Kürasstaille), bald danach in Kombination mit

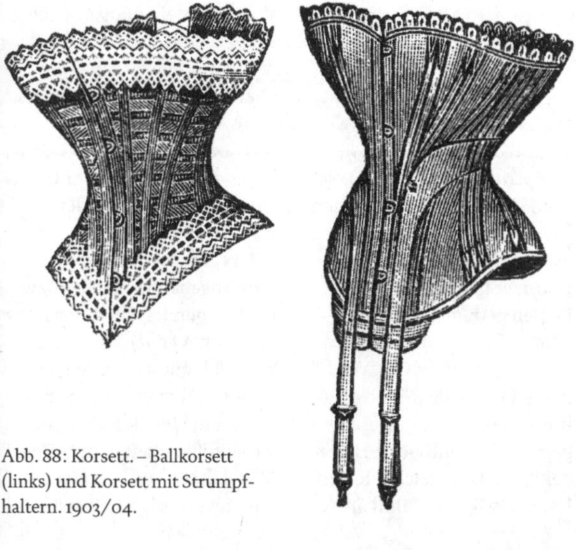

Abb. 88: Korsett. – Ballkorsett (links) und Korsett mit Strumpfhaltern. 1903/04.

einer Bluse als K. durchgesetzt; K. gilt als modernes, adäquates Kleidungsstück: Entwicklung auch durch die Emanzipationsbestrebungen der Frau nach Mitte des 19. Jh. (veränderte Lebensweise: z. B. Berufstätigkeit), auch Einfluss des Sports; Form ab 1900: allmählich weniger tailliert, auch am Jackett des Mannes orientierter Jackenschnitt, zunehmend schlichte Röcke, z. B. → Glockenröcke; neben dem in → Konfektion hergestellten K. galt das vom Herrenschneider in Maßarbeit angefertigte sog. Schneider-K. ab etwa 1900 bis nach Mitte des 20. Jh. als das »klassische« K. engl. Prägung (auch »Tailormade«); → Chanelkostüm.

Kothurn, *der* (griech.), zuerst kurzer, geschnürter Stiefel aus weichem Leder, in der griech. Antike ab dem 7. Jh. v. Chr. von Männern und Frauen getragen; bekam allmählich eine dickere Sohle wie das um 500 v. Chr. von Äschylos für die Bühne eingeführte, auch in Sandalenform getragene Schuhwerk: Höhe der Sohle kennzeichnete den Rang des Trägers; ähnl. in der röm. Antike Teil des Theaterkostüms; Bez. allg. für eine blockartige, gleichmäßig hohe Sohle.

Kotillon, *der* (nach frz. *cotillon*), Unterrock, 16. bis weit ins 18. Jh., noch heute in Volkstrachten.

Kotze, *die* (von ahd. *chozzo* ›grobes Wollstück‹; auch alpenländ. *Wetterfleck*), dreiviertellanger, glockig geschnittener Umhang, am Halsausschnitt mit kurzer Knopfleiste, Kragen; Wetterschutzkleidung alpenländ. Volkstrachten; obligatorisch aus → Loden: bereits im 1. Jh. n. Chr. nachgewiesen; Form übereinstimmend mit der im 14. Jh. aufgekommenen → Glocke, noch heute auch unter dieser Bez. bekannt; Wanderkleidung seit der 2. Hälfte des 19. Jh.

Kragen, an den Halsausschnitt genähtes, flaches bzw. hochstehendes, auch separates Stoff- oder anderes Materialstück oder umgeschlagene Ausschnittkante; modischer Bestandteil der Kleidung im wesentlichen seit dem hohen Mittelalter; als schalkragen- oder reversartiger Kanten-

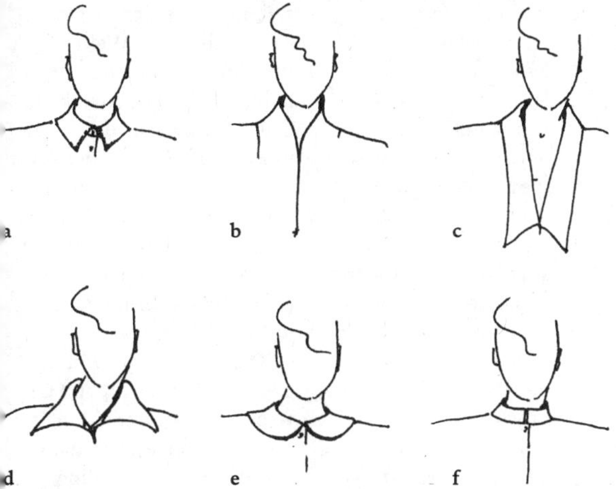

Abb. 89: Kragen. – a) Umlegekragen. b) Kelchkragen. c) Dantonkragen. d) Haifischkragen. e) Bubikragen. f) Stehkragen (Stehbord).

umschlag (→ Schalkragen, → Revers) und als → Steh-K. üblich an Über- und Oberkleidung; → Umlege-K. seit dem späten Mittelalter; → Bubi-K., → Canezou, → Dekolleté-K., → Halskrause, → Koller, → Medici-K., → Rabat, → Roll-K., → Schulter-K., → Spitzen-K., → Stuart-K., → Teller-K., → Vatermörder usw. [s. Abb. 47]

Kragenkapuze → Gugel, → Kappe.

Krause → Halskrause, → Handkrause.

Krawatte, *die,* um den Hals geknotetes bzw. zur Schleife gebundenes, schal- oder tuchartiges Stoffstück oder entspr. Stoffstreifen; Bez. angeblich zurückgehend auf die im 17. Jh. im frz. Heer dienenden Kroaten, als Modeerscheinung schon früher bekannt; seit Mitte des 17. Jh. größere Verbreitung in der Nachfolge der breiten Zierkragen; im 18. Jh. hinten geknotete oder mit einer Schnalle befestigte, schmalere Halsbinde, gegen Ende des Jh. breit und zur Schleife gebunden; große Bedeutung als elegantes Attribut in der 1. Hälfte des 19. Jh., bes. in Weiß; ab den 1860er Jahren länger und schmaler als → Langbinder zum Sakko, wenig veränderte Form bis heute; daneben auch Schleifen bzw. → Querbinder; → Cachenez, → Plastron, → Steinkerke; → Halsschleife, → Halstuch.

Kreissäge → Canotier.

Krepp (auch *Crêpe*, frz.), Gewebe mit feinstrukturierter Oberfläche, erzielt durch Verwendung von gekreppten, d. h. überdrehten Garnen und/oder entspr. → Bindung bzw. durch Ausrüstung (Behandeln) des fertigen Gewebes, z. B. Prägung; Halbkreppgewebe: stark überdrehtes Garn, meist als Schussgarn (→ Bindung) bei glattem Kettgarn; evtl. umgekehrt.

Kreppsohle, Schuhsohle aus festem, dickem Gummi, meist an Sportschuhen; seit den 1920er Jahren zuerst an Schuhen für Golfspieler und Kinder; ab 1936/37 allg. aktuell, z. B. an modischen → Mokassins; nach dem 2. Weltkrieg weit verbreitet, gern an farbigen Wildlederschuhen.

Kriegskrinoline, die 1914/15 aufgekommenen etwa wadenlangen, abstehenden Rockformen, unterstützt von mehreren steifen Unterröcken, die an die Krinolinenkleider (→ Krinoline) erinnern; nach 1916/17 aus der Mode.

Krimmer, urspr. echter, kleingelockter Pelz, dann Gewebe mit gelocktem Mohairgarn (→ Mohair), das in unaufgeschnittenen Schlingen (Florkette) eine strukturierte Oberfläche in Nachahmung des Persianerpelzes bildet. Vielfach als Saumbesatz, auch Ärmelsaum, an Mänteln und Jacken, sowie für Kopfbedeckungen; typ. an Eislaufkostümen bis in die 1930er Jahre.

Krinoline, *die* (von frz. *crin* ›Rosshaar‹), steife Unterfütterung des Damenrocks, die ihn weit abstehen ließ; Ende der 1830er Jahre zunächst aus Rosshaarrüschen über gestärkten Unterröcken, dann Unterröcke aus Rosshaargewebe, ab 1856 als Reifrock

(Unterrock) mit eingearbeiteten Stahlreifen; ab 1860 Silhouette nun vorne und seitl. flacher, hinten ausladend, Versteifung durch kleinere separate Reifengestelle; nach 1869 in die → Turnüre übergegangen. [Abb. 16, auch 115]

Kröse, auch *Krause*, → Halskrause.

Kruseler, *der* (auch *Krüseler*; von mhd./mnd. *krus* ›gekrümmt‹), halbkreisförmig geschnittener, festerer Kopfschleier mit mehreren Rüschenreihen, das Gesicht umrahmend, auf den Schultern aufliegend; um 1400 auch mit der → Rise kombiniert getragen; aus einem gerüschten Kopftuch entstanden; 14. Jh. bis 1. Drittel 15. Jh.; vielfach Gegenstand von Kleiderordnungen.

Kugelärmel → Schlüpfer, → Zwei-Naht-Ärmel.

Kuhmaulschuh, auch *Ochsenmaul*, *Bärentatze*, flacher, stumpfer, seitl. und meist auch vorn sehr weit ausgeschnittener, sehr breit wirkender Lederschuh; evtl. mit haltendem Gurt über dem Fuß; auch mit modischer Schlitzverzierung; als Winter-

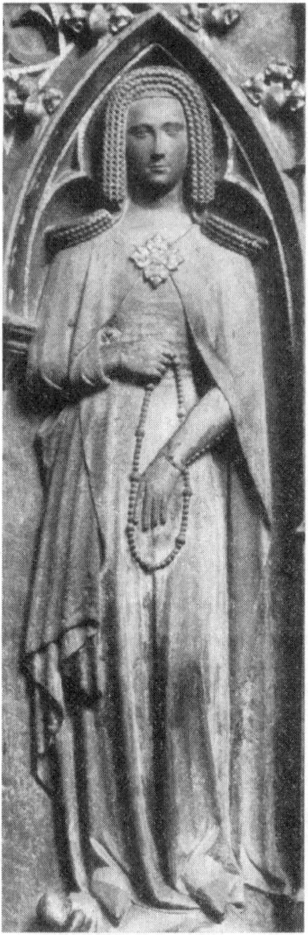

Abb. 90: Gudela von Holzhausen im Kruseler. Um 1396. Frankfurt a.M., Dom.

schuh evtl. mit doppelter Sohle; auch an der vorderen Kappe seitl. zusätzlich ausgestopft, dann »Hornschuh« genannt; in allen Bevölkerungskreisen beliebt; ab etwa 1480 bis 1. Hälfte 16. Jh.; dem sog. Entenschnabel(schuh) mit vorne abgestumpfter Spitze (vorher: → Schnabelschuh) folgend.

Kummerbund (von hindustanisch/pers. *kamar*- oder *camar*-Band: Taillenband aus farbigem Stoff), schärpenartiger Taillenbund, meist aus glänzendem Stoff, mit mehreren übereinandergelegten Querfalten, hinten zu schließen; Ende des 19. Jh. erstmals in der europ. Herrenmode, größere Verbreitung als Westenersatz zum sommerlichen → Smoking in den 30er Jahren; seit Anfang der 50er Jahre außer in Schwarz gerne in Dunkelrot, obligatorisch mit passender Schleife, bes. zum Smoking getragen; in den 80er Jahren auch in der jungen Herrenmode wieder aktuell.

Kunstseide, veralt. Bez. für künstlich hergestellte Endlosfasern (Filamente), Garne und Stoffe auf Zellulosebasis; erste, jedoch erfolglose Ansätze um 1664 durch den engl. Forscher Robert Hooke (1635–1703); Entdeckung der Löslichkeit von Zellulose 1834; Vorstellung der ersten K.-Gewebe (»Nitro-K.«) 1889 von Hilaire de Chardonnet (1839–1924), Großproduktion verschiedener K. nach dem 1. Weltkrieg; → Acetat, → Reyon, → Chemiefasern.

Kürasstaille, Oberteil oder Korsett mit sehr starker Taillierung; lange Taille, da gut hüftlang, vorne den Bauch völlig überdeckend; am Kleidoberteil korsettartige Ver-

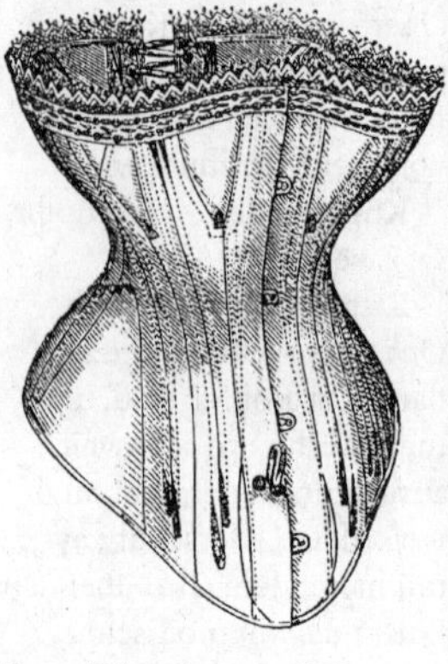

Abb. 91: Kürasskorsett. 1876.

stärkung mit Fischbeinstäbchen: häufig selbständiges Kleidungsstück, mit separatem Rock getragen; Bez. geht wegen der optischen Wirkung auf einen sogenannten Harnisch des Mittelalters zurück; etwa Ende der 1870er Jahre bis zum Ende der Turnürenmode (→ Turnüre) 1888. [Abb. 91]

Kutscherkragen
→ Carrick.

Kutte, *die* (vermutl. von lat. *cotta*). **1.** Tunikaartiges Mönchsgewand, meist mit Kapuze, gegürtet; einfache, vielfach grobe Stoffe in gedeckten, je nach Orden div. Farben; entstanden im frühen Mittelalter. **2.** »Spanische« Kutte: im 16. Jh. vorne und hinten weit geschnittenes Damenoberkleid, gegen Ende des 17. Jh. in der dt. Form vorn eng anliegendes Unterkleid, nur noch eine hintere, seitl. angearbeitete, lockere Rückenpartie; Ende des 17. Jh. aus der Mode.

L

Lacerna, *die* (lat.), vorn offenes, kurzes Übergewand ähnl. der → Chlamys, auf Schulter oder Brust gefibelt (→ Fibel), als Wetterschutz benutzt, evtl. mit Kapuze; urspr. Kleidungsstück von Soldaten, 1. Jh. v. Chr.; in spätröm. Zeit allg. aktuell, je nach gesellschaftlichem Stand in div. Qualitäten getragen; ähnl. in längerer Form noch in byzant. Zeit.

Landsknechtkleidung, mehr oder weniger einheitliche Kleidung der dt. Söldnerfußtruppen des späten 15. und 16. Jh., »Landsknechte« genannt; starker Einfluss auf die Zivilkleidung und die Mode der Zeit; bes. charakteristisch: extreme Ausprägung der geschlitzten Kleidung im 16. Jh. (→ Schlitzmode), die → Pluderhose (erwähnt 1553), als deren Erfinder die Landsknechte gelten; insgesamt übertriebener, extravaganter, lässiger Kleidungsstil, der ihnen jedoch, im Ggs. zu anderen Bevölkerungsschichten, durch Verordnungen nicht verboten wurde. Weitere typ. Details: markante → Schamkapsel, großes → Barett; als Fußbekleidung → Kuhmaulschuh, → Lederse.

Langbinder → Krawatte; Bez. gültig für die Herrenmode im 20. Jh., Ggs. zum → Querbinder.

Langschal, auch *Longshawl*, langer Schal, bes. als → Kaschmirschal (Länge bis zu 6 Ellen = 4,66 m) Ende des 18. Jh. bis 1815/20 zu den → Chemisenkleidern getragen; auch modern als Seiden- oder Spitzenschal (Bayadère) im frühen Biedermeier um 1820/25 und in den 1920er Jahren, von Paul Poiret (1879–1944) lanciert als Musselinschal; beliebtes Objekt der danach benannten »Schaltänze« um 1800.

Lasche, kurzes Stoff- oder Lederstück, z. B. Futterlasche: Verbindung zwischen Saum und losem Futtersaum, vor allem an Mänteln; Zunge am Schuh; sonst meist Zierstück, → Ärmelspange, → Schulterklappe usw.

Lastex (Wz.), Gummifäden bzw. Gewebe mit Gummifäden, für elastische Stoffe zur Herstellung z. B. von Miederwaren und Sportkleidung; Anfang der 1950er Jahre auf breiter Ebene eingesetzt, bes. populär für → Keilhosen, deren Form und Sitz bestimmend, der Bedeutung des Materials entspr. auch »Lastexhosen« genannt.

Latex, milchige Flüssigkeit; wird durch Einschneiden der Rinde einiger Tropenbäume gewonnen; Ausgangsmaterial für Kautschuk, damit Grundstoff für Gummifäden und Gummierungen.

Latzhose, Hose mit einem angesetzten oder angeschnittenen Stoffstück oberhalb der Taille; seit der 2. Hälfte des 19. Jh. als Arbeitshose, seit den 1970er Jahren als Freizeithose getragen, auch typ. Kleinkinderhose; bis mindestens in die 50er Jahre wurde auch die Hose mit vorderer Verschlussklappe »L.« genannt, heute jedoch besser als → »Klapphose« zu bezeichnen, um Verwechslungen zu vermeiden.

Lavallière, *die* (frz.), weiche, breite Schleifenkrawatte mit herunterhängenden Enden; Bez. nach der Herzogin von L., einer Maitresse Ludwigs XIV.; aufgekommen Mitte des 19. Jh., im Zusammenhang mit einer von Henri de Toulouse-Lautrec (1864–1901) so dargestellten Tänzerin und weiterer Beeinflussung aus der Kunst- und Kulturszene, Ende des Jh. als »Bohèmeschleife« bekannt und beliebt; Mitte 20. Jh. wiederaufgenommen.

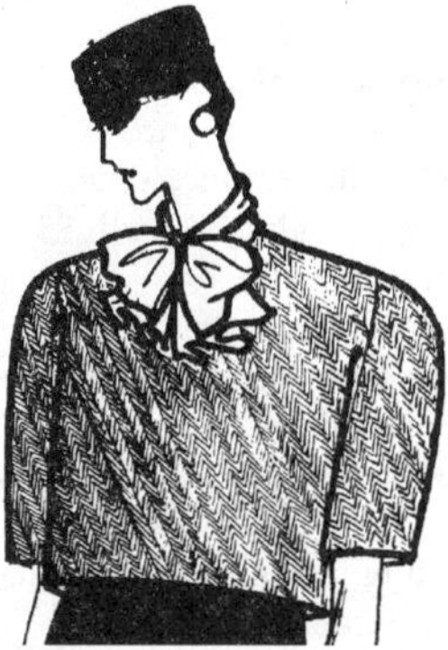

Abb. 92: Lavallière zu einem Modell von Bruno Piattelli – Trevira Studio International. 1987.

Lederse, *der*, auch *Lerse*, lederne, strumpfartige Fußbekleidung, ab 2. Hälfte 14. Jh.; im 16. Jh. in der Art langer

→ Stiefel, mit einer Lasche am Gürtel befestigt oder zu → Stulpen heruntergeschlagen, Vorläufer des Stulpen- bzw. Becherstiefels, Fußbekleidung der Bauern und Landsknechte (→ Landsknechtkleidung).

Leggings (Pl.; auch *Leggins*; von engl. *leg* ›Bein‹), hautenge Hose in der Art der Strumpfhose, jedoch ohne Fußteil; urspr. lange lederne → Beinlinge nordamerik. Indianer; Ende der 1980er Jahre vor allem für Damen in Mode gekommen, auch durch Einfluss der Entwicklung neuer, hochelastischer Materialien.

Leibchen, in der Oberbekleidung: anliegendes Oberteil des Kleides, weitgehend übereinstimmend mit → Mieder; in der Unterkleidung: ärmelloses Oberteil, auch miederartig verstärkt; bes. für Mädchen, zum Anknöpfen von Unterhose und -rock, 2. Hälfte 19. Jh. bis Mitte 20. Jh.; seit Ende des 19. Jh. auch mit Vorrichtung zur Befestigung der Strümpfe; ähnl. für Frauen sog. Reform-L., um 1900; um 1800 unter den Kleidern in der Mode à la → Grecque angelegte, miederartige Brustbinden werden häufig »Brust-L.« genannt.

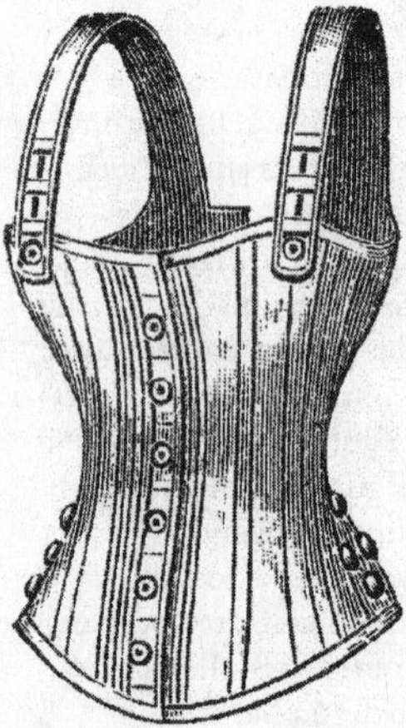

Abb. 93: Leibchen für Mädchen. 1903/04.

Leibrock, allg. Bez. für einen längeren, mehr oder weniger anliegenden Rock, bes. für den langschößigen → Gehrock, 1. Hälfte 19. Jh.; bes. als Teil der bäuerlichen Tracht.

Leinen, textile Erzeugnisse aus den Fasern des → Flachs (lat. *linum usitatissimum*); Originalfunde von Gewebestücken bereits aus der Zeit vor dem Alten Reich in Ägypten, aber auch aus der europ. Jungsteinzeit; auch die griech.-antike, urspr. semit. Bez. → »Chiton« (von *Keton* ›Pflanzenfasergespinst‹) weist darauf hin, dass L. in Vorderasien schon früh bekannt war. Hochblüte der L.-Weberei in den nördl. und südl. Niederlanden, am Niederrhein, in Sachsen und Schlesien, 16. bis 18. Jh.

Leinwandbindung, einfachste Bindungsart (→ Bindung): abwechselndes Über- und Unterkreuzen von Kett- und Schussfaden, je nach Reihe versetzt; kleinster Rapport aller Bindungen: wiederholt sich bereits nach zwei Kett- und zwei Schussfäden, engstmögliche Verbindungsart; bei Wollstoffen auch »Tuchbindung«, bei Seidenstoffen auch »Taftbindung« genannt. [Abb. 20 a]

Leiste, schmales, längliches Stück aus doppeltem Stoff, mit oder ohne versteifende Einlage; vor allem als Leistentasche: eingearbeitete → Tasche, bei der eine L. den Eingriff überdeckt; in vielfältiger Gestaltung, z. B. geschweift, mit Spitze usw.; obligatorisch als → Brusttasche am → Sakko. [Abb. 134 b]

Lendenschurz → Schurz.

Lendner, *der*, ärmelloser, eng anliegender lenden- bis oberschenkellanger Lederrock oder wattiert und gesteppt aus Stoff, auch mit Eisenplatten verstärkt; über dem Kettenhemd getragen; gehörte zur Ausstattung des Ritters, 2. Hälfte des 14. Jh.; auch Bez. für ein allg. kurzes Oberbekleidungsstück der Männer, 15. Jh.

Liberty, engl. Stoff- und Modehandel, gegr. 1875 von Arthur Lasenby L.; zunächst Importhandel für exotische Stoffe; große Bedeutung für die Künstler des »Aesthetic movement«, die hier das Material für ihre Kleider nach mittelalterlichen Vorlagen fanden; 1884 Eröffnung einer Modeabteilung mit Modellen nach hist. Vorbildern; Bez. gilt auch für einen Seiden-, heute auch Chemiefasersatin (→ Satin) als Kleider- oder Futterstoff, der auf L. zurückgeht; berühmt als L.-Blumen sind die typ. Stoffe mit sehr kleinem Blumenmuster.

Lingerie, *die* (von frz. *linge* ›Wäsche‹), Sammelbegriff für feine Nacht- und Unterwäsche, bes. aus weißem Baumwollstoff bzw. Leinen, mit Stickerei und Spitzen; Oberbekleidungsstücke immer wieder im L.-Stil, bes. Blusen und sommerliche Kleider, sind feiner Wäsche nachempfunden; hochaktuell Mitte der 1970er Jahre als Teil des Romantik-Looks, bes. charakteristisch als Korsagenkleid (→ Korsage).

Litewka, *die* (poln., die ›Litauische‹), veralt. Bez. für eine schlichte → Joppe oder Jacke, urspr. Uniformjacke mit verdeckter Knopfleiste; hochgeschlossen, zwei- bzw. einreihig, mit → Steh- oder → Umlegekragen; aus robusten Wollstoffen; 1814 als Teil der dt. Nationalkleidung vorgeschlagen; Mitte des 20. Jh. Bez. für eine Jackenform der Berufskleidung.

Litze, *die,* Flachgeflecht als Band: aus diagonal verkreuzten Fäden; verschiedenes Material, glatt oder gemustert; als schmückendes, flexibles Besatzband (daher auch Rundungen anzupassen) oder zum anderweitigen Gebrauch, z. B. als Gummi-L.

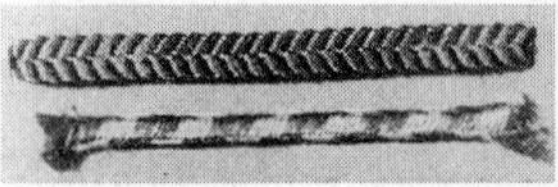

Abb. 94: Litzen.

Livree, *die* (frz.; von mlat. *liberata, liberatio*), einheitliche Kleidung für Bedienstete; urspr. vermutl. Ausdruck für den Unterhalt und die Garderobe (in den Wappenfarben), die der Dienst- oder Schutzherr dem zu Dienst Verpflichteten »lieferte«; bis ins 13. Jh. zurückgehend; häufig ausgesprochen dekorative Kleidung außerhalb der aktuellen Mode.

Loden (schon ahd. *lodo* ›grobes Wollzeug‹), Wollgewebe oder Wollmischgewebe in Leinwand- oder Köperbindung (→ Leinwandbindung, → Köper), gewalkt (→ Walken) und gerauht; typ. in Grau- und Graugrüntönen, meist imprägniert; seit jeher Wetter- und Reisekleidung; charakteristisch für Kleidungsstücke alpenländ. Trachten und der daran orientierten → Trachtenmode.

Lumberjack, *der* (engl./amerik.; etwa ›Polterhans‹), sportliche, locker geschnittene Jacke, taillen- bis hüftlang, Ärmelbündchen und unterer Abschlussbund elastisch, vielfach mit vorderem durchgehendem Reißverschluss; urspr. Arbeitskleidung nordamerik. Holzfäller, auffällig, oft kariert gemustert (optischer Schutzeffekt!), auch amerik. Uniformjacke; seit den 1930er Jahren Sport- und Freizeitkleidung, heute in der Form mit dem → Blouson übereinstimmend. [Abb. 22]

Lurex (Wz.), Name eines metallisch glänzenden Garns aus Aluminium in Verbindung mit einer transparenten Kunststofffolie, daher nicht oxydierend; nach dem 2. Weltkrieg zuerst in den USA (dort entwickelt) aufgekommen; für festliche Damenbekleidung als Maschenware bes. Mitte der 60er bis in die 70er Jahre beliebt.

Lycra (Wz.), Name für eine synthetische → Chemiefaser, die sich durch hohe Elastizität auszeichnet. Wird verwendet für Miederwaren, Strümpfe, Sportkleidung usw.; aus einer bes. Art des synthetischen Rohstoffs Polyurethan, heute »Elasthan« genannt; seit Ende der 1950er Jahre auf dem Markt, in den USA entwickelt.

M

Madras, urspr. gemustertes Halbseidengewebe (Kette: Seide; Schuss: Baumwolle), aktuell für Kleider der Biedermeierzeit nach 1825; heute Bez. für ein prägnantes Karomuster, meist Baumwollgewebe; weit verbreitet nach 1930 in der Herrenmode, immer noch beliebt für Freizeit- und Arbeitshemden; Bez. nach der ostind. Stadt M.

Mahoître, *der* (frz.), Polster zur Betonung von Schulter und oberem Ärmel; an kurzen Oberröcken des Mannes, zuweilen auch an langen Obergewändern der höfischen Männerkleidung; späte → Burgundische Mode, ab Mitte 15. Jh.; auch Halbärmel der frz. »Aventuriers« (fahrende Ritter), um 1460 aufgekommen.

Mameluckenärmel, auch *Mameluckärmel,* meist langer Ärmel, durch Umwinden von einzelnen Zierbändern in eine Folge von Puffen unterteilt; modern etwa 1810–18, ähnl. an Kleidern der Biedermeierzeit und gelegtl. darüber hinaus.

Manschette, *die* (frz., ›Ärmelchen‹), anliegendes Abschlussstück des Hemdärmels, angesetzt oder eigenständig; im 17. Jh. zunächst die über dem Ärmel der Oberkleidung getragene separate M., Ende 17. und im 18. Jh. auch die über die Hand fallende Krause (→ Handkrause); in der 1. Hälfte des 19. Jh. Übergang zur gesteiften, glatten, umgeschlagenen M. am Herren(ober)hemd; um 1850 selbständiges → Röllchen mit → Manschettenknöpfen, ab Anfang des 20. Jh. als einfache M. oder → Doppelmanschette auch wieder angearbeitet; heutige glatte, geknöpfte Form seit Ende der 20er Jahre; ebenfalls an Damenkleidung, vor allem → Hemdblusen, hier auch »Ärmelbündchen« genannt.

Manschettenknopf, separater Zierknopf zum Schließen der Manschette; als Doppelknopf mit einem Verbindungskettchen seit der 1. Hälfte des 19. Jh., weiterhin mit einem Steg oder als Zierknopf mit Steg und über einem

Scharnier angebrachtem Knebel; durchweg aus Metall, Zierknopf aus div., häufig kostbarem Material; seit Aufkommen der separaten, steifen Manschetten (→ Röllchen) Mitte des 19. Jh. weit verbreitet, danach auch für die angesetzten Manschetten, bes. an eleganten Hemden.

Manteau, *der* (frz., ›Mantel‹), repräsentatives, höfisches Oberkleid, eine Art → Mantelkleid; aus luxuriösen Stoffen; steifes, enges Miederteil, meist mit → Schneppe, Rock vorne offen, seitl. zurückgeschlagen und gerafft oder glatt; in der Öffnung sichtbar der oberste, reich ausgestattete Unterrock, die → Jupe; ab etwa 1650 mit Schleppe, später zusätzlich mit → Bouffanten; im 18. Jh. über dem Reifrock getragen, Bestandteil der → Grande parure; zurückgehend auf das bereits in der 2. Hälfte des 16. Jh. in der → Spanischen Mode übliche Oberkleid: am span. Hofe mit Stehkragen, Achselwülsten (→ Achselstück), oft mit → Hängeärmeln, → Verdugado; auch außerhalb Spaniens, meist in abgewandelter Form getragen, z. B. als → Gamurra.

Mantel (von lat. *mantellum* ›Hülle‹, ›Decke‹), allg. Bez. für das in der Regel umhangartige Übergewand bis ins 18. Jh.; urspr. ein um die Schultern gelegtes Fell- bzw. Webstück; M. mit hinzugefügter Kopfbedeckung, → Kapuzen-M., schon vor der Zeitenwende verwendet (Kelten); Frauen übernahmen häufig die M.-Formen der Männer; M. mit Ärmeln: abgesehen von mantelartigen Obergewändern des 14. bis 16. Jh. wie → Tappert, → Houppelande, → Schaube erst ab etwa 1800 üblich, für Frauen erst ab etwa 1870; → Abend-M., → Auto-M., → Blücher-M., → Burberry, → Caban, → Caracalla, → Carrick, → Chesterfield, → Chlamys, → Cucullus, → Dufflecoat, → Gehpelz, → Glocke, → Havelock, → Heuke, → Himation, → Husse, → Kappe, → Klepper-M., → Kotze, → Lacerna, → Nuschen-M., → Paletot, → Pallium, → Paludamentum, → Pelerine, → Rad-M., → Raglan, → Redingote,

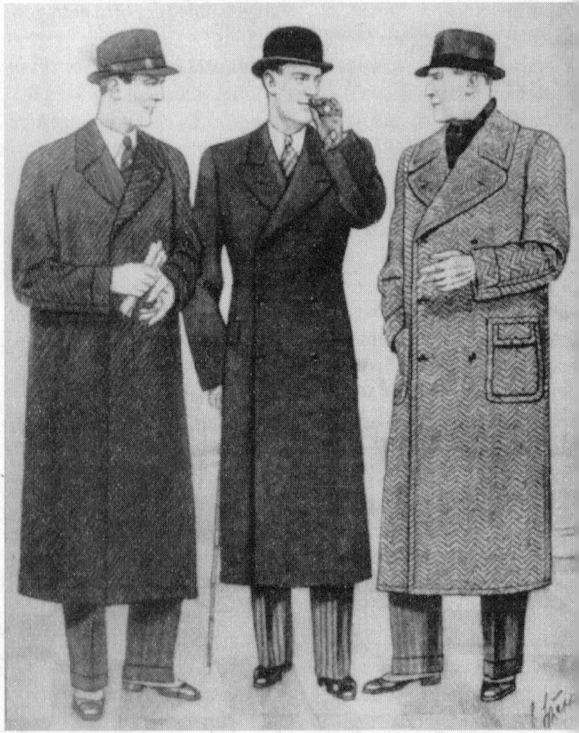

Abb. 95: Mantel. – Einreihiger Raglan mit blindem Verschluss (verdeckte Knopfleiste) und steilen Leistentaschen (links), Ulsterpaletot (Mitte) und Ulster mit aufgesetzten Taschen (rechts). 1930er Jahre.

→ Sagum, → Schlüpfer, → Slipon, → Tassel-M., → Trenchcoat, → Ulster. [s. Abb. 135]

Mantelet, *das* (frz., ›Mäntelchen‹), kurzer Damenumhang; im 18. Jh. mit → Kapuze, vorn am Halsausschnitt lose zusammengebunden; in charakteristischer Form Mitte des 19. Jh. modern, vorn mit langen, schalartigen Enden; aus div., nicht zu schwerem Material, an den Kanten Spitzenbesatz, → Rüschen, evtl. mit Pelz für den Winter, dann als rundum bedeckender, etwa oberschenkellanger Umhang, gelegtl. auch mantelartig mit Ärmeln, aus wärmenden Stoffen; in Mode bis gegen Ende 19. Jh., dann auch im Rücken tailliert.

Mantelkleid, Mittelding zwischen Mantel und Kleid; eine seit hist. Zeiten verwendete Bekleidungsform (z. B. → Manteau, → Ropa, evtl. → Redingote); Formen lassen sich meist kaum von einem Mantel bzw. einem Kleid unterscheiden; im 20. Jh. beliebt als Allzweckkleidungsstück während des 1. Weltkrieges, seitdem zuweilen in der Mode unter dieser Bez. auftauchend.

Mantilla, *die* (span.), schwarzer, auch weißer Spitzenschleier span. Frauen, Kopf und Schultern bedeckend, zur Festtagstracht bzw. zum Kirchgang getragen; Verkleinerung eines Körper und Kopf bis auf die Augen verhüllenden großen Tuches (span. *manto* oder *mantón*), oriental. Ursprung, seit Ende 16. Jh.; ab dem 18. Jh. auch über einem hohen Schildpattkamm getragen.

Mantille, *die* (frz./span.), Umschlagtuch, vielfach aus schwarzer Spitze, auch kleiner Umhang, 17./18. Jh.; im 19. Jh. auch aus festerem Material (Seide, Samt, Tuch usw.) in unterschiedlichen Umhangformen, bes. beliebt in der Biedermeierzeit und zu Krinolinenkleidern (→ Krinoline).

Marine-Stil, meist blauweiße → Freizeit- und Sportkleidung; erstmals hochmodern in den 1880er Jahren; für Herren in der Art von Marineoffiziersuniformen: dunkelblaue Jacke bzw. → Blazer mit Goldknöpfen, weiße Hose, Schirmmütze; div. Abwandlungen, bes. für

Damen, auch in Anlehnung an die → Matrosenkleidung der Kinder; bis heute gerne als Sommerkleidung getragen.

Marinière, *die* (frz. *à la marinière* ›nach Seemannsart‹), Kragen- und Ausschnittgestaltung in Anlehnung an die Matrosenbluse: vorn ein kurzer, häufig doppelreihig geknöpfter Einsatz, breiter Kragen; Bez. gilt auch für davon abgewandelte Kragen- und Ausschnittformen; Begriff ist übergegangen auf ein Hemd bzw. eine Bluse in Schlupfform, locker geschnitten; häufig marinemäßig gestreift; um 1947/48 aus den USA zuerst für Herren, später für Damen in Mode gekommen.

Martingale, *die* (frz./span.). **1.** Auch *Martingal,* → Rückengurt oder ähnl. (z. B. Kette). **2.** Latzartiges Stoffstück zwischen den Beinen, am Gürtel mit Knöpfen und Bändern zu befestigen; um 1500.

Maschenware, allg. Bez. für textile Gebilde aus zu Maschen ineinandergeschlungenen Fadenschlaufen. **1.** Handgefertigte M.: a) Häkeln: Mit einer Hakennadel (Häkelnadel) wird eine einzelne Masche aus der vorigen gebildet, in jeweils der nächsten Masche der unteren Reihe verankert; b) Stricken: Mehrere Maschen werden auf einer Stricknadel in horizontaler Reihe gebildet: Mit einer zweiten Nadel wird beim nächsten Fertigungsdurchgang aus jeder Masche eine neue gebildet und auf die zweite Nadel übertragen. Hist. Fragmente von M., z. B. aus Vorderasien, werden in das 2./3. Jh. n. Chr. datiert. **2.** Maschinell hergestellte M. → Strick- und Wirkware.

Matelot(e), *die* (von frz. *à la matelote* ›nach Matrosenart‹), Kleidungsstücke nach Matrosenart. **1.** Weitgeschnittene Hose von Seefahrern und Fischern. **2.** Hose, ab Kniehöhe nach unten leicht glockig fallende Beine, aus der → Matrosenkleidung in die aktuelle Mode zwischen 1820 und 1850 als Hose »à la matelote« eingegangen. **3.** Matelot (auch → Canotier): nach Mitte des 19. Jh. zuerst Kinderhut zur → Matrosenkleidung, später auch Damen- und Herrenhut; → Boater. [Abb. 34]

Matinée, *die* (frz., ›Morgenrock, -jacke, -kleid‹), Morgenjacke, meist aus Samt mit Pelzbesatz; typ. Kleidungsstück der niederl. Bürgersfrau, 1. Hälfte 17. Jh., aktuell bis Anfang 20. Jh.; im 19. Jh. Bez. für elegante Morgenröcke und -kleider.

Matrosenkleidung, Kleidung nach Art der Matrosen: Anfänge der typ. Kleidung bereits im Altertum, lange, weite Hosen seit dem 15. Jh.; im 18. Jh. Herausbildung der Farben Blau und Weiß; in den 1760er Jahren in England aus der M. Anregungen zur Reform der Knabenkleidung, bald auch auf dem Kontinent; ebenso war der → Pantalon z. Z. der Französischen Revolution der M. entnommen: knöchellang, mit vorne geknöpftem Latz; M. wurde um die Mitte des 19. Jh. in England für Jungen populär, setzte sich in Deutschland mit der Reichsgründung 1871 und der Formierung der Marine durch: üblich als Matrosenbluse mit großem, rechteckigem Kragen, meist mit drei Zierstreifen; lange, später knielange Hose; geknotetes Halstuch; typ. in Blau/Weiß; ähnl. für Mädchen mit Faltenrock; ab 1890 als Anzug aus → Maschenware von der Firma Bleyle weiteste Verbreitung; die M. war für Jungen bis in die 30er Jahre obligatorisch, galt als Kleidung der Kindheit schlechthin.

Maxi(mode), Kleider und bes. Mäntel in Knöchellänge, um 1970 als Nachfolger der → Mini-Mode angeboten, setzten sich jedoch nicht durch; maxilange Mäntel wurden gern in der Kombination mit Miniröcken getragen.

Medicikragen, hinten hochstehender, abgesteifter Spitzenkragen, vorne ins Dekolleté übergehend; in Falten gelegt oder glatt; spätere Bez. nach Maria de Medici, in deren Umkreis aufgekommen; in Italien und Frankreich Ende 16. / Anfang 17. Jh. getragen, als alternative Kragenform zur zeitgleichen span. → Halskrause anzusehen; ähnl. an frz. Hofkleidern und evtl. Ballkleidern im frühen 19. Jh.

Melone → Bowler.

Merveilleuse, *die* (frz., die ›Wunderbare‹), allg. Bez. für eine Modenärrin der Zeit zwischen 1795 und 1800 und um 1815, in ihrer übertriebenen Kleidung der gängigen Mode bes. in Karikaturen von Horace Vernet (1789–1863) dargestellt, häufig zusammen mit der entsprechenden männlichen Figur, dem → Incroyable. [Abb. 32]

Messjackett (nach der Bez. »Messe«: Speise- und Aufenthaltsraum der Marineoffiziere und -mannschaften), etwa taillenkurzes Jackett, im Schnitt ähnl. dem → Frack, jedoch schoßlos; urspr. Gesellschaftskleidung brit. Marineoffiziere auf See, nach 1930 bis in die 50er Jahre in der Zivilkleidung üblich, auch als Ersatz für den → Smoking; mit → Schal- oder Reverskragen, Weste oder → Kummerbund getragen, zu dunklen Hosen, evtl. mit → Galons; ab Mitte der 80er Jahre, leicht abgewandelt, einige Zeit wieder aktuell.

Midi(mode), Kleider, Röcke und Mäntel in wadenumspielender Länge; noch während der Zeit der → Mini-Mode erstmals 1966 vorgeschlagen, aber zunächst nur als Mantellänge akzeptiert; 1970/71 häufig in Form von vorn geknöpften Röcken, die nach Geschmack geöffnet werden konnten (engl.: *slitlook* ›Schlitz-Look‹): von jungen Mädchen auch gern über den kurzen, auf diese Weise sichtbaren → Hot pants angezogen; als Rocklänge um 1973 im Zuge der Nostalgie-Welle endgültig durchgesetzt.

Mieder (von mhd. *muoder* ›Bauch, Leib‹, von der Bez. des Körperteils später übergehend auf ein den Körper umschließendes Kleidungsstück, vgl. → Leibchen), als Oberbekleidung: veralt. Bez. für das anliegende, oft auch versteifte Kleidoberteil, noch üblich für den entspr. Teil bei Trachten; als Unterkleidung: bis ins 18. Jh. gleichbedeutend mit → Korsett, im 19. Jh. eher Bez. für ein leichteres, korsettartiges Kleidungsstück, so zuweilen noch heute; im 20. Jh. für sämtliche formenden und stützenden Unterkleidungsstücke gültig. [Abb. 53]

Mikrofaserstoffe, Stoffe aus mikrofeinen Chemiefasern, überwiegend → Polyamid oder → Polyester: Die aus der Spinndüse austretenden Endlosfasern (Filamente) sind um ein Vielfaches feiner als Fäden von Seidenraupen. Stoffe haben eine sehr dichte, feine Struktur, die keine Wassertropfen von außen durchlässt; klimatisierende Wirkung, hervorragend für Sportkleidung; → Klimastoffe.

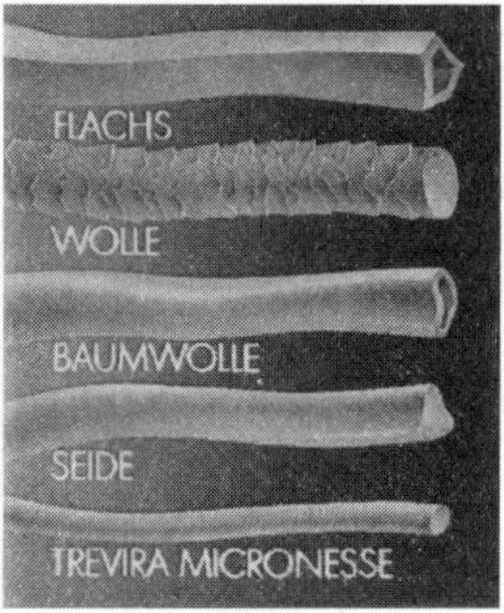

Abb. 96: Mikrofeiner Trevira Micronesse (Wz.).

Military-Look, Kleidung in Anlehnung an den strengen Stil von Militäruniformen mit typ. Merkmalen: breite und betonte Schultern mit → Passen, → Schulterklappen, außerdem → Ärmelspangen, Gürtel, Metallknöpfe usw., oft in den klassischen Militärfarben graugrün bzw. olivfarben; für Herren und Damen, z. B. der → Trenchcoat; auch orig. aus Restbeständen der Armee, als alternative Mode haupts. von jungen Männern getragen.

Mille-Fleurs (frz., ›tausend Blumen‹), allg. Bez. für ein sehr kleines Blütenmuster, dicht über die Fläche verstreut (Streublumenmuster); gedruckt oder gewebt als → Jacquard; beliebt für Biedermeierkleider um 1830; typ. für Liberty-Stoffe, → Liberty.

Mini-Mode, oberschenkelkurze Kleider und Röcke; Normlänge: 50–55 cm zwischen Taille und Saum, bzw. mindestens 10 cm über dem Knie; typ.: → Hänger mit kleinen Arm- und kragenlosen Halsausschnitten; Begründerin der M.-M.: Mary Quant (* 1934), London; erste Mini-Kleider um 1959, durchgesetzt Anfang der 60er, extrem kurz ab der 2. Hälfte der 60er Jahre, mit Unterbrechung um 1971 bis Sommer 1973; um 1964 in hohem Maße von André Courrèges (* 1923) in Haute-Couture-Modellen umgesetzt; M.-M. gilt als Ausdruck ihrer Zeit; Anfang der 80er Jahre und nach 2000 wieder bei einigen Designern zu sehen.

Mi-parti, *das* (frz., ›halb geteilt‹), Kleidungsstücke, vor allem Beinbekleidungen, die auf der linken und rechten Körperseite unterschiedliche Farben, aber auch Muster, evtl. einen unterschiedlichen Schnitt aufweisen; Verwendung der Farben, vermutl. auch in den Kombinationen untereinander, im Mittelalter von symbolischer Bedeutung; zunächst von jungen Edelleuten getragen, zuletzt noch von Landsknechten in Verbindung mit der → Schlitzmode, bis heute Narrenkostüm; erste Ansätze vor dem 12. Jh., Hochblüte Ende 15., auslaufend Ende 16. Jh.

Mitaine, *die* (von altfrz. *mite* ›Katze‹), fingerloser Handschuh; bis ins 19. Jh. auch »Klapphandschuh« mit Klappen auf der Oberseite

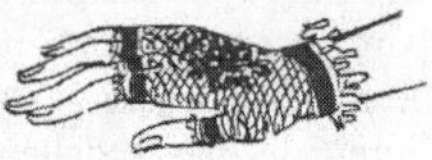

Abb. 97: Mitaine, engl., 1850.

der Finger; ursp. Arbeitshandschuh; modisches Accessoire für Damen als Halbhandschuh ohne Finger ab etwa 1500 bis 18. Jh., mit Fingeransatz bis 19. Jh., gern filigran gearbeitet.

Mohair (arab./engl.; auch *Mohär*), Haar der Angoraziege; fein, lang und glänzend; verarbeitet zu → Kammgarn; so bezeichnete Stoffe sind meist Mischgewebe, bes. häufig Wolle mit M.; außer für Oberbekleidung gern für Schals und Mützen; Angoraziegen: seit dem 12. Jh. im Gebiet um Angora (heute: Ankara) nachzuweisen.

Moiré (frz.), ripsbindiges (→ Rips), quergeripptes Gewebe, mit wasserlinien- oder wolkenartiger Lichtreflexmusterung; urspr. durch leicht schräges Aufeinanderklappen und Zusammenpressen zweier Stoffoberflächen hergestellt: Liegen zwei Rippen exakt übereinander, bildet sich durch gegenseitige Prägung eine Glanzstelle (echter M.). Musterung wird heute meist auf einem M.-Kalander (Maschine mit gegenläufigen Walzen) eingeprägt (unechter M.); beliebt für repräsentative → Gesellschaftskleidung: als »Moiré antique« für Ballkleider, Mitte 19. Jh.; im 20. Jh. z. B. als → Spiegel an → Frack und → Smoking; urspr. aus Seide, heute aus → Acetat.

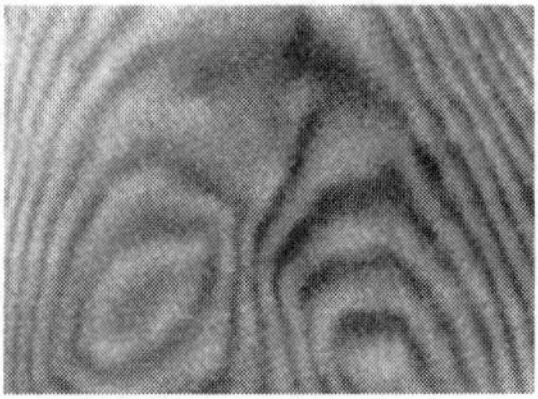

Abb. 98: Moiré.

Mokassin, *der* (indian.), typ. Schuh nordamerik. Indianer: aus weichem Leder, den Fuß ganz umhüllend, absatzlos; auch mit fellbesetztem Rand an der Einschlupföffnung oder Lederfransen

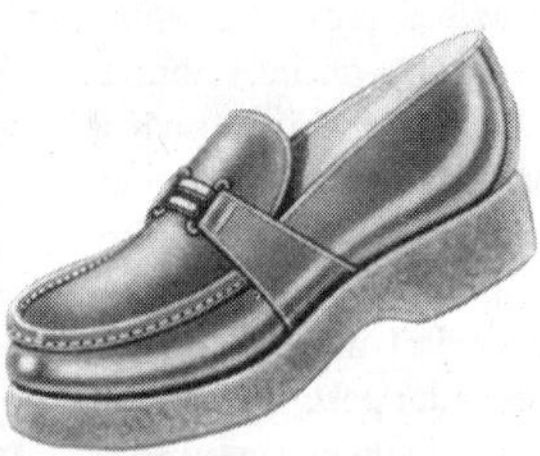

Abb. 99: Mokassin. Um 1955.

und/oder besticktem Vorderblatt; in den 1930er Jahren in die Herrenmode eingegangen, jedoch in fester Form als Schnürschuh bzw. später zum Hineinschlüpfen als Slipper, gern mit → Kreppsohle; hatte großen Einfluss auf die Schuhmode; auch von Frauen getragen.

Morgenmantel, Morgenrock, bequemer Mantel von großzügigem Schnitt, geknöpft oder gewickelt, vielfach mit → Schalkragen, Kanteneinfassung oder → Paspeln, mit → Wattierung und gesteppt (→ Steppkleidung), aus div. Materialien; für Frauen bis in die 1950er Jahre fußlang, für Männer wadenlang, heute variabel; bes. Bedeutung nach Mitte des 17. und im 18. Jh. als Hauskleidung, bis ins 19. Jh. für Herren eher »Schlafrock« genannt: häufig ausgeprägt elegant, auch mit oriental. oder exotischem Einschlag (→ Kaftan, → Kimono); seit den 1920er Jahren als → Dressing-gown wieder exklusiver Morgen- und Hausmantel für den Herrn, seit den 50er Jahren vielfach durch den Bademantel ersetzt.

Muff, *der* (von mlat. *muffula* ›Pelzhandschuh‹), röhrenförmige Hülle zum Hineinschlüpfen mit den Händen; meist aus Pelz, aber auch Stoff (Samt, Seide, bestickt), Federn usw.; auch als Zierstück außerhalb seiner eigtl. Zweckbestimmung mitgeführt; nachgewiesen seit Anfang des 16. Jh. in meist bürgerlichen Kreisen, beliebt im 17. Jh., nach Mitte des Jh. auch bei Herren, bis ins 18. Jh. zunehmend modisches Beiwerk der Oberschicht; Ende 18. / Anfang 19. Jh. sowie Anfang 20. Jh. bes. groß, bis in die 50er Jahre aktuell, dann nur noch gelegtl. zu sehen; vielfach mit eingearbeiteter Tasche.

Muffe, *die* (von mlat. *muffula* ›Pelzhandschuh‹), Verlängerung und trichterförmige Erweiterung des unteren (engen) Ärmels bis über das Handgelenk oder die Fingerspitzen hinaus, urspr. wohl Haltemöglichkeit des Ärmels beim Anziehen eines Oberteils; etwa 1370–1400 und nochmals gegen Ende des 15. / Anfang des 16. Jh. an Männerkleidung; auch separat als Kälteschutz angenestelt.

Mufftasche → Schubtasche.

Mühlsteinkragen, auch *Mühlsteinkrause*, überdimensionierte, etwa schulterbreite, steife → Halskrause; aktuell ab Ende 16. Jh. bis um 1630; darüber hinaus als Spätform bes. in der niederl. Damenmode.

Musselin, nach der Stadt Mossul (heute Mosul) am Tigris; sehr feines, leichtes und weiches Gewebe aus Wolle oder Baumwolle, in → Leinwandbindung; aus weißem Baumwollstoff typ. für die → Chemisenkleider um 1800, auch in Mode als Material für Sommerkleider um 1850, weil bes. geeignet zur Herstellung der beliebten → Rüschen und → Volants; häufig bedruckt.

Mütze (von mlat. *almutium*, *almutia*), weiche, krempenbzw. meist schirmlose Kopfbedeckung; im Mittelalter zunächst ein Schulter und Kopf verhüllendes Stück Stoff oder ein Umhang, auch aus Pelz oder pelzgefüttert, bes. von Geistlichen getragen; → Kappe.

N

Nachthemd, langes oder kurzes, hemd- bis kleidartiges Wäschestück; ab dem späten Mittelalter benutzte man – wenn überhaupt – nachts das tagsüber getragene Hemd, dazu ab dem 18. Jh. bei Kälte eine Nachtjacke. Als einfaches, langes Nachtgewand im 19. Jh. üblich geworden, ab 1870/80 für Frauen auch in aufwendigerer Ausstattung (Rüschen, Stickerei); in den 1920er Jahren, entspr. der Kleidermode, aktuell als kurzer → Hänger, ab 1956 mit passender Hose als → Baby-Doll; das Herren-N. wurde seit Ende 19. Jh. vom → Pyjama abgelöst, allerdings seit den 1980er Jahren wieder angeboten.

Nackte Mode, Bez. für die antikisierenden → Chemisenkleider (→ Grecque, Mode à la) aus durchsichtigen Stoffen, die über fleischfarbenen Trikots getragen wurden. Etwa Mitte der 1790er Jahre bis gegen 1810; Bez. gilt auch für die oft in Schnitt und Stoffauswahl ähnl. extravaganten, den Körper wenig verhüllenden Kleider zwischen 1908 und 1913.

Nadelstreifen, »klassisches« Webmuster aus feinen Streifen, in regelmäßigem Abstand von wenigen Millimetern bis zu etwa zwei Zentimetern zueinander; meist helle Streifen auf dunklem Grund, auch umgekehrt; bes. für Herrenanzüge, diese oft nach der Musterung benannt; üblich seit der 2. Hälfte des 19. Jh.

Nanking, urspr. festes Gewebe in → Leinwandbindung, aus chines. Baumwolle in natürlicher gelb-brauner Tönung; heute auch gefärbt, auch aus → Viskose u. ä.; typ. Material für die → Röhrenhosen Ende 18. / Anfang 19. Jh.; heute auch in Köperbindung (→ Köper), z. B. für → Jeans; Bez. nach der gleichnamigen chines. Stadt.

Nappaleder, glattes, weiches Leder, durchgefärbt, meist waschbar; bes. beliebt für Taschen und Kleidung, diese vor allem in Schwarz; Lederjacken, seit Anfang des 20. Jh. symbolhafte Kleidung als Ausdruck für Kühnheit, Männlichkeit bis hin zu anarchistischer Gesinnung, sind seit ihrem modischen Höhepunkt in den 80er Jahren als N.-Jacken, kombiniert mit N.-Hosen, N.-Röcken u. ä. »salonreif«.

Nationaltrachten → Tracht.

Naturfasern → Baumwolle, → Leinen (bzw. → Flachs); → Seide, → Wolle; Ggs. → Chemiefasern.

Neckholder, *der* (engl., ›Nackenhalter‹), hinten und vorne tief ausgeschnittenes Kleid oder Oberteil mit angesetzten bzw. angeschnittenen Trägern, die im Nacken zusammengefügt sind oder dort gebunden werden und dadurch das Kleidungsstück halten; bes. aktuell an sommerlichen und festlichen Kleidern um 1970.

Negligé, *das* (von frz. *négliger* ›vernachlässigen‹; auch *Déshabillé*), bequeme, jedoch elegante Morgen- und Hauskleidung; in der 2. Hälfte des 17. und im 18. Jh. auch Reisekleidung, darüber hinaus im weitesten Sinne jede Kleidung für den privaten, inoffiziellen Bereich, d. h. bei Hofe im Ggs. zur → Grande parure: für Frauen vor allem die locker geschnittenen, dennoch über Korsett und Reifrock getragenen Kleider in der Art der → Adrienne; gegen Ende des 18. Jh. übereinstimmend mit der nun modischen, bürgerlichen Kleidung (→ Caraco, → Frack); im Laufe des 19. Jh. wieder Bez. für elegante Haus- und Morgenkleidung, heute für einen zur Damennachtwäsche passenden, sehr leichten und meist transparenten, mantelartigen Überwurf.

Nessel (auch *Rohnessel*), uni-naturfarbene, d. h. ungebleichte und ungefärbte Baumwollgewebe in → Leinwandbindung; urspr. Gewebe aus Fasern einer Brennnesselart, in Mitteleuropa im 18. Jh. von der → Baumwolle verdrängt; Grundmaterial verschiedener Stoffe, → Batist, → Kattun.

Nestel, *die* (ahd., mhd.; veralt.), Schnur, Riemen oder Band zum Verbinden zweier Kleidungsstücke oder -teile, auch in schmückender Funktion; im Mittelalter zum Befestigen des Strumpfes oder Beinlings am Gürtel der → Bruch bzw. am → Wams; weiterhin z. B. als

Kleiderverschluss, zum Anbringen loser Ärmel u. ä., bis etwa Mitte 17. Jh.; vielfach mit versteifter Spitze aus Metall, bei heutigen Schnürsenkeln – ebenfalls Nesteln – aus Kunststoff.

New-Edwardian-Style, von England ausgehender Kleidungsstil, Rückgriff auf den → Edwardian-Style, Ende 19. / Anfang 20. Jh.; mit ähnl. Silhouette: korrekte, relativ hochgeschlossene Anzüge, → Einreiher mit Weste, schmale Hose, Stecktuch, Krawattennadel, → Melone; parodiert von den → Teddy-Boys; bes. im Detail (Accessoires) in der allg. Herrenmode nachwirkend; Anfang der 1950er Jahre.

New Look, *der* (engl./amerik., ›Neues Aussehen‹), Stil in der Damenmode, betont weiblich: schmale, runde Schultern, enge Taille (→ Guêpière), Büsten- und Hüftbetonung, Röcke weit und etwa wadenlang; trotz zunächst auch kritischer Stimmen (z. B. wegen der Verarbeitung aufwendiger Stoffe in großen Mengen) außerordentlich erfolgreich, anzusehen als Reaktion auf die Entbehrungen im 2. Weltkrieg, Neubeginn der Pariser Haute Couture; auf gestalterischen Grundlagen der späten 30er / frühen 40er Jahre basierend; Beginn mit der ersten kompletten Kollektion des Couturiers Christian Dior (1905–1957) am 12. Februar 1947; bis Mitte der 50er Jahre tonangebend; in charakteristischer Form vor allem von Dior, Jacques Fath (1912–1954) und Pierre Balmain (1914–1982) begründet und weiterentwickelt.

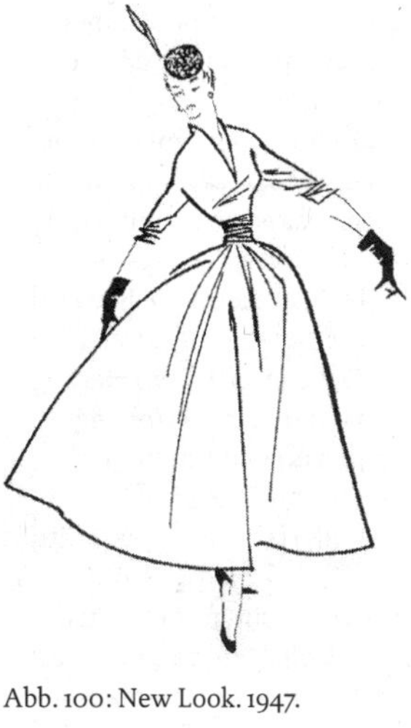

Abb. 100: New Look. 1947.

Nicky, *der*, Bez. für einen gewirkten → Plüsch und ebenso für einen daraus gefertigten Pullover; urspr. (1938) geschütztes Markenzeichen des Mailänder Textilfabrikanten N. Chini; bes. beliebt in den 50er/60er Jahren, auch für Kinderpullover.

Nikituch, kleines Vierecktuch; beliebtes Halstuch junger Leute in den 1950er Jahren; modisches Accessoire für Damen, bes. 1970er/80er Jahre.

Nixenschleppe, schmale, mehr oder weniger spitz zulaufende Schleppe an Abendkleidern um 1913 und in den 30er Jahren.

Norfolk, *der* (engl.), sportliche Anzugjacke, hinten und vorne Falten ab Schulter oder → Sattel bzw. → Passe bis Taille oder Saum, → Blasebalgtaschen und Stoffgürtel; als N.-Jackett (nach dem Herzog von N.) in der 2. Hälfte des 19. Jh. aufgekommen; nach dem 1. Weltkrieg auch mit → Kellerfalte in Rückenmitte (→ Golffalte); div. Sattel- und Taschenformen; meist rustikale Wollstoffe und obligatorisch mit → Knickerbocker getragen; in den 50er Jahren nochmals sehr modern durch seinen prominenten Träger, Philip Herzog von Edinburgh (* 1921); auch von Frauen als Sportkleidung genutzt, erstmals angeblich in den 1890er Jahren.

Norwegeranzug, aus Norwegen stammender dunkelblauer Tuchanzug für Skifahrer: etwa hüftlange Jacke mit Bund, knöchellange → Überfallhose (auch Norweger- oder Kristianiahose, nach dem alten Namen von Oslo), Schirmmütze; die Überfallhose wurde durch Einfluss der bei der Winterolympiade 1936 getragenen Sportkleidung bald von der → Keilhose abgelöst, die Jacke durch den → Anorak ersetzt.

Nuschenmantel, Umhang mit der Schnittform eines Kreissegmentes, auf der Brust mit einer Spange (»Nusche«) gehalten; löste den halbkreisförmigen → Tasselmantel ab; von Männern und Frauen getragen; 14. bis ins 15. Jh.

Nylon, allg. Bez. für eine Chemiefaser aus → Polyamid

(synthetische → Chemiefasern); urspr. Markenbez.; von dem amerik. Chemiker W. H. Carothers entwickelt, patentiert in den USA 1937, bald darauf industriell hergestellt; zunächst bes. für Damenstrümpfe und Unterwäsche; nach dem 2. Weltkrieg auch in Europa auf dem Markt; heute, außer für technische Produkte, für div. Textilien, auch als Beimischung.

O

Oben-ohne-Mode, busenfreie Badeanzüge, Sommerkleider usw.; in typ. Form gehalten von unterhalb der Brust am Kleidungsstück angebrachten Trägern; für die Sommersaison 1964 von dem amerik. Modedesigner Rudi Gernreich (1922–1985) vorgeschlagen, anschließend in einigen Modezentren zu sehen; mit nachhaltiger Wirkung auf die Damenmode, z. B. Einführung des oberteillosen Monokinis in den 70er Jahren.

Oberkleidung, Kleidungsstücke, die über der → Unterkleidung (nicht unbedingt Unterwäsche!) getragen werden, häufig repräsentative Kleidung, z. B. der → Manteau; über Oberkleid oder -rock wird, meist außerhalb des Hauses, die → Überkleidung getragen; Bez. jedoch nicht klar voneinander abzugrenzen.

Obi, *der* (japan.), die Taille und einen Teil des Oberkörpers umschließendes, breites und bis nahezu 10 m langes Band, über dem → Kimono getragen; in der Regel aus steifer Seide, hinten mit einer Schleife; mehr als 300 unterschiedliche Schleifen zeigen bei japan. Frauen die gesellschaftliche Stellung an; auch Gürtel im Judosport, dessen Farbe den Meisterschaftsgrad angibt.

Ölhaut, Ölzeug, leichtes Gewebe, häufig → Batist, wasserundurchlässig durch eine → Imprägnierung von Leinöl, transparent und in div. Farben, auch gemustert; für Regenmäntel beliebt in den 1930er bis 50er Jahren, klein zusammenfaltbar; Ölzeug für Seeleute usw.: in den 30er Jahren ein mehrfach mit Leinölfirnis getränktes Gewebe, dadurch schwer, aber reißfest, spätestens seit den 70er Jahren kunststoffbeschichtet.

Opanke, *die* (serb.), flacher Schuh: am Sohlenleder befestigte, mehr oder weniger miteinander verknüpfte Lederriemen, die meist um das Fußgelenk oder höher am Bein gebunden werden; urspr. wohl aus dem südslawischen Bereich; in abgewandelter

Form auch als Sommer- und Strandschuh für Damen.

Organdy, feines, durchsichtiges Baumwoll-, heute auch Chemiefasergewebe, durch spez. Veredelungsverfahren versteift; häufig pastellfarbig getönt bzw. gemustert; urspr. aus Ostindien, im 19. Jh. jedoch meist in Europa hergestellt: bes. modern für duftige Sommerkleider mit Rüschen und → Volants, Mitte 19. Jh.

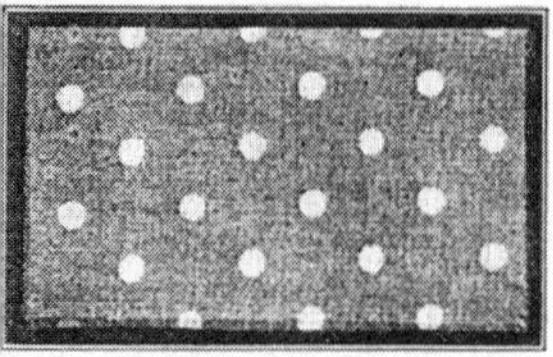

Abb. 101: Organdy mit Polkatupfen.

Organza, feines, dünnes, steifes Gewebe, ähnl. dem → Organdy, jedoch urspr. nur aus → Seide, und zwar aus nicht entbasteter, d. h. aus noch mit Seidenleim behafteten Fäden; O. aus Chemiefasern erhält eine entspr. Behandlung zur Versteifung des Gewebes.

Overall, *der* (engl., ›über alles‹), durchgehender Anzug; Oberteil und Hose in einem Stück geschnitten oder zusammengenäht, vielfach mit langem Vorderreißverschluss; in den USA aufgekommen; zunächst (um 1815) Bez. für einen Mantel oder Umhang, später für eine Hose bzw. einen Anzug, urspr. Arbeitskleidung; seit den 1920er/30er Jahren auch Freizeit- und Sportkleidung, bes. zum Skifahren; für Frauen in den 70er Jahren ausgehend von der → Haute Couture aktuell in der Tagesmode.

P

Pad, *das* (engl.), kleines Polster, unter Kleidern der → Englischen Mode, löste den → Reifrock ab; in den 1770er/80er Jahren auf Hüften und Gesäß getragen; um 1793 vorn in Taillenhöhe befestigt, dadurch Verschiebung der Taillenlinie nach oben (»Schwangerschaftsmode«).

Paenula, *die* (lat.), Überwurf als Reise- und Wettermantel, aus festem Wollstoff, evtl. Leder, häufig mit Kapuze; ovaler oder ellipsenförmiger Schnitt, vorn geschlossen, offen oder von unten bis in Brusthöhe geschlitzt; urspr. etrusk., in früher röm. Zeit bei einfachen Leuten üblich, später zunehmend auch Übergewand Höhergestellter; in byzant. Zeit vornehmer Frauenmantel, dabei in geänderter Trageweise die vordere Unterkante über eine Schulter geschlungen.

Pagodenärmel, etwa dreiviertellanger, am Oberarm anliegender, ab dem Ellbogen sich weit öffnender Ärmel; an Kleidern der 1850er Jahre, nochmals um 1870 modern; in ähnl. Form am → Manteau bes. in den 1690er Jahren, um 1700 am → Justaucorps (»à la Pagode«).

Paillette, *die* (frz., ›Flitter‹), glitzerndes, heute gestanztes und gelochtes Metall- bzw. Kunststoffplättchen zur Dekoration von festlicher Kleidung; als Gebilde aus zusammengerollten Drähten bereits für Stickereien im 17./18. Jh. verwendet; in neuerer Zeit in der modischen Kleidung bes. etwa 1900–30 und in den 50er/60er Jahren beliebt, jedoch immer wieder aufgegriffen, einzeln zum Aufsticken oder als Paillettenstoff; heute auch auf Pullovern und Shirts in der Tageskleidung.

Paisleymuster, Paisleyschal, oriental. Mustern nachempfundenes Dessin mit typ. Palmetten-Motiv, das wie ein an der Spitze eingerolltes Palmblatt wirkt. Bekannt vor allem durch → Kaschmirschals, die ab 1802 in der schott. Stadt Paisley meist in Baumwolle nachgeahmt wurden.

Palatine, *die* (von frz. *palatin* ›pfälzisch‹), Pelzkragen, auch in Samt- oder Spitzenausführung; 1676 durch die Herzogin von Orléans, ehemalige Prinzessin Liselotte von der Pfalz, in Frankreich in Mode gekommen; Bez. ging auch auf ein kragen- oder schalartiges Spitzentuch über, bereits seit 1. Hälfte 17. Jh. bekannt; ebenso auf div. teils schal-, teils kragenähnl. Formen um 1800 bis in die Biedermeierzeit.

Paletot, *der* (frz.), »klassischer« Überzieher, aufgekommen um 1836: kurz und durchgehend geschnitten, mit Revers; Ende 19. Jh. Herausbildung der noch gültigen Form: mehr oder weniger tailliert, meist zweireihig, steigendes → Revers, häufig → Pattentaschen; hochelegant auch mit Samtkragen; seit etwa 1900 mit Taillennaht auch als Gehrock-P. (→ Gehrock), seit den 30er Jahren mit evtl. hoch zu schließendem Revers als Ulster-P. (→ Ulster), mit Rückengurt → »Guardscoat« genannt; für Frauen ab Mitte 19. Jh. Bez. für einen Umhang, aber auch für div.

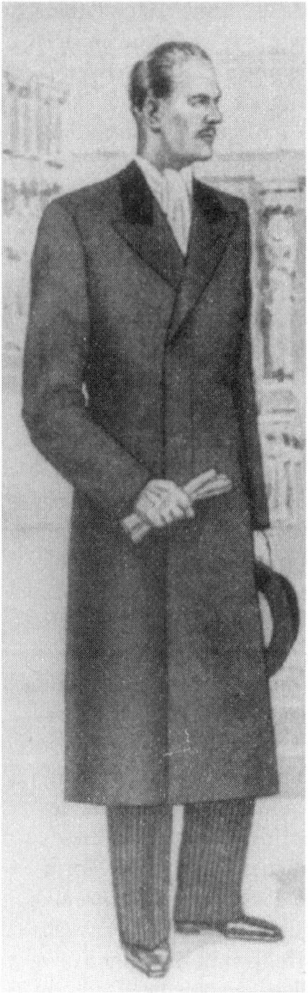

Abb. 102: Paletot mit Samtkragen. 1930er Jahre.

Mantelformen ohne Taillennaht, sowie als Kostümjacke; heute durchweg dreiviertellang.

Palla, *die* (lat.), rechteckiges Stoffstück, von Frauen der röm. Antike als Obergewand getragen; meist aus feiner Wolle in div. vielfach roten und blauen Farbtönen; griech. Gewändern sehr ähnl., div. Trageformen, z. B. in der Art der → Chlamys oder des → Himation, auch über den Kopf gelegt.

Pallium, *das* (lat.), röm. Übergewand im Sinne eines Mantels, rechteckige Schnittform, dem griech. → Himation entsprechend; löste die → Toga ab; späte röm. Kaiserzeit; typ. Gelehrten- bzw. Philosophentracht, Kleidung der frühen Christen, daher übliche Gewandung auf Christus- und Aposteldarstellungen bis ins 13. Jh.; im 6. Jh. in erheblicher Verkleinerung der urspr. Form in das liturgische Ornat eingegangen: nun breiter Webstreifen mit Kreuzmotiv, über oder um die Schultern führend, vorne und hinten in einen einzelnen herabhängenden Webstreifen mündend; Insignium von Päpsten und Erzbischöfen.

Paltrock → Faltrock.

Paludamentum, *das* (lat.), meist purpurfarbener, mantelartiger Umhang des Feldherrn, auf der rechten Schulter mit einer → Fibel gehalten; rechteckig, im Unterschied zum → Sagum des einfachen Soldaten jedoch größer; außerhalb der Stadt getragen; aktuell während der röm. Kaiserzeit, jedoch ab etwa Mitte des 2. Jh. nach seiner urspr. Form meist → Chlamys genannt; in längerer Form und abgerundet, somit von halbkreisförmigem Schnitt, in das Herrscher- bzw. spätere Krönungsornat, bes. das byzant., eingegangen.

Panama, *der.* **1.** Sommerlicher Herrenhut aus getrockneten, verflochtenen Palmblättern, mit mehr oder weniger breiter Krempe, häufig gemustertem Schmuckband; benannt nach dem Verschiffungsort Panama; in den 1820er Jahren aufgekommen, um 1900 zur sommerlichen Freizeitkleidung, aber auch zum

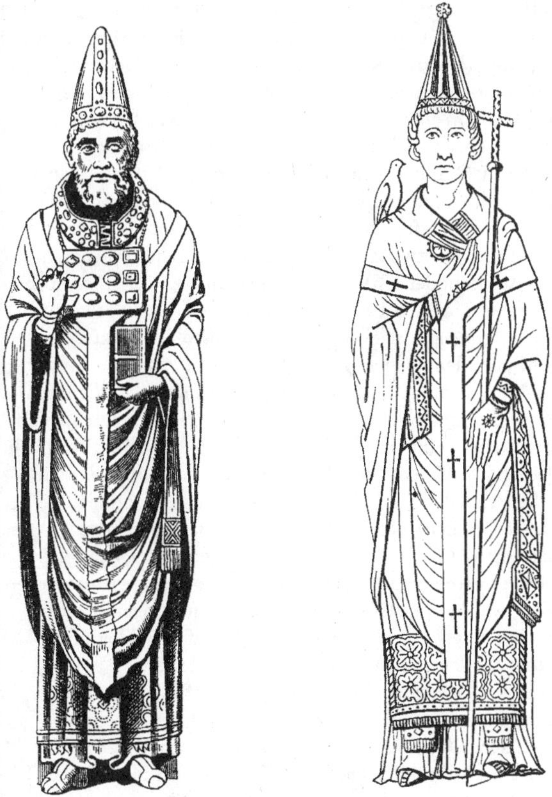

Abb. 103: Pallium. – Pontifikalkleidung der Päpste. 1. Hälfte 13. Jh.

→ Frack getragen. **2.** Gewebe in Panamabindung: Mehrere nebeneinanderliegende Fäden sind gleichzeitig in → Leinwandbindung miteinander verkreuzt, ergibt ein Gewebebild mit kleingewürfeltem Muster.

Panier, *das* (frz., ›Korb‹), Reifrockgestell in Form und Konstruktion eines Korbs; etwa fünf nach oben kleinere Reifen aus Walfischbein, durch Baumwoll-, Leinen- oder Seidenstoff miteinander verbunden; ab etwa 1718 in Frankreich modern; nach 1740 für die → Grande parure als *panier à coudes* seitl. bis in Höhe der Ellenbogen (frz. *coudes*) stark ausgepolstert, dabei vorn und hinten flacher; um 1750 in der bürgerlichen Kleidung verkleinert und verkürzt auf das sog. halbe P. (→ Hänschen), oben mit Tascheneingriffen.

Pantalettes (fem., Pl.; frz./engl.), weiße lange Hosen, sichtbar unterhalb des Kleidersaums, für Damen und bes. Mädchen, → Pantalon(s); auch als separate, derartige Hosen vortäuschende, kurze Beinlinge zum Anknöpfen (auch *pantalets*), um 1800 bis etwa 1825, für Mädchen bis um 1850.

Pantalon, *der* (frz.), mindestens wadenlange, röhrenförmige Hose; Bez. nach der Figur des Pantalone der ital. Commedia dell'arte; hat seit Mitte 18. Jh. als Alternative zur → Kniehose Beachtung gefunden, z. B. ab den 70er Jahren in der engl. Kinderkleidung; Form nach den Hosen der Matrosen, daher auch »Matelot(e)« genannt; aktuell geworden durch die frz. Revolutionäre 1789; anfangs wadenlang, nach 1817 knöchellang, vielfach mit Steg unter der Fußsohle; in extremer Form hauteng aus → Trikotstoff; bis 1817 über die Taille hinausgehend; setzte sich im 1. Drittel des 19. Jh. allmählich durch; von Frauen als weiße lange Hose, unterhalb des Kleidersaums sichtbar, zwischen etwa 1795 und 1830 gelegtl. getragen, für Mädchen und kleine Jungen bis etwa 1850 häufige Bekleidung; → Pantalettes.

Pantoffel, *der* (von ital. *pantofla*), aus Sohle und Vorderkappe bestehendes Schuhwerk, hinten meist offen; aus dem pers. Altertum über Italien nach Mitteleuropa gekommen, im 15. Jh. verbreitet; im 16. Jh. mit dicker Korksohle; ab dem 17. Jh. obligatorisch mit Absatz;

Anfang des 18. Jh. von Frauen auch außerhalb des Hauses getragen: exklusive Fußbekleidung aus besticktem Leinen oder Seidenstoff, auch mit Schleifen, Schnallen usw.; für Männer eher ein bequemer, flacher Hausschuh, seit Ende des 18. Jh. auch für Damen in dieser Funktion, in einfacher bis luxuriöser Gestaltung.

Parallelo, *der*, Strickjacke oder Pullover, quergearbeitete → Maschenware, daher mit angestrickten Ärmeln; Taillenbund; bes. beliebt in den 1950er Jahren.

Parka, *der/die* (engl.), sportliche, etwa knielange Jacke von bequemem Schnitt: mit großen → Schubtaschen, Tunnelzug am unteren Rand, Kapuze; meist aus robustem Baumwollstoff, häufig mit herausnehmbarem Kunstpelzfutter; urspr. Leder-/Felljacke in nordpolaren Gebieten; in neuerer Zeit als Wetterkleidung für Soldaten, daher typ. in Olivgrün; in den 1960er Jahren orig. von vorwiegend jungen Leuten als Zivilkleidung getragen und damit in Mode gekommen.

Paspel, *die* (von frz. *passepoil*), schmaler, schmückender Vorstoß (→ Biese) an Kanten und zwischen Teilungsnähten; vor allem an Ausschnittkanten auch gleichzeitig zur Stabilisierung der Form.

Paspeltasche, eingearbeitete Tasche: Etwa 0,5–1 cm breiter, vorstehender, doppelt gelegter Stoffstreifen wird mit dem Tascheneingriff verstürzt und dient in erster Linie zur Versäuberung und Versteifung des Eingriffs; mit zwei gegeneinander gearbeiteten Paspeln: Doppelpaspeltasche (ähnl.: Paspelknopfloch); auch mit zusätzlich eingeschobener

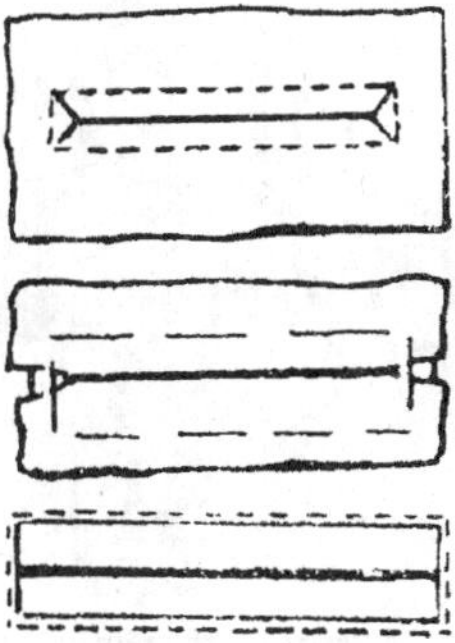

Abb. 104: Paspelknopfloch.

→ Patte, vor allem am → Sakko. [Abb. 130 d]

Passe, *die*, glattes, im Schulterbereich ein- bzw. angesetztes Schnittteil, an das Vorder- bzw. Rückteil in Kräuseln, Falten oder glatt angenäht; erspart, von der Konstruktion her, hinten den Schulter-, vorne den Brustabnäher; in div. Gestaltung; → Schwedenpasse.

Patchwork, *das* (engl./amerik., ›Flickwerk‹), meist in dekorativer Absicht zusammengesetzte Fläche aus kleinen Stoff- oder Lederteilen unterschiedlicher Farbe und Musterung; von alters her vermutl. in allen Kulturen ausgeübt, bes. berühmt als traditionelles Kunsthandwerk nordamerik. Siedlerfrauen im 18./19. Jh.; modern an Kleidungsstücken in den 1960er Jahren, bes. für Kleider im → Gipsylook; Bez. gilt auch für Stoffe mit einem solchen Druckdessin.

Patte, *die*, in der Schneiderei: Klappe an einer Tasche.

Pattentasche, auch *Klappentasche*, eingearbeitete oder aufgesetzte Tasche mit einer Klappe über dem Eingriff. [s. Abb. 134 c]

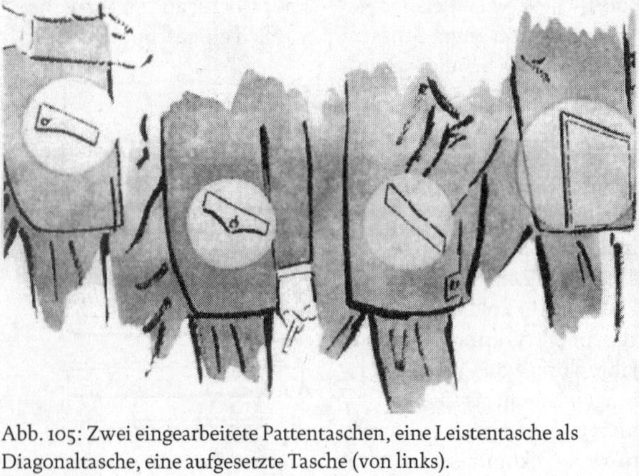

Abb. 105: Zwei eingearbeitete Pattentaschen, eine Leistentasche als Diagonaltasche, eine aufgesetzte Tasche (von links).

Peignoir, *der* (frz.), Pudermantel, -jacke oder → Frisierumhang u. ä. zum Schutz der Kleidung gegen den Haarpuder, 18. Jh., Teil der Hauskleidung.

Pelerine, *die* (von frz. *pèlerin* ›Pilger‹), loser Umhang; spätestens ab dem 17. Jh. schulterbedeckend von Pilgern und Wanderern getragen, danach in div. Formen vielfach in der Mode zu finden; Ende 18. Jh. als großer Schulterkragen am → Carrick; typ. in langer Form als Mantelersatz von Frauen und Männern bes. in der 1. Hälfte des 19. Jh. getragen, ab der 2. Hälfte des Jh. häufig taillen- oder hüftlang an

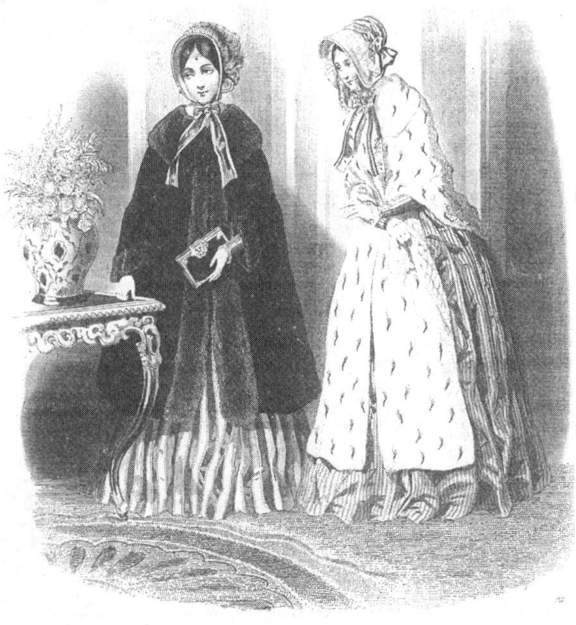

Abb. 106: Pelisse (links), um 1845.

Herrenmänteln mit und ohne Ärmel (z. B. → Havelock, → Inverness); auch mit zusätzlichem Schulterkragen; um Mitte des 20. Jh. Bez. für einen Regenschutzumhang.

Pelisse, *die* (von lat. *pellicius* o. *pelliceus* ›aus Haut gemacht‹, übergegangen auf dt. ›Pelz‹), mittelalt. pelzgefüttertes Gewand; im 18. Jh. Pelzfutter, ab der 2. Hälfte des Jh. bis ins späte 19. Jh. kürzeres cape- oder mantelartiges Übergewand für Damen, mit Pelzfutter oder -verbrämung, häufig großer Kragen, aus Samt oder Seide; gelegtl. auch von Kindern getragen. [Abb. 106]

Pepita, Bez. für ein Webmuster und das entsprechende Gewebe; sehr kleine Musterung mit Karos, die, bedingt durch spez. Farbwechsel in Kette und Schuss in Kombination mit einer bestimmten Bindung, diagonale Verbindungslinien aufweisen; meist kontrastreicher Positiv-/Negativeffekt, klassisch in Schwarz-Weiß und Blau-Weiß; Name angeblich nach einer span. Tänzerin; s. jedoch → Hahnentritt.

Peplos, *der* (griech.), Tuchstück, in der griech. Antike von Frauen als Schleier oder Umhang getragen; Bez. hat sich eingebürgert für ein Frauengewand aus Wolle, auf den Schultern mit Nadeln zusammengehalten. Offener, auch »lakonisch« oder »ionisch« genannter P.: rechteckiges Tuch, auf der rechten Seite offen, auch gegürtet; dorischer P.: seitl. zusammengenäht, eng gegürtet, auch gemustert; beide Formen auch mit einem an der oberen Kante umgeschlagenen Gewandteil (→ Apoptygma); bereits von Homer erwähnt; nach Mitte des 6. Jh. v. Chr. durch den

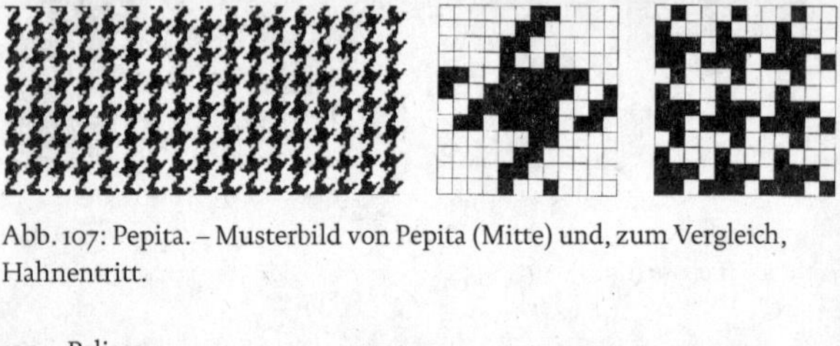

Abb. 107: Pepita. – Musterbild von Pepita (Mitte) und, zum Vergleich, Hahnentritt.

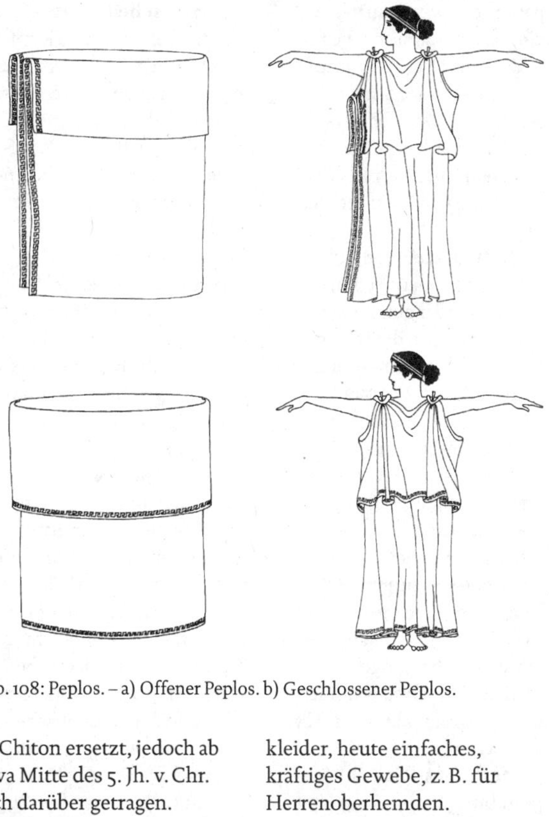

Abb. 108: Peplos. – a) Offener Peplos. b) Geschlossener Peplos.

→ Chiton ersetzt, jedoch ab etwa Mitte des 5. Jh. v. Chr. auch darüber getragen.

Perkal, Baumwollgewebe in → Leinwandbindung, meist bedruckt; urspr. aus Indien; gegen Ende des 18. Jh. feinfädige Qualität für Damenkleider, heute einfaches, kräftiges Gewebe, z. B. für Herrenoberhemden.

Perlon (Wz.), → Polyamidfaser (synthetische → Chemiefasern); Entwicklung des Chemikers Paul Schlack, 1938 in Deutschland patentiert, wenig später auf dem Markt; zunächst bes. geschätzt für Damenstrümpfe; Großproduktion im wesentlichen erst nach dem 2. Weltkrieg; heute für div. Textilien, auch gern als Beimischung sowie für technische Produkte.

Petticoat, *der* (engl.; urspr. altfrz. petite côte), urspr. Bez. für ein Unterhemd für Männer; im dt. Sprachgebrauch Bez. für einen steifen Unterrock mit Volants, Rüschen u. ä., oft in mehreren Stufen; aus bes. ausgerüstetem Baumwollstoff oder → Tüll, in den 1950er Jahren meist aus den neuen synthetischen Stoffen (→ Nylon, → Perlon); zur Unterstützung und Betonung sehr weit geschnittener Röcke beliebt in den 1950er Jahren bes. bei jungen Mädchen, nochmals modern in den 1980er Jahren zu sehr kurzen Röcken.

Pfeffer und Salz, kleine, punktartige Musterung, hervorgerufen durch abwechselnd helle und dunkle Kett- und Schussfäden (Fil-à-Fil); → Kammgarn; für Anzug- und Kostümstoffe.

Phrygische Mütze, weiche, kegelförmige Kopfbedeckung mit nach vorn gelegter stumpfer Spitze; Mütze kleinasiat. Völker wie Phrygier und Lyder, daher typ. Kopfbedeckung griech. Galeerensklaven; bei den Römern als »Pilleus libertatis« Zeichen freigelassener Sklaven, symbolhafte Wiederaufnahme z. Z. der Französischen Revolution als (rote) Jakobinermütze, auch »Bonnet rouge« genannt: getragen 1792–94, dann allg. Symbol der Revolution.

Pikee (auch frz. *piqué* ›gesteppt‹), Baumwollgewebe mit Reliefmusterung, in Anlehnung an die Wirkung einer plastischen Stepparbeit; echter P. aus zwei miteinander verarbeiteten Kett- und Schusssystemen (Doppelgewebe); klassisch in Weiß: typ. Herrenweste der → Englischen Mode im 18. Jh., später vorwiegend für Gesellschaftskleidung, gern auch für Kragen an Damen- und Kinderkleidern, für Damen auch mit passenden Manschetten als sog. Garnitur, z. B. in den 1950er/60er Jahren.

Pillbox, *die* (engl., ›Pillendose‹), kleiner steifer Hut, rund oder oval, ohne Krempe, auf dem Hinterkopf festgesteckt; von einem amerik. Kostüm-Designer in den 1930er Jahren für Greta Garbo als Teil einer Film-Garderobe entworfen; sehr modern und weit verbreitet Anfang bis Ende der 60er Jahre durch die damalige First Lady der USA, Jacqueline Kennedy (1929–1994).

Pilotenjacke, sehr sportliche, kurze Jacke oder → Blouson, typ. vorn mit diagonal verlaufendem Reißverschluss; vielfach aus Leder; modern seit etwa 1977.

Plaid, *das/der* (schott./engl.; auch *Tartan*). **1.** Rechteckiges Webstück als Umhang, charakteristisch in → Karomuster, urspr. aus Wolle; zunächst oberer Teil des schott. → Kilts, ab 17. Jh. als Umschlagtuch eigenständiges Kleidungsstück zum Kilt; als quadratischer Schal zum dreieckigen Umschlagtuch gefaltet oder als Umhang, typ. in der Biedermeierzeit und etwa Mitte des 19. Jh. zu Krinolinenkleidern, 1976 bis Anfang der 80er Jahre über eine Schulter drapiert getragen. **2.** Heutige Bez. für das frühdynastische mesopotamische Gewand mit oder aus Wollfransen. **3.** Heutige Bez. für eine von unten nach oben um das Ge-

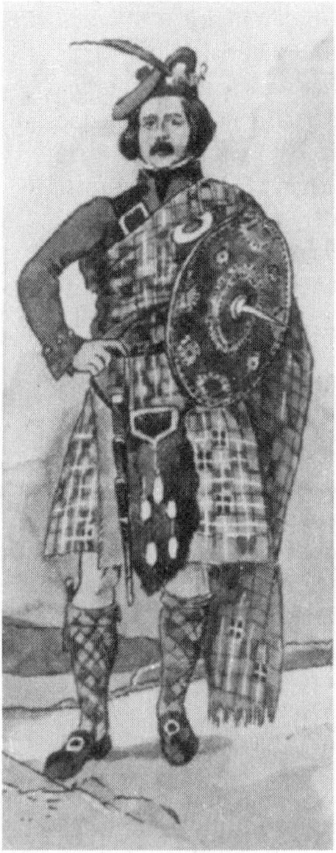

Abb. 109: Schotte mit Plaid und Kilt.

wand gewickelte Fransenschärpe bei der Amtstracht der Assyrer.

Planchette, *die* (frz., ›Brettchen‹; nach 1670 dt. auch *Blankscheit*), starrer Einsatz, vielfach Schiene oder Stab, im Vorderteil des → Mieders, aus div. Material, häufig Metall, daher stark formend; erstmals 2. Hälfte 14. Jh.; bes. jedoch im 16./17. Jh. z. Z. der → Spanischen Mode und nochmals in der → Biedermeiermode; dabei → Mieder oder Kleidoberteil meist in einer → Schneppe auslaufend, also optisch die schlanke Taille unterstreichend.

Plastron, *der/das* (frz.), urspr. ein Bruststück der Rüstung, heute noch gepolsterter, zusätzlicher Oberkörperschutz der Fechtkleidung. **1.** Seit der 1. Hälfte des 19. Jh. ein separates Bruststück (→ Chemisette), über dem Herrenhemd getragen, später Einsatzstück; auch in der Damenkleidung (→ Betrügerchen). **2.** Breite Seidenhalsbinde, um den Hals geschlungen oder vorne geknotet, Enden meist kreuzweise übereinandergelegt; leicht bauschig bzw. flach, in der Regel mit einer Nadel gehalten; um 1860 aufgekommen, nach 1880 zum → Gehrock, zum → Cutaway bis in die 1920er Jahre; Zubehör offizieller Reitkleidung.

Pleureuse, *die* (von frz. *pleurer* ›weinen‹). **1.** Aneinandergeknüpfte, häufig gekräuselte Straußenfedern als Schmuck an Damenhüten, z. B. an den sog. → Wagenrädern, Anfang 20. Jh. **2.** Auf die Hände herabfallende Spitzenmanschetten, 18. Jh. **3.** Gelegtl. auftauchende Bez.

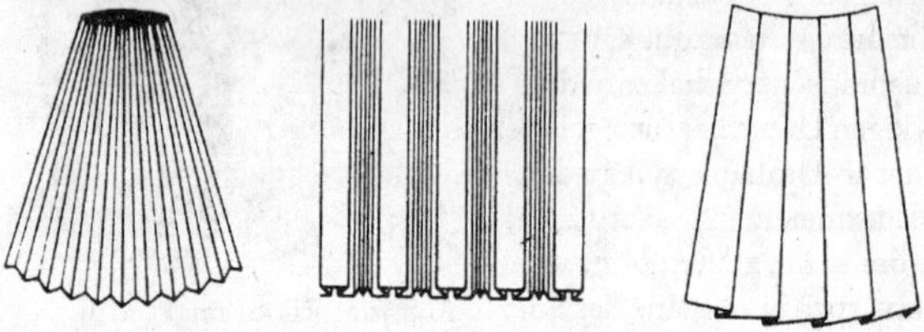

Abb. 110: Plisseearten.

für unterschiedliche Bestandteile der Trauerkleidung.

Plissee, *das* (von frz. *pli* ›Falte‹), meist schmale, eingepresste Falten, in Gruppen oder flächendeckend; ähnl. Effekte durch spez. Webverfahren; bereits an Leinengewändern des Altertums und der Antike (Altbabylonisches Reich, Ägypten, Griechenland); vielfältig als Ausputz, vor allem am Hemd, und als → Volant am Damenrock; Unterscheidungen beim Maschinen-P.: Steh-P.: messerscharfe (»stehende«) Falten; Liege-P.: in eine Richtung gepresste Falten; Sonnen-P.: am Rock strahlenförmig vom Bund ausgehende Falten. [s. Abb. 110]

Pluderhose (von veralt. *pludern, plodern* ›sich bauschen‹), Hose aus einzelnen, nicht aneinandergenähten Streifen, in der Taille zusammengehalten; getragen über einer Futterhose aus Leinen oder Seide, meist in Kontrastfarbe, die zwischen den Streifen hervorquoll; obligatorisch dazu verzierte → Schamkapsel; Hosenbeine bis ober- bzw. unterhalb des Knies, auch wadenlang, unten zusammengefasst und locker überfallend; von Landsknechten (→ Landsknechtkleidung) vor oder um die Mitte des 16. Jh. in Mode gebracht, trotz mancherlei Verboten allg. weit verbreitet; aktuell bis Anfang 17. Jh.

Plüsch, Gewebe mit einem höheren → Flor als → Samt und → Velours.

Plusfours (Pl.; engl.), → Knickerbocker mit großzügigem Überfall des Hosenbeins; als Golfhose konzipiert; Bez. geht zurück auf die etwa 10 cm länger (d. s. nach engl. Maß 4 Zoll; entspr. *plus four*) geschnittene, wadenlange Hose, bei der durch den bes. Schnitt auch beim Sitzen die Bündchen der Hosenbeine nicht sichtbar sind; nach 1920 aufgekommen. [Abb. 85]

Polkatupfen, Stoffmusterung: in Reihen gegeneinander versetzte, gleichgroße, ausgefüllte Kreise oder Punkte; münzgroße Tupfen unter der Bez. »Talertupfen«; nach dem böhmischen Volkstanz, 1840/50 als Musterungsbegriff aufgekommen, das Stoffmuster selbst ist jedoch älter; bes.

um die Mitte des 20. Jh. beliebt für beschwingte Damenkleider. [Abb. 101]

Polnischer Rock, auch *Pekesche*, mit Pelz: auch *Polonaise*; urspr. poln. Uniformjacke; knie- oder oberschenkellanger, auch gehrockartiger (→ Gehrock) Überrock mit Posamentenbesatz und → Knebelverschluss, Vorläufer des → Dufflecoat; ähnl. auch für Knaben beliebt; 19. Jh. bis 1860er Jahre. Lebte weiter als Teil der Studententracht.

Polohemd, Freizeithemd in Schlupfform; kurze Knopfleiste, meist kurze Ärmel; vielfach aus Trikotstoff mit typ. weichem, flachem Kragen; mit dem Aufkommen des Polospiels 1869 in England als Sportkleidung getragen: als Hemd mit und ohne Kragen, auch aus → Maschenware; seit den 1930er Jahren als Sporthemd, für Frauen als Sportbluse beliebt; sehr modern Mitte der 60er bis in die 70er Jahre.

Polonaise, *die* (eigtl. frz., ›die Polnische‹). **1.** Robe à la p.: seitl. und hinten hochgerafftes Überkleid über der → Jupe; Teil der Parure (Halbputz; → Grande parure) und der bürgerlichen Kleidung, 1760er/80er Jahre; als »P.«, vermutl. darauf zurückgehend, in ähnl. Form etwa 1860–90 nochmals in Mode; vielfach in unterschiedlicher Farbe zum Kleid bzw. Rock, in der Anfangszeit als Vorläufer der → Turnüre anzusehen. **2.** → Polnischer Rock.

Polster, kissenartige Unterlage zur Betonung von Körperpartien bzw. als Ersatz für fehlende Körperfülle, meist zur Erreichung einer bestimmten, modeabhängigen Silhouette, seltener in Schutzfunktion (→ Wattierung); z. B. Schulter-P. (im 20. Jh. bes. modern in der Damenkleidung etwa 1936–1947 und 1977–1986), Brust-P., → Hüft-P., Bauch-P., Gesäß-P.; → Bouffante, → Cul de Paris, → Gänsebauch, → Mahoître, → Pad, → Trompeuse, → Turnüre u. ä.

Polyacryl (eigtl. *Polyacrylnitril*; Kurzform: *Acryl*), synthetischer Rohstoff, vielfach zur Herstellung von Textilien genutzt; P.-Fasern sind sehr licht- und wetterbeständig sowie elastisch;

wegen der großen Bauschfähigkeit der Fasern sind Textilien weich, vielfach wollähnl. und halten gut warm. Die P.-Fasererzeugung gelangte 1942 gleichzeitig in den USA und Deutschland unabhängig voneinander zur Produktionsreife.

Polyamid, synthetischer Rohstoff zur Herstellung von Textilien; P.-Fasern sind sehr reiß- und scheuerfest, formbeständig, Textilien leicht waschbar und schnell trocknend; gelangte 1937/38 zur Entwicklungsreife; → Nylon, → Perlon.

Polyester, synthetischer Rohstoff, vielfach zur Herstellung von Textilien genutzt; Fasern aus P. sind reiß- und scheuerfest, licht- und bes. form- und chemikalienbeständig, Textilien sind pflegeleicht; Herstellung von P.-Fasern erstmals 1941 von den Engländern Whinfield und Dickson.

Pompadour, *der*, Handtasche in Form eines kleinen Stoffbeutels; z. B. aus Samt oder Spitze, häufig jedoch aus kleingeblümtem Seidenstoff; nach der Marquise de Pompadour (1721–1764) benannt; in Mode gekommen nach 1775.

Pompon, *der*, kugelig zusammengebundenes Fadenbüschel; im Ggs. zum → Bommel nicht unbedingt freihängend; gehört zu den → Posamenten.

Poncho, *der* (indian./span.), deckenartiger Überwurf mit Kopfloch oder -schlitz; lose auf den Schultern liegend, aber auch zu kittel- oder blusenartigen Kleidungsstücken weiterentwickelt

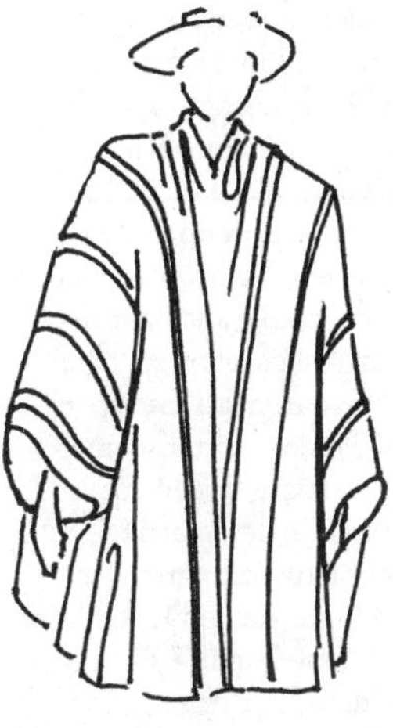

Abb. 111: Poncho.

durch Zusammenfügen der seitl. Kanten; Bez. nach dem traditionellen Überwurf mittel- u. südamerik. Indianer, wohl von Chile ausgehend, in Peru nachweislich seit der Zeit der span. Herrschaft; aus schwerem, oft bunt gewebtem Wollstoff; ein Grundtyp der Kleidung, seit alter Zeit bekannt (s. die Schnittform bei → Paenula, → Tappert, → Kotze).

Popeline (auch *Popelin*; urspr. *Papeline*, vermutl. von frz. *pape* ›Papst‹, Bez. für einen Stoff aus Avignon: im 14. Jh. Papstsitz), Gewebe in → Leinwandbindung; ripsartig (→ Rips): dicht gespannte, feine Kettfäden werden mit lockeren, dickeren Schussfäden zusammen verarbeitet, daher leicht gerippte Oberfläche; häufig aus Baumwoll- oder Viskosegarn.

Posamenten (neutr., Pl.), von Hand oder maschinell angefertigte, flache oder plastische Besatzartikel, auch komplette dekorative Fertigprodukte; zu den P. gehören: → Tressen und → Litzen, Kordeln, → Borten, → Fransen, → Quasten, → Bommel, → Pompons, weiterhin Zierknöpfe aus textilem Material usw.

Pourpoint, *der*, frz. Bez. für das → Wams (vor allem das nicht wattierte) und die → Schecke; *Pourpoint à panseron* → Gänsebauch.

Prêt-à-porter, *das* (frz., ›fertig zum Tragen‹), unkonventionelle Fertigkleidung, von Modeschöpfern der → Haute Couture und eigenständigen Designern entworfen, ist zu einer selbständigen Moderichtung zwischen Haute Couture und Konfektionsindustrie (→ Konfektion) geworden; gegenseitige Beeinflussung ist obligatorisch, jedoch gehen neue Ideen seit den 1960er Jahren verstärkt vom P.-à-p. aus. Entstanden aus den kleinen, exklusiven Modewaren-Geschäften (Boutiquen) der Pariser Couturiers, 1930er Jahre; heute Präsentationen auf Bekleidungsmessen weltweit.

Prinzesskleid, Kleid ohne Taillennaht, in durchgehenden Bahnen geschnitten: dadurch mäßige Taillierung bei dennoch glockiger Rockform möglich; 1863 von Couturier Charles Frederick Worth (1826–1895) in Mode gebracht, Bez. vermutl. nach Alexandra, Prinzessin von Wales, die es lanciert haben soll; das so geschnittene engl. Teekleid gilt als ein Vorläufer des → Reformkleides; nach 1900 einerseits beliebter Schnitt der → Sans-ventre-Linie, andererseits auch als Reformkleidschnitt akzeptiert; wieder aktuell 1930er bis 1960er/70er Jahre, auch für Mäntel.

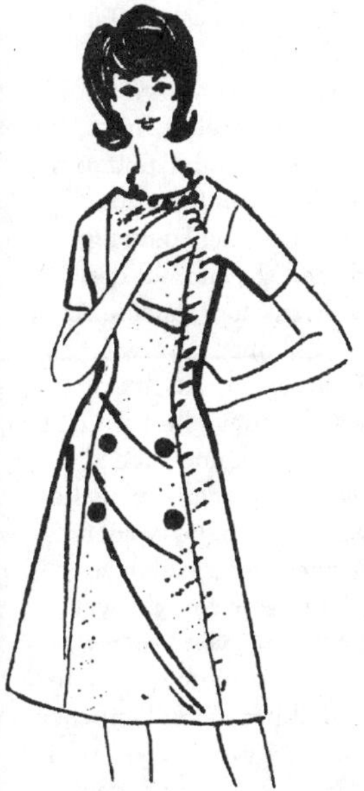

Abb. 112: Prinzesskleid.

Puffärmel, spez. der kurze, an der Schulter, also in der Kugel angekrauste und am Oberarm zusammengefasste Ärmel; modern z. B. im 16. Jh. im Zuge der → Spanischen Mode, an den → Chemisenkleidern vor und nach 1800; im 20. Jh. in den 30er Jahren modern; Übergänge zu ähnl. Formen sind zuweilen fließend; Ärmelpuffe können sich an langen Ärmeln auch an anderen Stellen befinden, meist in Verbindung mit einem P.-Stück an der Schulter.

Puffhose, gelegtl. verwendete Bez. für die → Pumphose bzw. die sog. → Heerpauke der → Spanischen Mode.

Pullover, *der* (engl., ›zieh über‹), → Jumper, → Sweater, → Rollkragen / Rollkragenpullover; → Parallelo, → Pullunder.

Pullunder, *der* (engl., ›zieh unter‹), in der Regel ein kragen- und ärmelloses, pulloverartiges Kleidungsstück, urspr. vermutl. unter einer Jacke oder als wollenes Wäschestück unter einem Kleid angezogen; in den 1930er Jahren im Ggs. zum Pullover auch in den Rock eingesteckt; Anfang der 70er Jahre mit Ärmelansatz, zuweilen separat getragen, meist jedoch ein über Blusen und Herren(ober)hemden, evtl. auch Pullover, zu ziehendes Oberteil; bes. modern um 1970.

Pumphose (von lat. *pompa* ›Prunk‹; auch *Puffhose*), allg. Bez. für eine weite Hose, am Bein eng zusammengefasst; typ. für die Mode ab Mitte 16. bis Mitte 17. Jh., als gemäßigtere Form der sog. → Heerpauke: ausgestopfte Hosenbeine, nach unten schmaler, unter bzw. über dem Knie gebunden, höfische wie bürgerliche Kleidung; Ende des 19. Jh. als Radfahrhose zuerst für Herren, dann auch für Frauen modern, hier auf die → Bloomers zurückgehend, im 20. Jh. z. B. als Kinderhose, Trainingshose (→ Trainingsanzug), auch in der Damenmode (→ Haremshose).

Pumps, *der* (engl.), ausgeschnittener Schuh zum Hineinschlüpfen, ohne Befestigung durch Spangen, Laschen oder Schnürung; zurückgehend auf den → Escarpin des 19. Jh.: derzeit haupts. Herrenabend- bzw. Tanzschuh zu → Frack und → Smoking (bis in die 1950er Jahre), im 20. Jh. unter der Bez. P.; seit den 1920er/30er Jahren beliebte Form des Damenschuhs mit unterschiedlicher Absatzhöhe, bes. zur Tageskleidung.

Pyjama, *der/das* (Hindi/engl., ›Beinkleid‹), urspr. eine Hose der ind. und pers. Kleidung, mit Jacke zum klassischen Schlafanzug geworden; gegen Ende des 19. Jh. aus der Tropenkleidung übernommen, ab etwa 1905 eleganter Herrenschlafanzug; in den 1920er Jahren im Zuge der → Garçonne-Mode seidener Negligé-Anzug für Damen; 1959/60 wieder ins Blickfeld gerückt als sog. Palazzo-P., ein exklusiver Hausanzug, von Prinzessin Irene Galitzine (1918–2006) im Rahmen der italienischen Haute Couture kreiert: tunikaartiges Oberteil und weite Hose.

Q

Quaste, auch *Troddel*, pinselartiges Fadenbüschel; freihängend, als Dekoration; → Posamenten.

Querbinder, jede Form von → Halsschleife in der Herrenmode des 20. Jh., im Ggs. zum → Langbinder.

Quetschfalte, Konstruktion aus zwei einzelnen, entgegengesetzt gelegten Falten, bei denen der jeweilige Faltenbruch auf der Innenseite des Kleidungsstücks an den anderen stößt; im Ggs. zur → Kellerfalte.

R

Rabat, *der* (frz.), flacher, länglicher Kragen, evtl. gefältelt, aus Stoff oder Spitze, vorn herabhängend; um 1650 als vorn übriggebliebener Restbestand des schulterbreiten sog. Schwedenkragens anzusehen, der infolge der nun aktuellen Langhaarfrisuren überflüssig geworden war; bis nach 1675 getragen, weiterentwickelt zum → Beffchen.

Radfahrkleidung, spez. Kleidung zum Radfahren, ab 1870/75 bis nach 1900; Unterschied zur Tageskleidung bestand haupts. in der Form der Hose bzw. des Rocks; Herren trugen meist → Knickerbocker, Damen zunächst etwas verkürzte Röcke, Ende des Jh. Mischformen zwischen Rock und Hose, aber auch erstmals Hosen; Kleiderordnungen für Radrennen schrieben seit Ende des Jh. die kurze, schwarze, eng anliegende Hose vor: obligatorisch bis in die 1970er/80er Jahre, dann in die allg. Mode eingegangen; → Bloomers, → Hosenrock, → Pumphose, → Rockhose, → Sweater.

Radmantel, allg. Bez. für einen nach der Schnittform benannten Umhang in seiner Funktion als → Mantel, kreisrund (im Idealfall) bis halbkreisförmig, z. B. die span. → Capa des 16./17. Jh.

Raffschulter, Schulterfältelung mittels eines Bandes (Tunnelzug, parallel zur Schulternaht) oder durch Gummizug, in die Schulternaht eingelegte Falten oder durch Kräuselung des Vorder- bzw. Rückteils oder beider Teile.

Raglan, urspr. ein Herrenmantel, dessen Ärmel jeweils mit einem Schulterstück verbunden sind, das bis in den Halsausschnitt reicht; Bez. und Entstehung gehen zurück auf den engl. Feldmarschall Lord J. H. R. (1788–1855); aktuell nach Mitte des 19. Jh., als Damenmantel ab etwa 1930/35, davor schon in der Sportkleidung; gilt als eine Schnittgrundform: kennzeichnet verschiedene Herrenmantelmodelle (z. B. den → Benny), wurde übertragen auf alle Arten von

Oberteilen; div. Abwandlungen der schrägen oder bogigen Ansatzlinie des meist zweiteiligen Ärmels; → Halbraglan. [Abb. 95]

Rapport, *der*, kleinste Mustereinheit als stets wiederkehrender Teil der Gesamtmusterung; Ausdehnung in Längsrichtung (Kettrichtung): R.-Höhe, in Querrichtung (Schussrichtung): R.-Breite.

Rauchware (von mhd. *ruch*, *ruoch* ›rauh‹, ›griffig‹; auch *Rauchwerk*), Tierfelle, die durch Schaben der Innenseite (Entfernen von Fleisch- und Fettresten) bzw. Gerben, Beizen usw. und evtl. anschließendes Färben für die Verarbeitung zu Kleidung vorbereitet worden sind; Bearbeitungsweisen der Tierhaut seit der Altsteinzeit bekannt.

Redingote, *die*, Mantel oder lange Jacke, tailliert, mit ausgestelltem bis glockigem → Schoß, meist mit Revers oder Schalkragen; in England als *riding-coat*, ›Reitmantel‹, in Gebrauch, 1. Hälfte 18. Jh.; bald in Frankreich als R. bekannt: ein meist zweireihiger, wadenlanger Mantel, vielfach mit doppeltem Kragen; in der 2. Hälfte 18. Jh. in div. Ausführungen, auch als Oberrock mit zurückgeschnittenen Schoßteilen (→ Schoß); in Kleidlänge ab den 1780er Jahren auch für Frauen modern; um 1800 Weiterentwicklung zum → Gehrock, aber auch weiterhin in Mantelform; ab etwa 1950 Damenmantel und Kostümjacke, vielfach mit durchgehenden → Teilungsnähten (→ Englische Naht).

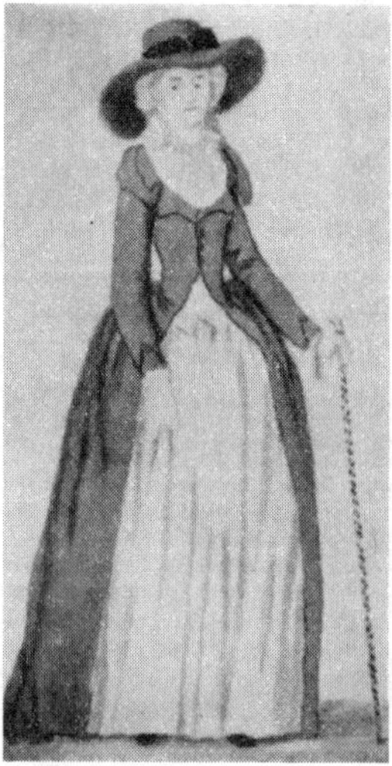

Abb. 113: Redingote. 1786.

Reformkleid, locker geschnittenes, oft nur auf den Schultern liegendes Kleid, im Ggs. zur damals herrschenden Mode weitgehend ohne Taillenbetonung, daher ohne Korsett zu tragen; den Forderungen nach Gesundheit und Natürlichkeit in der Frauenkleidung entspr., propagiert von Ärzten, Anhängerinnen der Frauenbewegung, aber auch Kunsthandwerkern und Künstlern, die den Kleidern die Ausgestaltung gaben: vorbereitet seit Mitte des 19. Jh. in Amerika (→ Bloomers) und England (Präraffaeliten, Arts and Crafts Movement, Aesthetic Movement usw.), gegen Ende des Jh. auf dem Kontinent (Wiener Werkstätte, Jugendstil); größte Popularität des R. um 1900 – um 1910, ohne allg. Durchsetzung, allerdings mit langfristiger Nachwirkung auf den Schnitt der Kleidung.

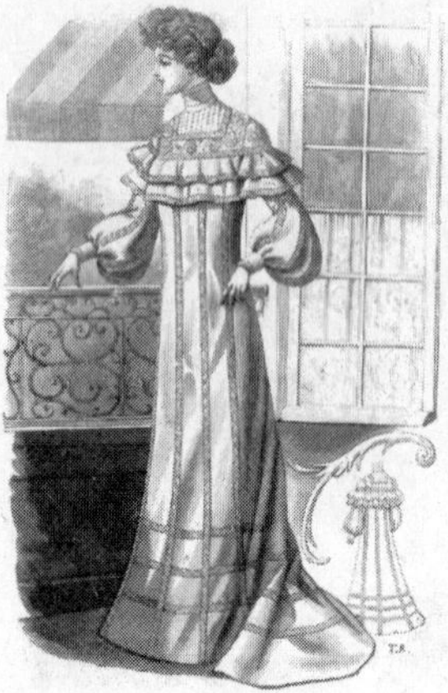

Abb. 114: Reformkleid. 1903.

Regencape, Regenmantel, überwiegend wasserabweisende Überbekleidungsstücke, lockere Schnitte, vielfach mit → Kapuze; obligatorische Materialien: → Gabardine, → Popeline, → Loden, gummierte Stoffe, seit den 1930er Jahren → Ölhaut sowie alle Stoffe mit → Imprägnierung; heute auch Kleidungsstücke aus Materialien mit Klimamembranen (dünne Kunststoffbahnen, die Wärme und Feuchtigkeit nur von innen nach außen dringen lassen), außerdem seit den 1980er Jahren → Mikrofaserstoffe.

Regentuch, auch *Regenkappe,* über den Kopf gelegtes, evtl. hier drahtversteiftes, ansonsten den Körper einhüllendes Tuch als Regenschutz; späte Form der → Heuke; haupts. bürgerliche Frauenkleidung ab dem 16. bis mindestens 18. Jh., in einigen Volkstrachten bis heute erhalten.

Reifrock, mit Reifen versteifter, abstehender Damenrock oder separates Gestell; etwa 1470 in Spanien aufgekommen, im 16./17. Jh. die typ. Silhouette der → Spanischen Mode mitbestimmend, → Verdugado; außerhalb der europ. Hofkleidung, in der er z. T.

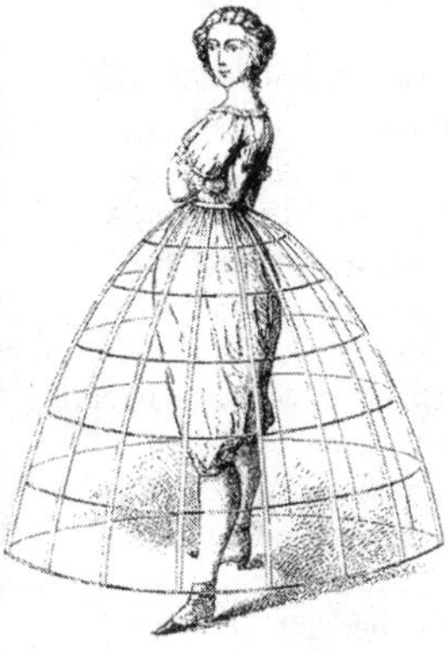

Abb. 115: Reifrockgestell in der Form des Krinolinengestells. Um 1862.

beibehalten wurde, um 1710 zuerst in Frankreich erneut in Mode gekommen, dort seit etwa 1718 → »Panier« genannt; anfangs aus mit Wachstuch verbundenen Rohrreifen, später als Leinenrock, seit etwa 1720 mit eingenähten Fischbeinstäben, zunächst kuppelförmig, nach 1740 seitl. ausladend; außerhalb der → Grande parure nach Mitte des Jh. durch Hüftgestelle ersetzt, in den 1780er Jahren allmählich unmodern; 1856 bis um 1869 nochmals beliebt als → Krinoline.

Reißverschluss, Verschlusssystem in Bandform, bei dem die einzelnen in Reihe angebrachten Elemente, Zähne, Haken oder Spiralen, durch Bedienung eines Schiebers geschlossen bzw. geöffnet werden können; erste Patente nach Mitte 19. Jh., als maßgebend gilt das von Litomb Judson 1893 in den USA angemeldete; 1913/14 durch den Schweden Gideon Sundback für maschinelle Produktion weiterentwickelt; 1917 Ausstattung von amerik. Armee-Kleidungsstücken, bald danach auch in der Zivilkleidung; in den 30er Jahren durch Elsa Schiaparelli (1890–1973) in die Haute Couture eingegangen, allg. durchgesetzt.

Reiterschlitz, Reitschlitz, bis in Taillenhöhe reichender Rückenschlitz, oft mit rechtwinkligem Ansatz, an Jacketts und Mänteln; notwendig, daher typ., an Reitsakkos; im Prinzip schon an spätmittelalterlicher, zum Reiten getragener Kleidung (Reitschlitz), seit dem späten 17. Jh. am → Justaucorps, der heutige R. vermutl. darauf zurückgehend.

Reithose, meist eng anliegende Hose, weil zu Reitstiefeln getragen; bis nach 1770 dreiviertellang, dann Übernahme der → Pantalons, auch bereits mit Gesäßleder; im 19. Jh. wechselnde Längen; um 1900 Aufkommen der → Breeches mit ihrem typ. Schnitt; nach 1900 wurde auch die → Jodhpurhose beliebt; R. für Frauen erstmals nachgewiesen im frühen 15. Jh., bis nach dem 1. Weltkrieg ausschließlich unter dem Reitrock getragen.

Reitkleidung, dem Reiten in Schnitt und evtl. Material angepasste Kleidung: in geringem Maße bereits in der Antike, z. B. die vorne statt auf der Schulter zusammengehaltene → Chlamys; Herausbildung einer spez. R. beginnend nach Mitte des 16. Jh. als Reisekleidung, auch als Jagdkleidung, im wesentlichen aber erst im 18. Jh., bes. für Frauen; s. → Amazonenkleid, → Breeches, → Dreispitz, → Frack, → Jodhpurhose, → Kniebesatz, → Plastron, → Redingote, → Reiterschlitz, → Reithose, → Zylinder.

Respondent, *der,* → A-la-mode-Kleidung, → Schlapphut.

Revers, *das/der* (frz., ›Rückseite‹; auch *Klappe*), Brustaufschlag: die zurückgeklappte Vorderkante an Oberteilen; fallendes R., traditionellerweise an einreihigen Sakkos: R.-Oberkante verläuft in der Regel in Fortsetzung der Linie der → Spiegelnaht nach unten; steigendes R., traditionellerweise an Zweireihern: Spiegelnaht und R.-Oberkante treffen in einem Winkel aufeinander, R.-Oberkante steigt deutlich an; erstmals am → Justaucorps um

1700: farblich unterschiedene Brustaufschläge zur Unterscheidung der Regimenter. [Abb. 47, 77]

Reversible (frz., ›umkehrbar‹), Gewebe mit zwei unterschiedlichen Seiten, daraus gefertigte Kleidungsstücke beidseitig zu tragen (»Wendejacke«; »Wendemantel«: zuweilen auch unter der Bez. »R.«). [Abb. 22]

Reyon (engl./amerik. *rayon*), von 1953 bis Juli 1976 in der Bundesrepublik Deutschland gültige Bez. für künstlich hergestellte, endlose Fäden (Filamente; im Ggs. zu Stapelfasern: → Zellwolle), aus der Grundsubstanz Zellulose bzw. aus der Spinnmasse nach dem Viskoseverfahren; → Viskose; → Chemiefasern.

Rheingrafenhose (auch frz. *Rhingrave*; in England: *petticoat-breeches*), knie- bis wadenlange Hose mit sehr weiten Beinen, wie ein Rock wirkend, jedoch mit zusammenziehbarem Band an jedem Bein, mit ausgeprägten Volants und Bänderschmuck unterhalb des Knies, auch als Rockhose über einer knielangen → Pumphose; angeblich aufgekommen durch den holländ. Gesandten Karl Florentin Rheingraf von Salm (1651–1685), beliebt auch bei Ludwig XIV. (1638–1715); Höhepunkt der Barockmode; etwa 1655–80. [Abb. 116]

Ridikül, *das* oder *der* (eigtl. Retikül, von frz. *réticule* ›Haarnetz‹; auch *ridicule* ›lächerlich‹), kleines Täschchen, typ. in Beutelform mit Zugband; urspr. gestrickt oder gehäkelt; auch in div. Formabwandlungen und anderer Gestaltung (z. B. als Muschel); häufig bestickt; im 18. Jh. zunächst eine Art Handarbeitsbeutel, seit Ende des Jh. als Handtäschchen, bis Mitte 19. Jh.

Riding-Coat, *der* (engl.), → Redingote.

Riegel. **1.** Reihe kleiner, dichter Befestigungsstiche, heute Zickzackstiche, als Sicherung gegen Ausreißen, z. B. an den Enden des Knopflochschlitzes oder als Befestigung von Gürtelschlaufen. **2.** Knöpfbare oder mit Schnallenverschluss usw. versehene Lasche, z. B. die → Ärmelspange, auch kurzer Rückengurt u. ä.

Rips, Gewebe mit Längs-

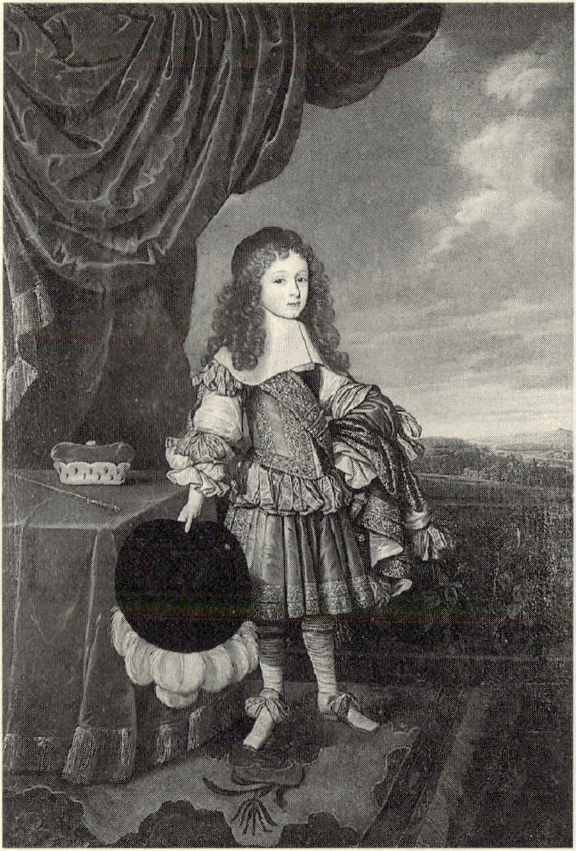

Abb. 116: Kurprinz Karl Emil von Brandenburg in Rheingrafenhose. 1662.

oder Querrippen, die durch abgewandelte → Leinwandbindung entstehen, wobei mehr Kett- als Schussfäden (Kett-R.: Querrippe) oder mehr Schuss- als Kettfäden (Schuss-R.: Längsrippe, seltener) gleichzeitig gebunden werden; falscher R.: Rippenstruktur entsteht lediglich durch die Verwendung von dickeren Schuss- oder Kettfäden; bes. bekannt in der Verwendung als Ripsband, vor allem für Hüte.

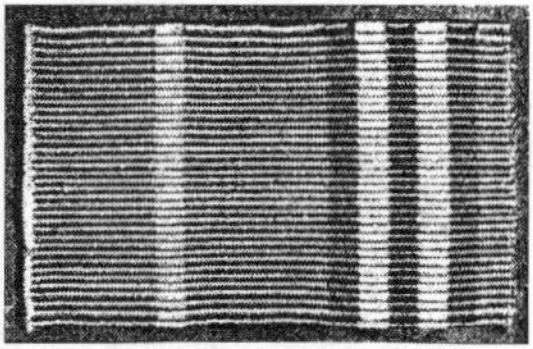

Abb. 117: Ripshutband.

Rise, *die* (auch *Riese*; von mhd. *rîsen* ›fallen‹), schleierartiges Tuch aus feinem Leinen, das Kinn und Hals der meist verheirateten Frau bedeckte, in Höhe der Schläfen im Haar festgesteckt und zusammen mit einem Schleier um den Kopf getragen, 14. bis ins 15. Jh.; aus der Spätzeit sind eine Art länger geschnittene R. mit gerüschtem Rand bekannt; → Kruseler.

Robe, *die* (frz.; seit dem 18. Jh. auch dt.; von ahd. *roub(a)* ›Raub‹, spez. die erbeutete, nämlich als Wert geschätzte Kleidung). **1.** Gesamtheit der Kleidung, bes. wenn aus dem gleichen Stoff; hohes bis spätes Mittelalter, Frankreich. **2.** Allg. Bez. für das lange Obergewand beider Geschlechter, Ende 15. Jh., Frankreich; daraus hergeleitet die auch im Dt. gültige Bez. für die Amtstracht von Richtern, etwa 14.–16. Jh. auch von Gelehrten und hohen Amtspersonen. **3.** Allg. Bez. für ein repräsentatives, aufwendiges Damenkleid, ab 16. Jh.; div. Zusatzbez. kennzeichnen bes. Ausprägungen.

Rock (ahd./mhd. *roc*; urspr. von *ruk* ›spinnen‹), im Mittelalter bis ins 14. Jh. Obergewand mit Ärmeln, getragen von Männern und Frauen. **1.** Als Oberteil: Verkürzung des Obergewandes führte nach Mitte des 14. Jh. zur jackenartigen Oberkleidung des Mannes, erstmals in Form der → Schecke zu fassen. Um die Mitte des 19. Jh. bürgerte sich mit dem → Jackett die bis heute gültige Form und Bez. ein. Im Ggs. zur → Jacke gilt der R. als offizielleres, auch repräsentativeres Kleidungsstück wie die → Houppelande, der → Tappert, die → Schaube, der → Justaucorps, die → Redingote u. ä. **2.** Als Unterteil: Bez. für das von der Taille zum Fuß in variabler Länge hinabreichende, Unterkörper und Beine mehr oder weniger locker verhüllende Kleidungsstück; als unterer Teil des Frauenkleides in der abendländischen Kultur seit etwa 1400, als Halbrock ohne zugehöriges Oberteil zuerst in der Unterkleidung, ab dem 15. Jh. in der bürgerlichen Oberkleidung; als separates Kleidungsstück jedoch viel älter, bes. in Form des → Wickelrocks (→ Schurz), nicht nur von Frauen getragen; Grundtyp der heutigen modischen Frauenkleidung mit einem ebenso eigenständigen Oberteil (→ Bluse) seit etwa 1820/30; → Bahnen-R., → Ballon-R., → Basquine, → Doppel-R., → Falten-R., → Glocken-R., → Hosen-R., → Jupe, → Jupon, → Kilt, → Kleider-R., → Krinoline, → Kriegskrinoline, → Mini-Mode, → Petticoat, → Reif-R., → Träger-R., → Tutu, → Unter-R., → Verdugado usw. [Abb. 58]

Rockhose, Hose mit sehr weiten Hosenbeinen, die wie ein Rock wirkt; beschreibende Bez. der Schnittform, gültig z. B. für die → Rheingrafenhose; in der Damenkleidung allg. für einen entspr. → Hosenrock, bes. für eine lange, kaum als solche erkennbare Hose mit sehr weiten Beinen, Ende des 19. Jh. von Radfahrerinnen getragen, bezeichnenderweise »geteilter Rock« genannt.

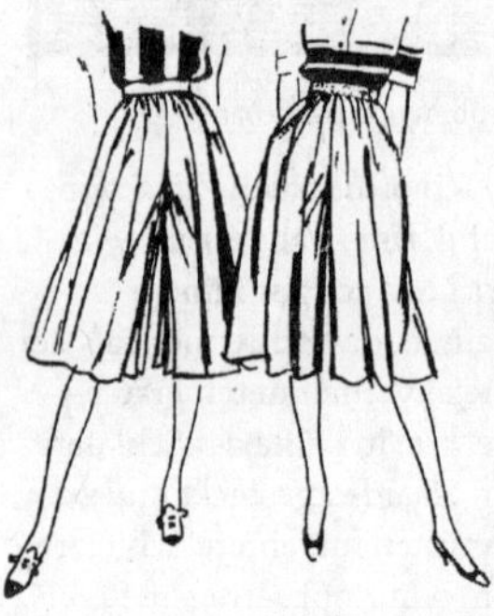

Abb. 118: Rockhosen. 1970er/80er Jahre.

Röhrenfalte, nichtfachspezifische Bez. für eine längsgerichtete, röhrenartige Form an Kleidungsstücken, die wie eine Falte aussieht; abstrahierte Form einer Faltenlegung auf Darstellungen von Kleidung, lediglich nach der Wirkung auf den Betrachter beschrieben; würde an einem realen Kleidungsstück am ehesten der → Rollfalte entsprechen.

Röhrenhose, urspr. eine Hose mit geraden, ungebügelten Hosenbeinen, z. B. der → Pantalon; heute eine eng anliegende Hose mit schmalen, gerade fallenden Beinen, auch mit Umschlag.

Röllchen, separate, steife → Manschette, mit einem → Manschettenknopf zusammengehalten; wurde über den Ärmelabschluss des Herren(ober)hemdes gestülpt; oft aus feinerer Stoffqualität als das Hemd, Mitte 19. Jh. bis zum 1. Weltkrieg; von eleganten Herren ungern getragen, dennoch weit verbreitet.

Rollfalte, großzügig eingelegte, nicht gebügelte, evtl. rundgebügelte Falte; an Röcken; an Jacken und Mänteln als Mittelfalte im Rückteil.

Rollkragen, schlauchförmiger, nach außen umgeschlagener Kragen, meist aus → Maschenware: an Pullovern und Kleidern mit sportlichem Charakter, anliegend oder halsfern, auch mit Knöpfen bzw. Reißverschluss.

Rollkragenpullover, aus der Seemannskleidung, spätestens um 1916 in der Sportkleidung; in den 50er Jahren in Schwarz typ. Kleidungsstück jugendlicher »Existentialisten«, seit etwa 1967 aus feiner Maschenware in der Herrenmode auch zur Gesellschaftskleidung, durch die Dirigenten Leonard Bernstein (1918–1990) und Herbert von Karajan (1908–1989) eingeführt.

Romantik-Look, Kleidungsstil mit verspielten Dekorationselementen; in der jungen Herrenmode → Rüschen an Kragen, Knopfleiste und Manschetten an Seidenhemden, auch → Jabots usw., dazu Samthosen; für junge Damen z. B. Baumwollkleider mit weiten, langen Röcken, Spitzeneinsätze,

Rüschen, → Volants, auch Miederoberteile usw.; nach 1965 einige Zeit aktuell, in der Damenmode nochmals Anfang der 70er Jahre.

Römerhals, runder, kragenloser, jedoch eng anliegender Halsausschnitt an Pullovern; erstmals Mitte der 1930er Jahre in der Herrenkleidung; aus der Sportkleidung, bes. Tenniskleidung, daher zuerst als weißer, kragenloser Pullover zum Sport- und Freizeitjackett gesellschaftsfähig; auch in der Damenkleidung; Bez. nach der kragenlosen antiken röm. Kleidung, bes. in den 1950er Jahren gebraucht.

Ropa, *die* (span.), mantelartiges, locker geschnittenes span. Hofkleid; vorne offen, evtl. lose in der Taille zusammengehalten; ärmellos, mit gebauschten kurzen oder langen, dann vorn geöffneten, beutelartigen Zierärmeln, diese in Spanien »R.-Ärmel« genannt; häufig im Nacken hochstehender Kragen, anfangs auch einfacher Stehkragen; wirkte auf die Hofkleidung außerhalb Spaniens; ähnl. ein in Deutschland, den Niederlanden und z. T. in Frankreich getragenes Überkleid, »weiter Rock« genannt, sowie die späte Form des → Vliegers; Mitte 16. / Anfang 17. Jh.

Rosshaarfutter, fülliges Einlagematerial, hergestellt aus Schweif- und Mähnenhaaren des Pferdes, als Schuss auf einer Baumwoll- oder Wollkette; heute vielfach durch Kunstrosshaar ersetzt; zur Versteifung und Formung von Mänteln, Anzug- und Kostümjacken, jedoch seit langem bekannt, so als stabilisierendes Grundmaterial der → Krinoline (frz. *crin* ›Rosshaar‹) und zur Auspolsterung der → Turnüre gebraucht.

Rotonde, *die* (von lat. *rotundus* ›rund‹, auch österr. *Wickler*), weiter, rundgeschnittener, fuß- oder halblanger Umhang mit breitem Umlegekragen oder auch Kapuze; anstelle eines Mantels zu den Kleidern mit großen, gebauschten Ärmeln bzw. ausladenden Röcken getragen, etwa 1820–35.

Rückengurt, auch *Rückengürtel,* → Martingale, in Nähte

gefasster, angeknöpfter oder fest aufgenähter Teilgürtel im Rückteil; auch zwei- oder dreiteilig, dann Teile meist aufeinander geknöpft; haupts. bei Mänteln und schweren Jacken.

Rüsche, gekräuselter oder in Falten gelegter, gerader Stoffstreifen; als Ausputz an Kanten, in Nähte gefasst oder aufgesetzt als → Applikation in div. Formen; → Volant.

Russenbluse, auch *Russenkittel*, locker geschnittene, lange Bluse mit angeschnittenen oder weiten, tief eingesetzten Ärmeln; Stehbord und seitl. der vorderen Mitte angebrachter kurzer Verschlussblende, bestickt oder bordiert; meist mit einem Bindegürtel getragen; aus der russ. Nationalkleidung übernommen; modern in den 1960er/70er Jahren für Damen, Herren und Kinder, jedoch schon früher in die allg. Mode eingegangen.

S

Sackärmel, am Unterarm sackartig hängender Ärmel, der Sack evtl. spitz zulaufend oder abgebunden; in der Art des → Beutelärmels, von diesem nicht eindeutig zu unterscheiden; 2. Hälfte 14. / 1. Hälfte 15. Jh.

Safari-Look, sportliche Kleidung für Damen und Herren, aus leichten, jedoch robusten Stoffen (z. B. → Popeline), typ. Farben: Beige, Braun, Khaki (Gelb- bis Grünbraun); charakteristische Jacken, Hemden und ärmellose Westen: meist mit aufgesetzten → Faltentaschen mit Klappen, ober- und unterhalb eines Gürtels, durchgeknöpft, vielfach → Schulterklappen; Vorbild: die Tropenkleidung; in Mode gekommen Mitte der 1960er Jahre.

Sagum, *das* (lat.), mantelartiger Umhang von rechteckigem Schnitt, auf der rechten Schulter mit einer → Fibel gehalten; haupts. von röm. Soldaten, jedoch auch von Germanen getragen, urspr. von den Galliern übernommen; entspricht der griech. → Chlamys.

Sakko, *der* (italienisierend von »Sack«), durchgehend geschnittener, d. h. nicht mit Taillennaht und angesetzten Schößen gearbeiteter Herrenrock, mehr oder weniger tailliert; mit → Revers und meist eingearbeiteten Taschen, ein-/zweireihig; um 1865 als spez. Form des → Jacketts entstanden; zunächst sackartig, mit stoffgleicher Hose getragen; ab Ende des 19. Jh. auch tailliert, heute mit dem Jackett übereinstimmend. [Abb. 78, 120]

Samt, Gewebe mit einem → Flor von nicht mehr als 2–3 mm Höhe; Kettsamt entsteht durch eine zusätzliche Florkette, Schusssamt durch zusätzliche Florschüsse (→ Cord, → Velours), die sich dabei bildenden Schlingen werden meist aufgeschnitten; Herkunft unbekannt, nachweislich jedoch seit dem 14. Jh. in Italien als Seidensamt (Kettsamt) hergestellt; gehörte stets zu den bes. eleganten Stoffen.

Sandale (von griech. *sàndalon*, jedoch älteren Ursprungs), Sohle mit Riemen, um den Fuß gebunden oder anders befestigt, auch mit Halterung für einzelne bzw. mehrere Zehen; vermutl. in urspr. Form aus geflochtenen Pflanzenteilen, sonst meist aus Leder, auch mit Holzsohle; in Altertum und griech. Antike vielfach Standeszeichen, in der röm. Antike Schuh für den Hausgebrauch; nördl. der Alpen weniger üblich; gelegtl. zur Mode à la → Grecque; seit Anfang des 20. Jh. beliebter Sommerschuh, zuerst im Zuge der Reformkleidung, Teil der Wandervogelkluft.

Sansculotten (Pl.), urspr. Spottname, bald allg. Bez. für die radikalen Revolutionäre der Französischen Revolution, die vor allem aus den unteren Bevölkerungsschichten kamen und im Ggs. zum Adel anstelle der kurzen Kniehosen (→ Culotte) die langen Röhrenhosen (→ Pantalon) trugen.

Sans-ventre-Linie (frz., ›ohne Bauch‹), Silhouette in Form einer S-Linie; hervorgerufen durch ein Korsett, das um Bauch und Hüften so eng geschnürt wurde, dass sich vorn eine völlig ebene Front ergab; dadurch Veränderung der Haltung zu vorgeschobenem Oberkörper, Hohlkreuz mit herausgedrücktem Gesäß; typische Silhouette der Damenmode um 1903.

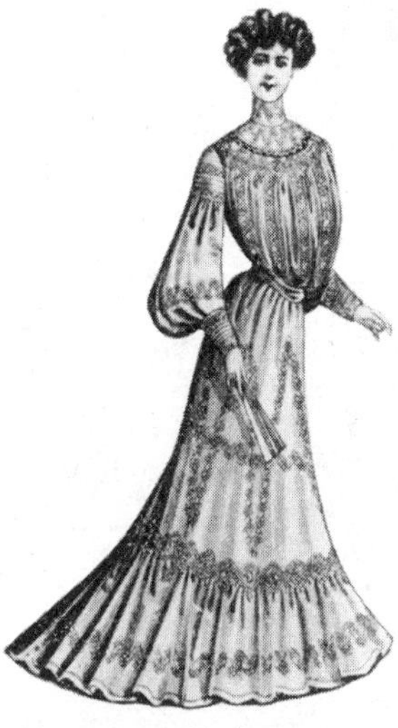

Abb. 119: Damenkleid in Sans-ventre-Linie. 1903/04.

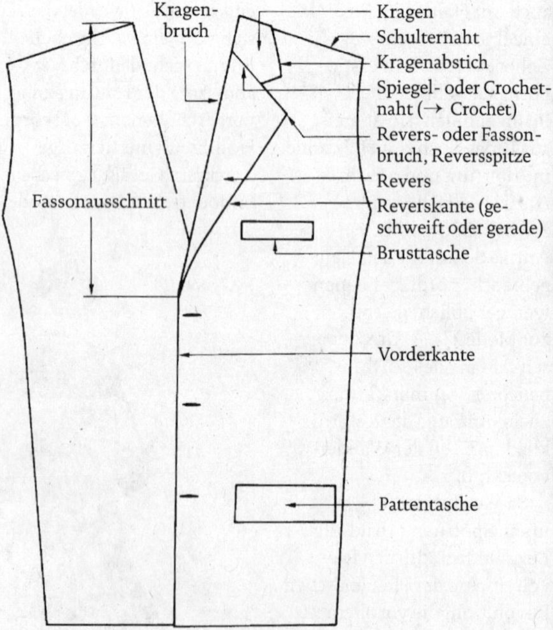

Abb. 120: Sportsakko.

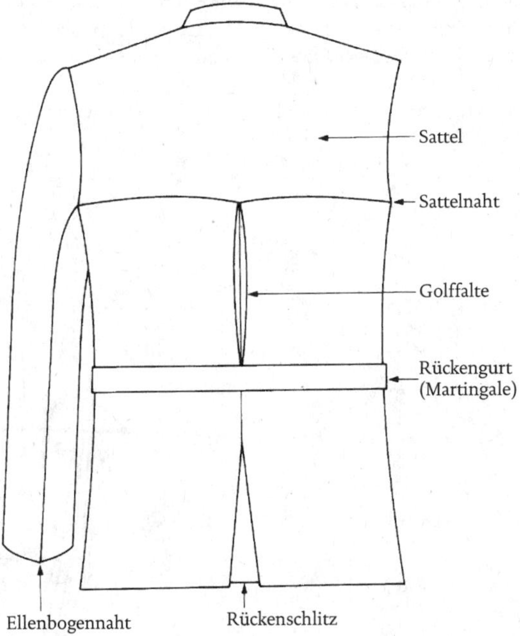
Sattel
Sattelnaht
Golffalte
Rückengurt
(Martingale)
Ellenbogennaht
Rückenschlitz

Sari, *der* (Hindi), traditionelles Gewand ind. Frauen, aus einer 5–8 m langen und 1 m breiten Stoffbahn über einen Unterrock gewickelt, weiter über Brust und Kopf gelegt; unter dem S. wird ein anliegendes, kurzärmeliges Oberteil getragen. Material: Seide oder Baumwolle; div. Wickelmöglichkeiten, können zusammen mit dem verwendeten Material lokale und soziale Herkunft anzeigen; der S. war Ende der 1940er Jahre Vorlage für Haute-Couture-Modelle.

Sarong, *der* (malaiisch), rundgewebter oder zusammengenähter → Wickelrock; die Weite wird beim

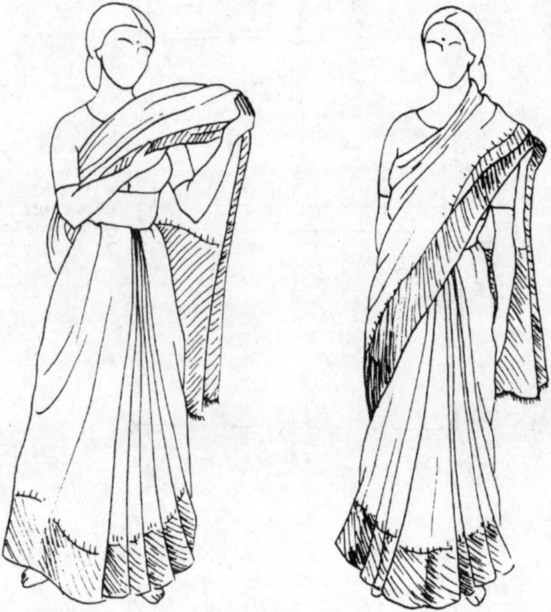

Abb. 121: Sari.

Anlegen vorn zu einer Falte eingelegt, dann die obere Kante nach innen eingeschlagen oder mit einem Gürtelband in der Taille gehalten; meist knöchellang, bis zu Hüften, Taille, über oder unter die Brust reichend; traditionelles Kleidungsstück für Männer und Frauen im malaiischen Gebiet.

Satin, frz. für → Atlas; viel verwendet in zusammengesetzten Gewebebez. als Qualitätsbegriff, z. B. S.-Duchesse (→ Duchesse); dichtes Gewebe mit glänzender Oberfläche; z. B. als Futterstoff, häufig aus Baumwolle oder Viskose.

Sattel (auch → *Koller* oder ugs. → *Passe*), auf- oder angesetztes Stoffstück: an Oberteilen im Schulterbereich, vorn bzw. hinten, unten lose oder aufgesteppt (Bez. gilt auch für angesetzte Teile, die optisch wie ein Sattel wirken); an Sattelröcken und Hosen unterhalb der Taille, stets angesetzt.

Saum, bearbeitete, meist untere Kante an Kleidungsstücken; nach innen eingeschlagen oder »offenkantig«, dann versäubert bzw. als Verzierung mit einem Faden umstochen, auch mit einem Band oder Stoffstreifen eingefasst.

Schal, *der* (von pers. *sal* bzw. engl. *shawl*), langes bis quadratisches, Hals, Schultern oder Oberkörper einhüllendes Stoffstück; → Halstuch, → Kaschmir-S., → Lang-S.

Schalkragen, Kragen, der schalartig um den Hals und vorn an einem weit heruntergezogenen Ausschnitt entlangführt und in diesen mündet; in einfacher, nicht konstruierter Form an Umhängen z. B. der Germanen als umgeschlagene Kante des Tuchstücks; vielfach als Pelzkragen, z. B. an der → Schaube, an Mänteln und Umhängen eleganterer Art bis heute; alternativ zum Reversfasson am → Smoking; allg. vor allem an Mänteln und Kostümen; in der Konstruktion eine Zusammenfügung von → Umlegekragen und → Revers.

Schamkapsel (auch. frz. *braguette*), Auspolsterung des Hosenlatzes bis hin zu in Form des Geschlechtsteils hochstehender Ausbuchtung, vielfältig verziert mit Schlitzen, Schleifen usw.; aufgekommen

Ende 15. Jh. in Frankreich; Weiterentwicklung des Hosenlatzes zwischen den nun am Körper zusammengefügten Strümpfen; bes. auffällig in der → Landsknechtkleidung, auch typ. in der Hofkleidung der → Spanischen Mode; Ausdruck männlichen Machtstrebens im privaten und gesellschaftlichen Bereich; moralisch verurteilt, jedoch weit verbreitet; beliebt bis gegen 1700. [Abb. 74]

Schärpe, meist schräg über die rechte Schulter um den Oberkörper gelegtes Band oder weicher, breiter, gürtelartig um Taille oder Hüfte gebundener Stoffstreifen; als Rangabzeichen seit dem Altertum; im 16./17. Jh. als farbige Feldbinde zunächst militärisches Unterscheidungsmerkmal, aus einem diagonal umgelegten Schulterriemen (Taschenhalterung) hervorgegangen, anschließend als Schmuck und Rangabzeichen in die Zivilkleidung eingegangen; seit der 2. Hälfte des 18. Jh. anstelle eines Gürtels zu Damen- und, bes. im 19. Jh., zu Kinderkleidern. [Abb. 13, 144]

Schaube, *die* (von → *Djubbeh*), weites Obergewand, vorn offen getragen; charakteristisch mit breitem, auf der Schulter aufliegendem → Schalkragen; div. Ärmelformen, häufig → Hängeärmel; in reicher Ausführung aus kostbaren Stoffen und mit Pelzverbrämung bzw. -fütterung; für Frauen oft mit Stehkragen; typ. bürgerliches Kleidungsstück, jedoch auch bei Hofe und schließlich auf dem Lande beliebt; Länge zwischen fußlang und kniekurz; in der Spätzeit, unter Einfluss der → Spanischen Mode auch über dem Knie endend, bes. in der Hofkleidung; modern spätes 15. / Mitte 16. Jh., erhielt sich noch lange als Amtstracht im weltlichen und kirchlichen Bereich; → Gelehrtentracht, → Talar.

Schecke, *die* (von frz. *jaque* bzw. *jaquette*, auch dt. → *Hänschen*), eng anliegende, kurze Männerjacke; Wattierung im Brustbereich, schmale Taille, vorderer Knopfverschluss, häufig Stehkragen; div. modische Ärmelformen; sehr kurzes Schößchen; nach

Mitte des 14. Jh. aktuell, im Rahmen der allg. Verengung und Verkürzung der Kleidung aus der kurzen Tunika hervorgegangen; höfisches, aber auch bürgerliches, extravagantes Kleidungsstück; modern bis etwa 1430.

Scheinärmel, das über den Oberarm fallende Gewandstück an antiken Kleidungsstücken: → Chiton, → Peplos und → Tunika, durch die herunterhängende breite Schulterpartie bedingt; kein fachspezifischer Ausdruck: entspricht prinzipiell der nach der Konstruktion benannten »überschnittenen Schulter« an heutigen Kleidungsstücken. [Abb. 39]

Schellenschmuck, Verzierung in Form kleiner Glöckchen an Gürtel (→ Dusing), Schuhspitze (→ Schnabelschuh), Kopfbedeckung, Säumen u. ä.; von Männern, aber auch Frauen getragen, bes. in Deutschland sehr beliebt; frühester Nachweis am Krönungsmantel Ottos III. (996); seit dem 13. Jh. in Umlauf, von den höheren Ständen ausgehend; obwohl vielfach den Bürgern untersagt, weit verbreitet; bes. modern in der 1. Hälfte des 14. Jh., 1480 endgültig verboten; seit dem 14. Jh. auch Teil der Narrentracht.

Schillerkragen, offen getragener, über den Kragen des Rocks bzw. der Jacke gelegter Hemdkragen; Bez. nach Friedrich Schiller (1759 bis 1805), wie ihn viele zeitgenössische Darstellungen zeigen; gilt als symbolhafte Kleidung der Sturm-und-Drang-Bewegung (um 1767 bis 1785); wiederaufgenommen und Entstehung der Bez. im Zuge des Zusammenschlusses der »Wandervögel«, Anfang 20. Jh.

Schinkenärmel → Hammelkeulenärmel.

Schlafrock → Morgenmantel.

Schlapphut, allg. Bez. für einen weichen Filzhut mit großer, geschwungener Krempe; in der Renaissancezeit Hut von Bauern und auch Landsknechten; bes. typ. Ausprägung: der Respondent der Alamode-Kavaliere (→ A-la-mode-Kleidung), 2. Viertel des 17. Jh.; gilt auch als Künstlerhut. [Abb. 87]

Schleier, feines, meist durchsichtiges Stoffstück, mindestens zur Bedeckung des Kopfes, evtl. auch des Gesichtes, bis hin zur Einhüllung des gesamten Körpers; schon in der Antike gebräuchlich, bes. z. Z. des frühen Christentums; S. und ähnl. Kopfbedeckungen waren im Mittelalter bes. für verheiratete Frauen obligatorisch, aus feinem Gewebe jedoch erst ab etwa dem 12. Jh.; entwickelten sich im hohen Mittelalter in drapierter und befestigter Form zu Hauben, dienten in folgenden Epochen meist nur noch als Dekoration an Kopfbedeckung oder Frisur; bes. Verwendungsformen im europ. Kulturbereich: als Braut-S. bereits in der röm. Antike, in Weiß Zeichen der christlichen Braut seit dem 4. Jh., in der Neuzeit erst seit dem frühen 19. Jh. allg. üblich; Teil der Trauerkleidung, bes. in Schwarz, bis ins 20. Jh.; Bestandteil von Volkstrachten; von vielfacher symbolischer Bedeutung, auch außerhalb Europas.

Schleife, zwei miteinander verknüpfte Schlaufen eines Bandes oder zweier Bänder, als Verschluss und/oder als Schmuck; bis etwa 1600 nur gelegtl. an der Kleidung, z. B. am Strumpfband, z. B. in der → Landsknechtkleidung; in der 1. Hälfte des 17. Jh. zuerst beliebt in der Herrenkleidung, noch vor 1650 vereinzelt auch in der Damenkleidung (bis nach 1780), nochmals um 1850; zuweilen unter spez. Namen, → Echelle, → Engageant, → Faveur, → Galants; → Bandschleife, → Halsschleife.

Schlender, *der*, → Kontusche.

Schleppe, überlange, nachschleifende hintere Rockpartie, auch separate, an den Schultern oder in der Taille angebrachte Stoffbahn; ab dem hohen Mittelalter repräsentatives Element der Kleidung, bes. in höfischen Kreisen; typ. in der → Burgundischen Mode, Länge nach Maßgabe des gesellschaftlichen Ranges, ähnl. in der Mode des Spätbarock; Teil der → Grande parure, selbständiges Kleidungsstück; um 1800 an → Chemisenkleidern, bes. in der Hoftracht Napoleons I.

(→ Courschleppe); zeitweise in der großbürgerlichen Kleidung des 19. Jh.; ab Anfang 20. Jh. zunehmend nur noch zu bes. feierlichen Anlässen; in extravaganter Form: die → Nixens.

Schlips, *der* (nd.), Mitte des 19. Jh. aufgekommene Bez. für die lose hängenden Endstücke von Halsbinden, heute ugs. für die → Krawatte in ihrer Form als → Langbinder.

Schlitzmode, Schlagwort für eine Modeerscheinung, bei der die Kleidung an verschiedenen Stellen oder flächendeckend durch Schlitze div. Art so geöffnet war, dass Unterkleidung bzw. farbiges Futter zum Vorschein kamen; anfangs als Funktionsschlitze zur Bequemlichkeit, bald als dekoratives Mittel genutzt, ausgehend von Oberitalien ab den 1470er/80er Jahren; typ. und in extremer Form in der → Landsknechtkleidung, 1.–3. Viertel 16. Jh.; auch vorgefertigt mit eingeschnittenem oder -gebranntem Muster von Webereien angeboten; Auflösung der Fläche zu einzelnen Streifen bei der sog. → Heerpauke, bis nach 1550, und der → Pluderhose, Mitte 16. / 1. Hälfte 17. Jh., ähnl. an Ärmeln.

Schlumperhose, saloppe Hose mit oben und unten gleich weiten Hosenbeinen, unter dem Knie zusammengebunden und leicht überfallend; 1. Drittel des 17. Jh. bes. in den Niederlanden und Deutschland. [Abb. 87]

Schlupfbluse, allg. Bez. für ein Oberteil ohne durchgehenden Vorder- oder Rückenverschluss, meist mit Ärmeln.

Schlüpfer. **1.** Damenunterhose mit kürzerem oder längerem Bein; seit 1914/18. **2.** Locker geschnittener, sportlicher Herrenmantel; mit bequemen → Raglan- oder eingesetzten Ärmeln (Kugelärmeln), dann Kugelschlüpfer genannt; Anfang des 20. Jh. → Automantel, in den 20er Jahren glockig geschnittener, einreihiger Reisemantel: Vorläufer des in den 30er Jahren aufgekommenen → Slipon, bereits mit dem typ. Slipon-Fasson.

Schnabelschuh (auch frz. *poulaine*), Schuh mit langer

Spitze, meist seitl. Verschluss, auch geschlitzt; mit Schelle an der Schuhspitze, Ende 14. Jh.; in gemäßigter Form auch von Frauen getragen; Gegenstand div. Kleiderordnungen: Länge je nach gesellschaftlichem Stand; urspr. aus dem Orient, in Mode nach 1360, mit Unterbrechung in der 1. Hälfte des 15. Jh. bis nach 1480, im Einflussbereich der → Burgundischen Mode (schnabelartige Schuhspitzen auch von Ioniern und Hethitern getragen, sowie von Etruskern, 6. Jh. v. Chr.).

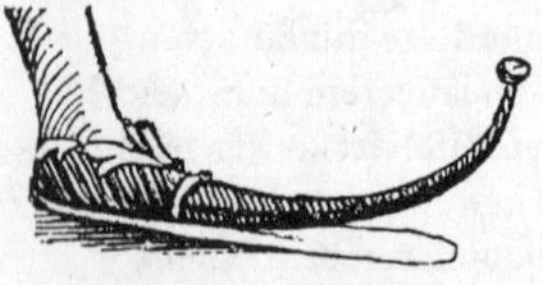

Abb. 122: Schnabelschuh mit Trippe. 15. Jh.

Schnebbe, *die* (auch *Schneppenhaube*, *Schniepe* oder *Schnibbe*), kleine Haube mit einer auf die Stirn reichenden Spitze; um 1600 aus der → Stuarthaube hervorgegangen; Form vermutl. im 17. Jh. an Kopfbedeckungen von Trauerkleidung eingeführt, bis ins 20. Jh. in der Witwentracht gültig; lebt in der Volkstracht weiter.

Schneppe, *die* (auch *Schneppen-* oder *Schnebbentaille* bzw. *Schnebbe*), in den Rock ragende Spitze des Kleidoberteils, im allg. verbunden mit starker Taillierung; typ. für die → Spanische Mode und deren Einflussbereich, vielfach getragen bis Ende des 18. Jh.; erneut aufgegriffen im Kleiderschnitt der Biedermeierzeit.

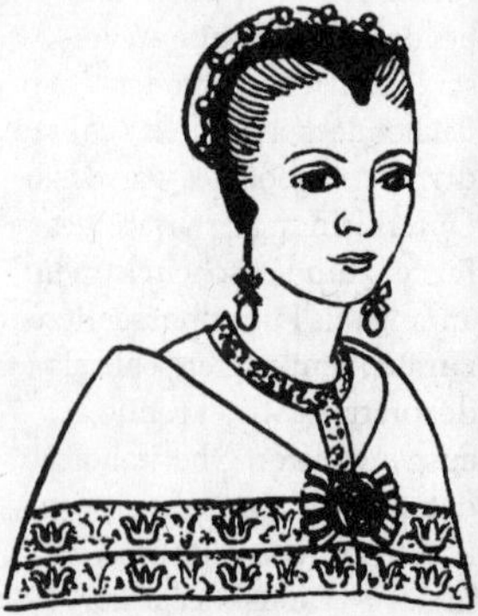

Abb. 123: Schnebbe. Holland, um 1645.

Schnitt, Bez. für den an die Körperformen angepassten Zuschnitt eines textilen Materials, z. B. einer Webbahn, auch Bez. für das Schnittmuster als Vorlage dafür; Zuschnitt der Kleidung ist greifbar ab dem 12. Jh. mit der Spezialisierung der Kleidungsherstellung und damit Etablierung des Schneiderhandwerks; voll ausgebildet und erstmals deutlich ablesbar in der modisch knappen, eng anliegenden Kleidung ab Mitte des 14. Jh., die einen entsprechenden Zuschnitt voraussetzte. Seit dem 16. Jh. Verbreitung von (gedruckten) Modellbüchern mit Schnittmustern, offensichtlich zuerst in Spanien; bis ins 19. Jh. wurden jeweils individuelle Körpermaße nach markanten Punkten (z. B. Rückenwirbel) festgehalten, ein fertiges Schnittmuster damit abgestimmt; in der 1. Hälfte des 19. Jh. Entstehung des noch heute gültigen Schnittsystems nach sich proportional zueinander verhaltenden Maßen, in Anpassung an Individualmaße oder an aus Reihenmessungen gewonnenen Durchschnitts-Körpermaßen.

Schnürbrust, Schnürleib, Schnürmieder → Korsett.

Schoß, der an einem Oberteil in Taillenhöhe angesetzte oder angeschnittene, dann optisch vom Oberteil abgesetzte Teil des Kleidungsstücks, Unterkörper und evtl. Beine mehr oder weniger bedeckend. [Abb. 67]

Schoßrock, allg. Bez. für jeden Rock (des Mannes) mit → Schoß, spez. für den → Gehrock mit seinen langen, vorne übereinandergehenden Schoßteilen, bes. 1. Hälfte des 19. Jh.: Abgrenzung vor allem zum → Frack mit seinen zurückgeschnittenen Schoßteilen.

Schottenmuster, Schottenkaro (auch frz. *écossais*), Karomusterung in Anlehnung an die Muster traditioneller schott. Kleidungsstücke (→ Kilt, → Plaid) in ihren je nach Clan (Sippe) unterschiedlichen Ausprägungen; Tartan: orig. S. (auch Kleidungsstück, → Plaid); Black-watch: spez. blau-grünes S.

Schubtasche (auch *Mufftasche*), eingearbeitete, schräge oder senkrechte Tasche mit → Leiste, → Patte oder Paspeln (→ Paspeltasche) an sportlich-robusten Mänteln

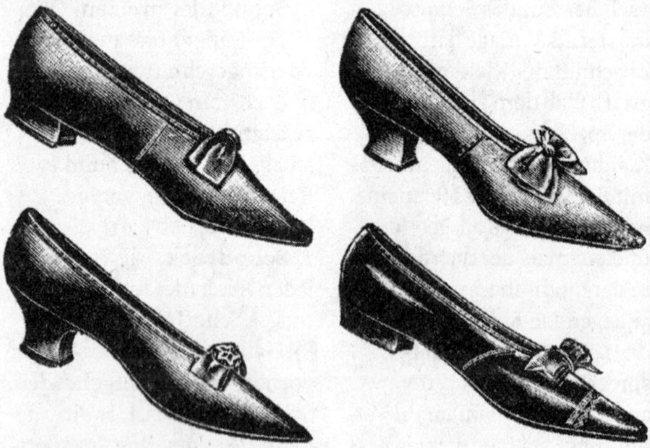

Abb. 124: Damenschuhe. 1903/04.

und Jacken, oberhalb einer Seitentasche.

Schuh, → Absatz, → Ballerinaschuh, → Bundschuh, → Chopine, → Escarpin, → Galosche, → Hüttenschuh, → Kothurn, → Kuhmaulschuh, → Lederse, → Mokassin, → Opanke, → Pantoffel, → Pumps, → Sandale, → Schnabelschuh, → Stiefel, → Trippe, → Zoccolo. [s. Abb. 51, 99]

Schulterklappe, (auch *Achselklappe*, *Schulterriegel*, *-spange*), aufgeknöpfte oder festgenähte → Lasche auf der Schulter; urspr. nur auf einer Schulter: Halterung für den Schulterriemen von Patronentasche u. ä.; nach 1700: typ. an Uniformen zur Kennzeichnung von Regiment und Rang und vielen davon hergeleiteten Kleidungsstücken (z. B. → Trenchcoat).

Schulterkragen, die Schulter bedeckender Kragen, jedoch kürzer als ein → Umhang; → Canezou, → Carrick, → Goller, → Palatine, → Spitzenkragen; s. a. → Pelerine.

Schulterwulst → Achselstück.

Schurz, Lendenschurz, vermutl. ältestes Kleidungsstück; im wesentlichen drei Varianten: an einem Gürtel befestigt, lose fallend (Schamtuch), zwischen den Beinen hindurchgezogen (Durchzieh-Sch.) oder gewickelt; frühe Nachweise z. B. auf ostspan. Felsmalereien (Mittlere Steinzeit); alte Hochkulturen: bes. aus Ägypten bekannt, hier als kunstvoll gewickelter Leinen-Sch., allg. von Männern getragen, von Fürsten in bes. Ausstattung (golddurchwirkt usw.); Teil bronzezeitlicher Männerbekleidung (z. B. Mitteleuropa, auch Kreta); in der griech. Antike gelegtl. beim Sport als Durchzieh-S., sonst wie auch in der röm. Antike Arbeitskleidung; grundlegendes Kleidungsstück vieler Naturvölker in Schutz- und Schmuckfunktion.

Schürze, auf den → Schurz zurückgehende Bez. (seit dem 17. Jh.) für ein ebenso schützendes wie auch schmückendes, bes. die Vorderfront bedeckendes Kleidungsstück; seit dem späten Mittelalter Arbeitskleidung von Frauen, von Handwerkern auch aus Leder; ab dem 15. Jh. wurde die in der Taille umgebundene S. dekoratives Kleidungsstück der Bürgerin, im 18. Jh. auch von vornehmen Damen als kleine, kostbare Zierschürze (»Tändelschürze«) getragen. Im 19./20. Jh. vielfältig in Verwendung, Schnitt und Ausgestaltung, z. B. mit Brustlatz, mit angearbeitetem Oberteil als Kittelschürze, bes. klein als Cocktailschürze (seit den 1950er Jahren).

Schute, *die*, haubenartige Kopfbedeckung für Damen, mit einer das Gesicht umrahmenden, weit vorspringenden Krempe; eine Form der → Kapotte, modern 1805/06–14 und in der Biedermeierzeit; ähnl. einer in Deutschland gebietsweise getragenen Haube im 15. / 1. Viertel 16. Jh.

Schwangerschaftsmode, durch vorn in bzw. unter der Taille getragene Polster geprägte Silhouette, eine Schwangerschaft vortäuschend; Mitte des 18. Jh. aufgekommen, durch Schauspielerinnen in Umlauf gebracht; um 1793 in England modern geworden, auch auf dem Kontinent verbreitet (→ Pad);

nochmals in Frankreich um 1913 zu sehen.

Schwedenpasse (auch *Rundumpasse*; gelegtl. jedoch auch Bez. für eine vordere und hintere Passe, die *nicht* über den Ärmel führt), über Vorder-, Rückteil und oberen Teil der Ärmel verlaufende Passe; erfordert vom Schnitt her einen außen geteilten Ärmel (Passenärmel). [Abb. 72]

Seide, tierische Faser aus den zu Kokons gesponnenen Umhüllungen von Seidenraupen; feinste (sog. »echte«) S. von dem gezüchteten Maulbeerspinner: Nach Abhaspeln der Kokons innen abgetöteter Larven und Lösen des Seidenleims (Serecin) in Wasser werden die Fäden zusammengefasst und verzwirnt. Gröbere S.-Gewebe aus kurzen Fäden der Kokons ausgeschlüpfter, wilder Seidenspinner: in Europa vermutl. seit der Antike; S. ist der Überlieferung nach seit dem 3. Jt. in China bekannt. Beginn der Seidenraupenzucht nach chines. Vorbild in Europa seit Mitte des 6. Jh., zuerst in Byzanz; seit der Antike bevorzugter, anfangs noch importierter Kleiderstoff der Oberschicht.

Sella, *die* (ital.), kleine → Hörnerhaube für Frauen, mit Juwelen und einem Schleier ausgestattet; ital. Frührenaissance.

Sendelbinde (nach mhd. *zendal, zindal*, mittelalterlicher Seidenstoff), extrem verlängerte Kapuzenspitze der → Gugel, die daher auch turbanartig um den Kopf gelegt werden konnte, Mitte 14.–15. Jh.; auch separate Stoffstreifen, zum Turban gebunden, zuerst in Italien (→ Chaperon, auch Cappuccio), mit seitl. herunterhängendem Bandende, Ende 13.–15. Jh.

Separates (Pl.; engl., ›einzelne Teile‹), mehrere stilistisch zusammenpassende Kleidungsstücke, in Farbe und Material evtl. unterschiedlich, jedoch aufeinander abgestimmt; jedes Teil kann auch einzeln getragen werden. Mitte der 1950er Jahre zunächst in der engl. Herrenmode als kombinierter Sportanzug (→ Kombinierter Herrenanzug) aufgekommen, heute allg., auch für Damen.

Serge (frz., ›Köperbindung‹), seit dem 12. Jh. bekannte Qualitätsbez.; urspr. aus Seide, später Wolle und Baumwolle; für Futter- oder Oberstoff verwendet.

Shantung, Wildseidengewebe in → Leinwandbindung aus den Absonderungen des Tussahspinners; unregelmäßige Oberfläche mit Noppen, daher kaum glänzend; heute auch als Imitat aus Baumwolle oder Chemiefasern; Bez. nach der gleichnamigen chines. Provinz.

Shetland, meliertes Streichgarngewebe (→ Streichgarn), aus oder mit Wolle; urspr. aus Schafwolle der Shetlandinseln, die dort verstrickt und handverwebt wurde, auch heute noch Kurzbez. für diese Wolle.

Shiftkleid (von engl. *shift* ›einfaches Hemd‹), gerade geschnittenes, lockeres Kleid; urspr. eine Kreation des Couturiers Hubert de Givenchy (* 1927) mit folkloristischen Anklängen: oberhalb der Taille großzügig geschnittene Kleider, Jacken und Mäntel, mit über die Schulter reichenden Passen und weiten, oben angekrausten und/oder tief eingesetzten Ärmeln.

Shorts (Pl.; von engl. *short* ›kurz‹), Hose mit oberschenkellangen Beinen; Anfang der 1930er Jahre erstmals als Sporthose von professionellen Tennisspielerinnen getragen; in Mode zuerst als Freizeitkleidung, später auch als Tageskleidung: → Hot pants, → Bermuda-Shorts. [Abb. 30]

Sinus, *der* (lat.), überhängende große Gewandfalte vorn an der → Toga, in die der rechte Arm eingeschoben werden konnte; vielleicht als Tasche genutzt; die so drapierte Toga gilt als typ. für die röm. Kaiserzeit.

Skikleidung → Anorak, → Baschlik, → Keilhose, → Kniebundhose, → Norwegeranzug, → Overall.

Slacks, *die* (Pl.; engl., ›schlaff‹), Damenhose mit gerade geschnittenen, umschlaglosen Beinen, Bügelfalte; urspr. aus den USA; in Mode in den 1920er/30er Jahren; in die Herrenmode übernommen und bis in die 50er Jahre getragen; heute eine Damenhose mit gerade fallenden Beinen.

Slip, *der* (von engl. *to slip* ›hineinschlüpfen‹), kurze Unterhose ohne Beinansatz; als Herrenunterwäsche 1934 von der Firma Heinzelmann unter dem Namen »Piccolo-Höschen« auf den Markt gebracht; in der Art jedoch seit Ende des 19. Jh. bis in die 1930er Jahre unter Bade- und Turnkleidung getragen; setzte sich erst in den 60er Jahren allg. durch.

Slipon, *der* (von engl. *to slip* ›hineinschlüpfen‹), Herren-Wettermantel im Raglanschnitt (→ Raglan), verdeckte Knopfleiste, → Pattentaschen, → Ärmelspangen; typ.: Ansatz eines Revers, jedoch auch hochgeschlossen zu tragen (Slipon-Fasson); in den 1930er Jahren aus dem → Schlüpfer entstanden, ab 1937 auch mit Gürtel.

Smock, *der* (engl., ›Kittel‹). **1.** Engl. Tag- oder Nachthemd mit Verzierungen an Halsausschnitt und Ärmelabschluss, 16./17. Jh. **2.** Weit verbreiteter Bauernkittel mit verziertem Brust- und Rückenstück; Bez. (heute *Smok*, nd.) ist auf eine Garnierung aus festgestickten oder -genähten Fältchen an Kleidern und Blusen übergegangen; bes. an Kinderkleidern, ab spätem 19. Jh.; heute meist elastisch mit eingearbeitetem Gummifaden; häufig auch an Folkloreblusen.

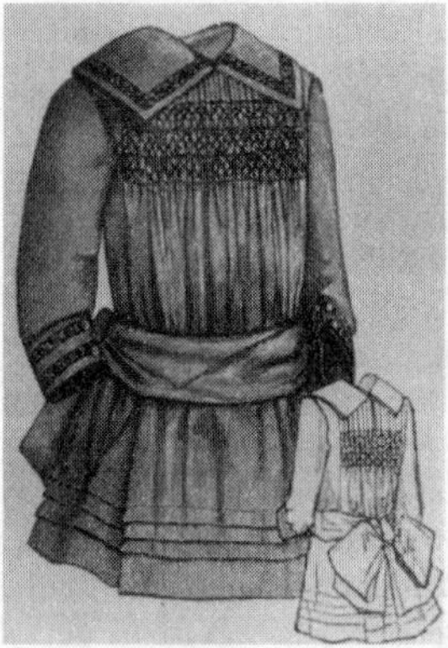

Abb. 125: Kinderkleid mit Smok-Verzierung. 1889/90.

Smoking, *der* (von engl. *to smoke* ›rauchen‹; Bez. in England: → *Dinnerjacket*, in USA: *Tuxedo*), Anzug für kleinere gesellschaftliche Anlässe, bes. am Abend; Sakko ein- oder zweireihig, auf einen Knopf geschlossen; → Revers oder → Schalkragen (um 1900 und wieder seit etwa 1950):

seidenbesetzt; dunkle umschlaglose Hose mit → Galons; 1889 durch den Herzog von Sutherland als sog. Frackjackett in Mode gekommen, angeblich zunächst nur in Herrengesellschaft im Rauchsalon von Klubs getragen; als Sommer-S. auch in Weiß (→ Dinnerjacket); von Damen in den 20er Jahren als Kostüm übernommen. [Abb. 2]

Socke, knöchel- bis wadenlanger Strumpf; Form seit dem Altertum bekannt, Originalfunde aus koptischer Zeit (4./5. Jh.) in einer Verschlingungstechnik, mit vorderer Zehenteilung; Bez. nach dem röm. *soccus*: sockenartiger Hausschuh, später ein wadenhohes, weiches Schuhwerk; im Ggs. zu Strümpfen (→ Strumpf) wurde die kürzere S. erst Ende des 19. Jh. wieder üblich: zunächst farbig, dann vorwiegend schwarz und grau, bis Mitte des 20. Jh.; in den 50er/60er Jahren wieder farbig, auch gemustert, nun statt aus Naturfasern häufig aus → Nylon; zu Sport- und Freizeitkleidung auch von Frauen getragen, für kleine Kinder und junge Mädchen »Söckchen« genannt.

Sombrero, *der* (von span. *sombra* ›Schatten‹), span. und südamerik. Strohhut, heute mit breitem, hochgerolltem Rand und spitzem Kopfteil; breitkrempiger Hut span. Frauen im Mittelalter, diente als Sonnenschutz; als Herrenhut Anfang des 17. Jh. von Spanien ausgehend in Europa weit verbreitet; im 20. Jh. auch modischer Damenhut.

Sonnenplissee → Plissee.

Soutache, *die* (frz., ungar.), feine, plastische, meist glänzende Besatzschnur, geflochten, deshalb vom Erscheinungsbild her auch »Herzlitze« genannt.

Spanische Hose → Heerpauke.

Spanische Mode, kostümgeschichtliche Bez. für die einflussreiche, vom spanischen Hof geprägte Mode, etwa 1550–1620; kennzeichnet eine Zeit großer politischer und wirtschaftlicher Macht vor dem Hintergrund der in hohem Maße von Spanien vorangetriebenen Gegenreformation; Silhouette: starre, den Körper stilisierende bzw. verneinende Formen durch Wattierung und Polsterung (→ Wams, → Heerpauke), Einengung der Taille, bei Frauen auch des Oberkörpers (→ Planchette) sowie steife Umhüllung des Unterkörpers (→ Verdugado); hochgeschlossene Kleidung, Stehkragen, → Halskrause, dazu Betonung der Schulterlinie mit → Achselstücken oder auch Ärmelpuffen (diese bes. außerhalb Spaniens!); als Überkleidung berühmt die »Spanische → Kappe«; Bevorzugung schwarzer Stoffe; konnte sich in ganz Europa als höfische Kleidung durchsetzen, jedoch vielfach zu weniger strenger Form abgewandelt, bes. in Frankreich und Italien, wirkte bis in die bürgerliche Kleidung hinein, bes. in den Niederlanden. [Abb. 74]

Spenzer, *der* (urspr. *Spencer*). **1.** Taillenlange, daher schoßlose, anliegende Jacke, urspr. mit kurzen Ärmeln, Revers; zunächst in ziemlich lebhaften Farben über dem Frack getragen; vermutl. um 1805 von einem Lord S. in Mode gebracht, aktuell bis etwa 1815; wurde in Form des → Messjacketts zur Gesellschaftskleidung, seit Mitte der 1980er Jahre wieder modern; für Damen kurze, evtl. ärmellose Jackenform (→ Canezou), Anfang des 19. Jh.; beliebt zu den hochtaillierten Kleidern der → Empiremode, ebenso heute allg. Bez. für eine knapp taillenlange Form, häufig Teil von Volkstrachten. **2.** Kurze, anliegende Unterziehjacke für Frauen, um 1800, ähnl. heute wieder in Gebrauch.

Spiegel, Seiden- oder Samtbesatz am Revers, vor allem an → Frack und → Smoking.

Spiegelnaht, auch *Crochetnaht*, Verbindungsnaht von Kragen und → Revers. [Abb. 47, 120]

Spitze, durchbrochenes und durchscheinendes textiles Gebilde: von Lochstrukturen bis hin zu flächenfüllenden Mustern auf netzartigem Grund; werden unterschieden nach folgenden Kategorien: Nadel- oder Näh-S., geflochtene S. (z. B. Klöppel-S.), Filet-S., Häkel-S., Strick-S., geknüpfte S.; aufgekommen Anfang 16. Jh. als Nadel- und

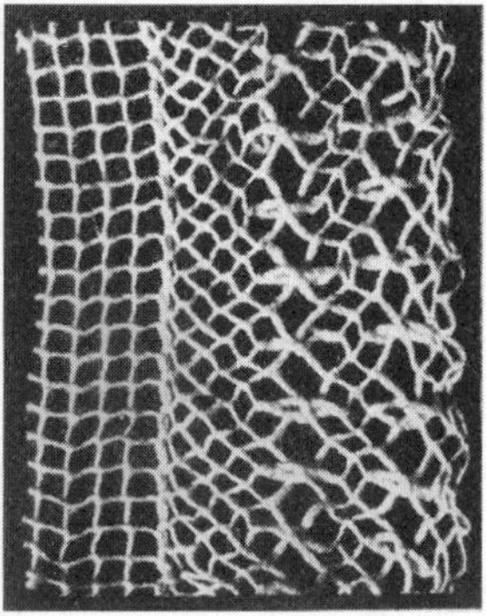

a

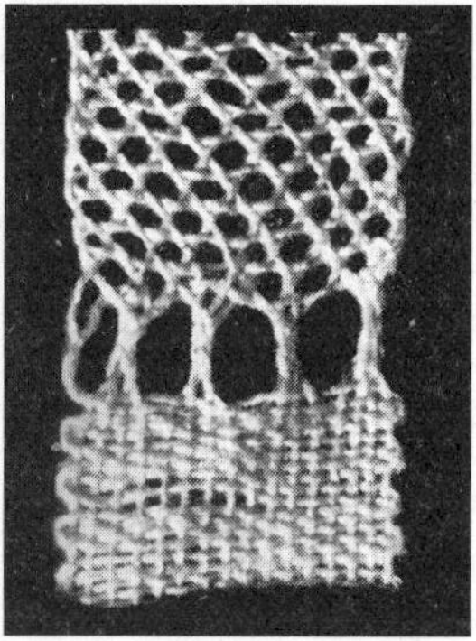

b

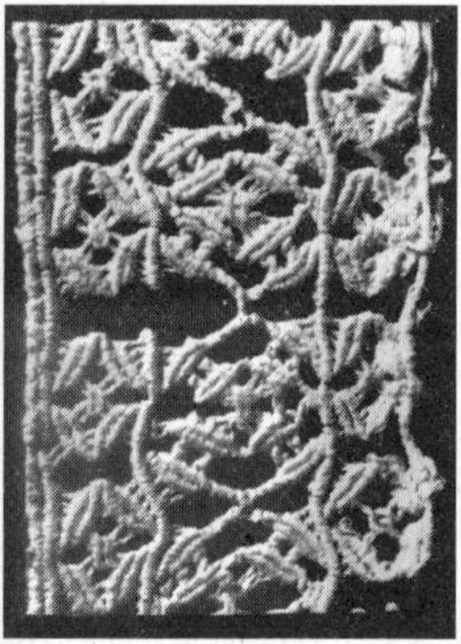

c

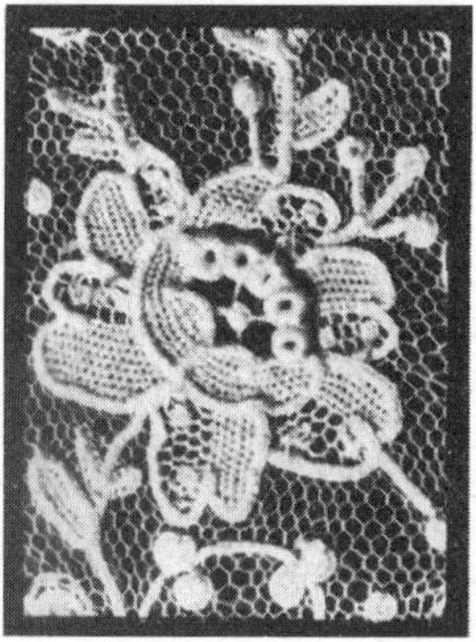

d

Abb. 126: Spitze. – a) Filetspitze. b) Klöppelspitze. c) Geknüpfte Spitze: Makrameespitze. d) Nähspitze auf Tüllgrund: Brüsseler Spitze.

Klöppel-S.; bes. bedeutend war zunächst die ital., nach 1660 bes. frz. S., dann auch S. aus Flandern; Blütezeit im 18. Jh.; seit dem 1. Viertel des 19. Jh. maschinell hergestellt; als Ausputz der Kleidung bes. beliebt im 17. Jh. bis nach Mitte des 18. Jh. [Abb. 126]

Spitzenkragen, neben der allg. Bedeutung spez. Bez. für einen flach auf den Schultern liegenden Kragen aus → Spitze, aktuell 1. Hälfte 17. Jh.; aus Spitze gefertigt waren auch der → Medicikragen und evtl. der → Stuartkragen, in Anlehnung an diese bes. die Spitzenkragen der Damenkleider im Rahmen der Krönungstoiletten am Hofe Napoleons I. (→ Chérusse). [Abb. 61]

Sporthemd, bequemes, unkonventionelles Oberhemd: ab Mitte des 19. Jh. im Ggs. zum üblichen Oberhemd aus farbigen Stoffen, jedoch mit weichem, zunächst noch weißem Kragen; nach 1920 zum Sport und als sportliche Tageskleidung getragen, auch aus → Maschenware (→ Polohemd), seit den 30er Jahren ohne Krawatte akzeptiert, bes. wenn kurzärmelig; weitere Merkmale: meist aufgesetzte Brusttaschen, an langen Ärmeln einfache Knöpfmanschetten (→ Manschette); heute obligatorische Form des Herren(ober)hemdes.

Sportkleidung, als zweckmäßig ausgerichtete Kleidung für sportliche Betätigungen erstmals in der 2. Hälfte des 18. Jh. zu fassen, ausgehend von England; Entstehung im Zusammenhang mit der Entwicklung des Breitensports;

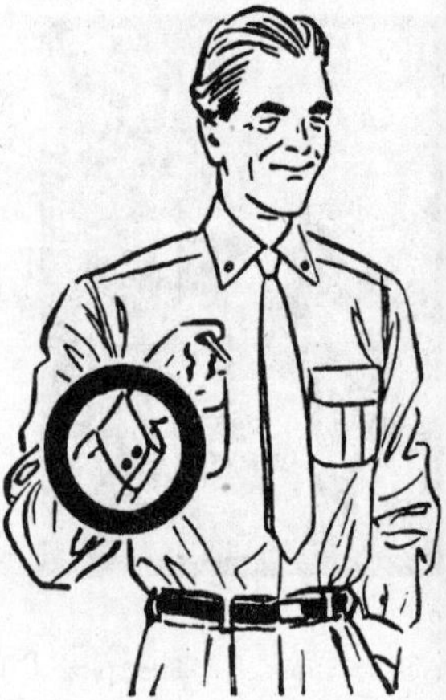

Abb. 127: Sporthemd mit doppelt geknöpfter Manschette, aufgesetzten Taschen und Button-down-Kragen. Mitte 20. Jh.

zunächst kaum von der Tageskleidung unterschieden; erste Ansätze in der → Reitkleidung, dann → Badekleidung; Turnkleidung seit Anfang des 19. Jh. für Jungen, im allg. erst Anfang des 20. Jh. für Mädchen, gekennzeichnet durch Lockerung und Verminderung der Kleidungsstücke; nach 1850 von England aus Einführung von → Trikots; Ende des 19. Jh. zögernder Übergang zur Hose für Frauen (→ Radfahrkleidung); nach 1918 allg. Durchsetzung der S., Einfluss auf die Tageskleidung: heute sog. Sportswear, als modische Kleidung auch ohne sportliche Betätigung beliebt, ausgehend wiederum von der nun hochdifferenzierten und aktuell gestalteten S.

Stecker, steifer Miedereinsatz aus Karton, mit kostbarem, reich verziertem Stoff bezogen, z. B. bestickt oder mit Schleifen verziert (→ Echelles) u. ä.; hinter die vordere Öffnung des Mieders gesteckt bzw. dort befestigt und ihr in der Form angepasst, daher meist dreieckig; 2. Hälfte 17. bis nach Mitte des 18. Jh. Hofkleidung; noch erhalten in Volkstrachten.

Stehkragen, hochstehender Kragen, im Ggs. zum → Umlegekragen (gelegtl. auch mit diesem kombiniert); grundsätzliche Kragenform in div. Ausprägungen; Entwicklung im 13. Jh. aus den mit Stoffstreifen eingefassten Halsausschnitten bes. der → Cotte; charakteristisch für die → Spanische Mode, 16./17. Jh.; heute auch Stehbundkragen, in schmaler Form auch »Stehbord« genannt. [s. Abb. 89 f]

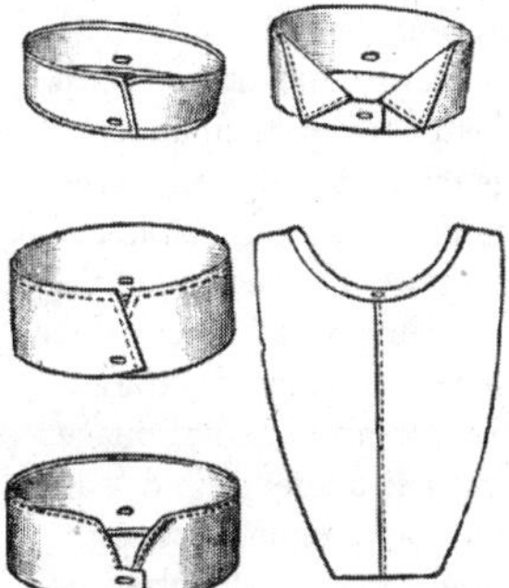

Abb. 128: Separate Stehkragen, Klappenkragen und Chemisette zum Einknöpfen. 1903/04.

Steinkerke, *die* (auch *Steinkerque, Steenkerke*), Halsbinde aus Seide oder → Musselin u. ä., mit langen Enden, die vorn locker geknotet und umeinander gedreht, nach links durch ein Knopfloch gezogen oder durch Einstecken in den Ausschnittschlitz des Hemdes befestigt wurden. Der Überlieferung nach eine Notlösung zum Anlegen der Halsbinde, von den eilig in die Schlacht von Steenkerke (1692) ziehenden Franzosen angewandt, jedoch schon seit den 1680er Jahren nachweisbar; bis 1715 (Tod Ludwigs XIV.) aktuell; auch von Frauen getragen. [Abb. 3]

Steppkleidung, aus mindestens zwei aufeinandergenähten Stofflagen; oft mit einer → Wattierung oder Schnureinlage usw.; plastische Wirkung wird meist als dekoratives Element genutzt; bes. formstabil, mit Einlage wärmeisolierende und/oder stoßdämmende Wirkung; bereits in alten Hochkulturen getragen; noch heute in Ost- und Innerasien, einem der Ursprungsgebiete, verbreitet; im Mittelalter bis ins 16. Jh. Schutzkleidung, separat oder zur Rüstung, aber auch Zivilkleidung; bes. beliebt etwa Mitte 18. bis Mitte 19. Jh., z. B. als Winterkleid; als sportliche Steppjacke u. ä. wieder modern, nach Mitte 20. Jh.

Stetson, *der* (amerik.), breitkrempiger, weicher Filzhut mit eingedelltem Kopfteil; Form in Anlehnung an den → Sombrero; allg. als »Westernhut« bzw. »Cowboyhut« bekannt, da von westamerik. und mexikanischen Cowboys getragen; Name nach dem amerik. Huthersteller John B. S., Philadelphia, der erstmals in den 1870er Jahren Hüte für Cowboys anfertigte.

Stickerei, Verzierung eines meist textilen Untergrundes mit Nadel und Faden; div. Techniken, auch mit Perlen u. ä. und → Applikationen; Zeugnisse aus vorchristlicher Zeit aus dem Mittelmeerraum und China; an Gewändern der späten griech. sowie röm. Antike: nach Plinius auf die S.-Kunst der Phrygier zurückgehend; Silber- und Gold-S. im frühen Mittelalter an Gewändern hoher Würdenträger; im 15./16. Jh. aktuell: gestickte symbolische Motive, S. auch an

Hemdkragen; größere Verbreitung der S. seit Aufkommen der Musterbücher ab 1525; im 17./18. Jh. allg. sehr beliebt, als überreiche Metall-S. an höfischer und liturgischer Kleidung; in den 1820er Jahren Erfindung der Stickmaschine.

Stiefel, den Fuß und einen Teil des Beins umhüllendes Schuhwerk; vorn geschnürt, vielfach auch zehenfrei: in Altertum und Antike (→ Kothurn), vermutl. zuerst in Vorderasien, 1. Jt. v. Chr.; sockenähnl. als höherer Schlupfschuh im frühen Mittelalter (→ Socke); vermutl. aus den ledernen Beinlingen (→ Ledersen) hervorgegangen: der Stulpen-S. mit unter dem Knie umgeschlagenem Schaftteil, mit trichterförmiger Öffnung »Becher-S.« genannt, aktuell 1. Hälfte 17. Jh.; Teil der → Englischen Mode seit den 1770er Jahren, in div. Formen bis Mitte 19. Jh., auch für Damen als Reit-S. aktuell; modern als Stiefelette 1820/30 bis nach 1920: geschnürt, geknöpft oder mit Gummizug; seit etwa 1965 div. Formen, bes. in der »Jungen Mode«. [s. Abb. 132]

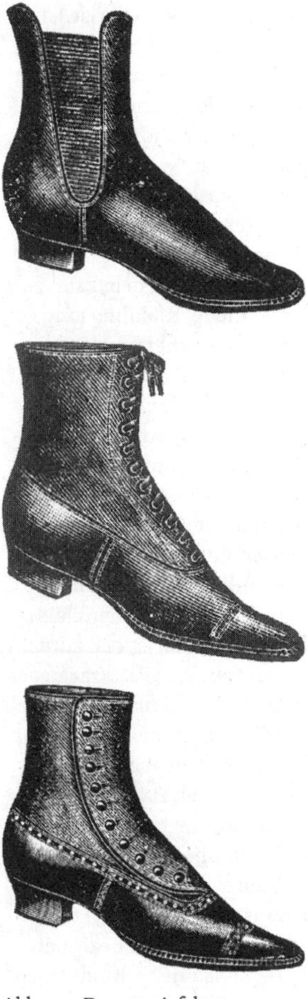

Abb. 129: Damenstiefeletten. 1903/04.

Stola, *die* (griech./lat.), in der griech. Antike und in der frühen röm. bis 6. Jh. v. Chr. Bez. für die gesamte Ausstattung an Kleidung; übergegangen auf ein über der → Tunika getragenes, mit Schulterträgern gehaltenes Gewand verheirateter Frauen, Rangabzeichen; in byzant. Zeit langärmelig, Kleidung ranghoher weltlicher und kirchlicher Personen, dann Teil des Priesterornats: Die beiden farbigen Längsstreifen des Gewandes wurden im frühen Mittelalter als separates Stoffband um den Hals gelegt, ähnl. der seit Ende des 19. Jh. so genannte schalartige Überwurf zum festlichen Damenkleid, häufig aus Pelz, jedoch zurückgehend auf lose Pelzkragen des 17. Jh. (z. B. → Palatine): aktuell ab Mitte 19. Jh. bis in die 1960er Jahre; Bez. gilt auch für die → Palatine ab etwa 1822. [Abb. 103]

Streichgarn, aus kurzen, gekräuselten Fasern; bei den daraus gefertigten, dicken Stoffen, wofür die Bez. ebenfalls gilt, ist die → Bindung auf der Oberfläche wenig zu sehen. Urspr. aus Wolle, heute auch aus → Baumwolle, → Chemiefasern und Mischungen.

Stresemann, offizieller, dreiteiliger Tagesanzug: schwarzes, ein- oder zweireihiges Sakko, gestreifte Hose ohne Umschlag, hellgraue Weste; in den 1920er Jahren als obligatorischer Anzug des dt. Reichskanzlers bzw. Außenministers Gustav S. (1878 bis 1929) bekannt geworden; in den 50er Jahren neu in Mode gekommen durch Bonner Politiker, daher auch »Bonner Anzug« genannt; offizieller Anzug auch für Beerdigungen, dann mit schwarzer Weste und schwarzer Krawatte; auch für Hochzeiten, Taufen usw.

Stretch (engl., ›strecken, dehnen‹), Bez. für elastische Textilien bzw. für deren charakteristische Eigenschaft; S.-Gewebe erhalten ihre Dehnbarkeit durch spez. Faserstoffe, Verwendung elastisch gemachter (texturierter) Garne oder durch Einwirkung von entspr. Chemikalien; wurde nach dem 2. Weltkrieg durch die Weiterentwicklung der synthetischen Faserstoffe (→ Chemiefasern) möglich.

Strick- und Wirkware, maschinell hergestellte Maschenware; im allg. Sprachgebrauch auch nur als »Wirkware« bezeichnet; technische Unterscheidung: auf Wirkmaschinen entsteht das Flächengebilde durch gleichzeitig bewegte Nadeln als (a) Kuliergewirk: Maschenbildung in waagerechter Richtung bei Verarbeitung *eines* Fadens; (b) Kettengewirk: Maschenbildung in senkrechter Richtung durch Verarbeitung von parallel nebeneinander verlaufenden Fäden; bei Strickmaschinen durch einzelne, nacheinander bewegte Nadeln; S.- u. W. kann auf Flach- oder Rundmaschinen (Schlauchware) gefertigt werden; mechanisch hergestellte W. seit der Erfindung des Handkulierstuhls zur Anfertigung von Strümpfen, 1589; mechanische Strickmaschinen ab 1857.

Strumpf, Bein und Fuß umhüllendes Kleidungsstück; bis Anfang des 16. Jh. aus Webware, evtl. Leder, längs des

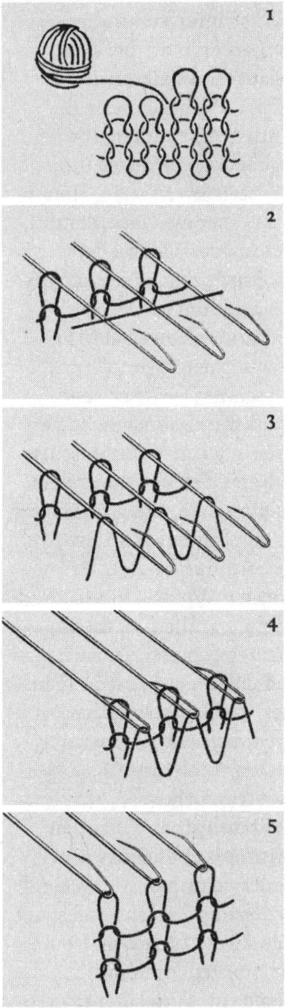

Abb. 130: Strickware (1) und Wirkware (2–5).

Beins hinten zusammengefügt; vermutl. bei kleinasiatischen Völkern des Altertums bekannt; in der röm. Antike sockenartig (→ Socke); in Mitteleuropa reichten im 12./13. Jh. Herren-S. bis über die Oberschenkel, befestigt am Gürtel der → Bruch, daraus gegen 1500 Entwicklung einer → Strumpfhose; 1589: Erfindung der Strumpfstrickmaschine (→ Strick- und Wirkware), allmähliche Verbreitung von S. aus Maschenware; in den oberen Ständen meist weiße, verzierte Seiden-S., häufig mit kostbaren → Strumpfbändern, ansonsten Woll-S., 16.–18. Jh.; im 19. / frühen 20. Jh. für Damen gemusterte, nach 1920 fleischfarbene S. modern, in den 30er Jahren vielfach aus → Kunstseide, ab etwa 1945 Nylon-S., ab 1964/65 → Strumpfhosen.

Strumpfband, um den Strumpf gebundenes oder anderweitig befestigtes Band, Halterung des Strumpfes; über den Zweck hinaus meist schmückendes Beiwerk; bereits im Mittelalter bekannt: s. z. B. die Gründung des Hosenbandordens 1348 durch den engl. König Edward III.; um 1500 als Band (Jarretière) unter dem Knie; ähnl. in der 2. Hälfte des 16. Jh., auch mit Spitze u. ä. verziert; im 17. Jh. häufig mit Rosette; für Damen bes. im 18. Jh. modern, aufwendig ausgestattet: bestickt, mit Juwelenschnalle usw., über oder unter dem Knie gebunden, auch elastisch aus Maschenware, später auch mit Spiralfeder; mit Gummieinlage Ende 19. Jh.; dann allmählich aus der Mode wegen Aufkommen des Strumpfhalters. [vgl. Abb. 88]

Strumpfhose, Strümpfe mit angearbeitetem Hosenteil; erstmals gegen Ende des 15. Jh. nachzuweisen, aus den bis über die Oberschenkel hinaus verlängerten → Strümpfen entstanden: wurden am Gesäß in der Mitte zusammengefügt, vorn ein Hosenlatz; S. an das → Wams angenestelt; Material: gern elastischer Wollstoff; modern bis etwa Anfang 16. Jh.; für Damen als Feinstrumpfhose ab 1964/65, setzte sich im Zuge der → Mini-Mode durch.

Stuarthaube (auch *Attifet*, *Attiffet*, frz.), weiße oder schwarze kleine Kopfbedeckung, rechts und links am Oberkopf abstehend und auf der Stirn im Bogen aufliegend; aus Seide, Samt oder Spitze, auch spitzenverziert; typ. Haube der Maria Stuart (1542–1587), 2. Hälfte 16. Jh.; weiterentwickelt zu → Flügelhaube und → Schnebbe.

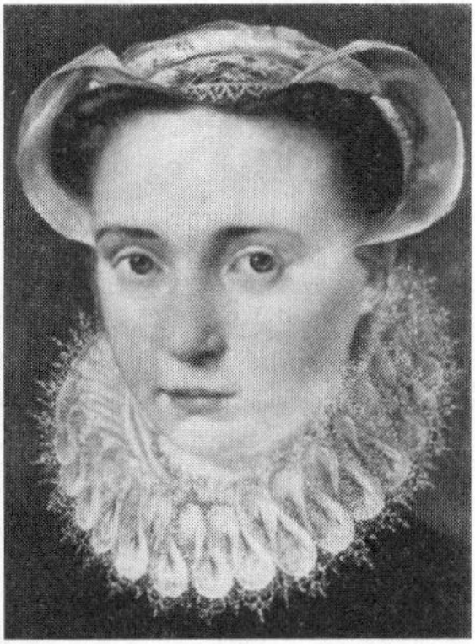

Abb. 131: Stuarthaube. Um 1577.

Stuartkragen, im Nacken hochstehender Kragen, mit Draht versteift, gefältelt, auch aus Spitze, ab Mitte des 16. Jh. bis nach 1630, bes. in England und Frankreich; Alternative zur → Halskrause; ähnl. dem → Medicikragen; vorgeschlagen auch für Damenkleider um 1813 im Zuge der → Altdeutschen Kleidung sowie aktuell um 1916/17; Name nach Maria Stuart (1542–1587), Königin von Schottland.

Stulpe, *die*, Umschlag am → Stiefel; auch an Ärmel (→ Ärmelaufschlag) und Hosenbein (→ Hosenumschlag); über das Handgelenk hinausreichender Teil des Handschuhs, seit dem 14. Jh.

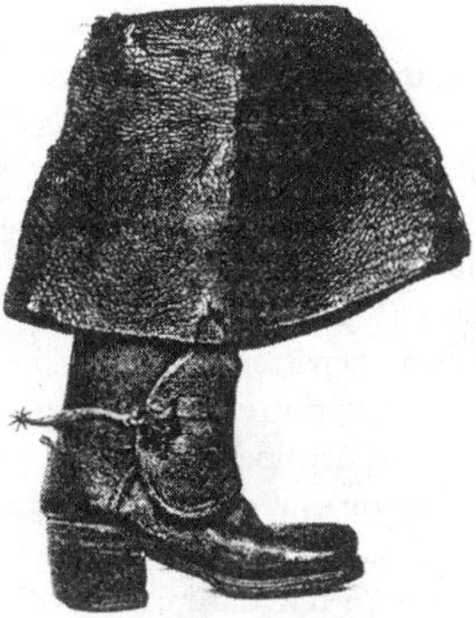

Abb. 132: Stulpenstiefel. 17. Jh.

Stutzer, *der*. **1.** Herrenkurzmantel, oberhalb der Knie endend, sportlicher

Charakter; oft ausgeprägte, voluminöse Fasson, große Taschen, auch mit Pelzfütterung; in Mode gekommen in den 1920er Jahren als → Automantel; nach dem 2. Weltkrieg unter der Bez. »Benny«. **2.** Übertrieben modisch gekleideter Mann.

Suckenie, *die,* weites Obergewand für vornehme Männer und Frauen, ohne Ärmel, lediglich mit Armschlitzen; über einem Untergewand getragen; 12. bis etwa Mitte 14. Jh.; innerhalb dieses Zeitraums vom → Surkot häufig nicht zu unterscheiden.

Surkot, *der* (von frz. *surcôt* ›über der → Cotte‹), höfisches Obergewand für Männer und Frauen; zunächst weit fallend, da ungegürtet; mit kürzeren, weiten Ärmeln, evtl. auch hängenden Zierärmeln, bes. in Frankreich; ab etwa 1200 meist nur mit Armlöchern, häufig pelzverbrämt, die sich ab Mitte 13., bes. aber im 14. Jh. ständig vergrößerten: darunter bei Frauen das eng anliegende Unterkleid sichtbar, bes., als vom Vorder- und Rückenteil ab etwa Mitte des 14. Jh. lediglich schmale Stoff- oder Pelzblenden verblieben, in der Mitte des Oberkörpers und um die Hüften führend (→ Teufelsfenster); Verkürzung des Frauengewandes bis Hüftlänge, auch als eng anliegende Jacke, bis ins 15. Jh. getragen.

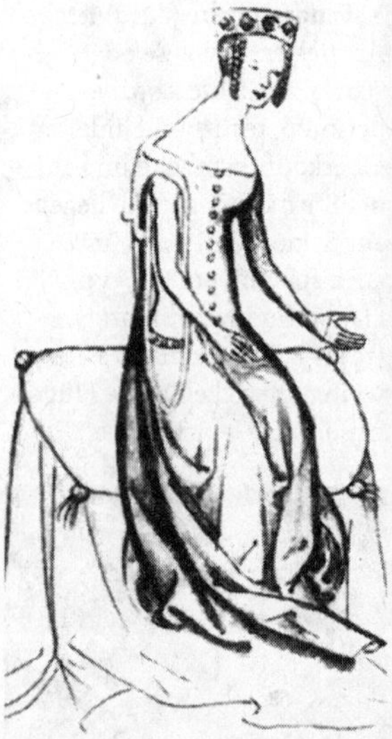

Abb. 133: Surkot mit Teufelsfenstern. Um 1400.

Sweater, *der* (engl., ›Schwitzer‹), nach dem Vorbild der engl. Seemannskleidung in die Sportkleidung aufgenommene gestrickte Schlupfbluse; Bez. zuerst in den USA, 1890er Jahre; um 1900 Teil der → Radfahrkleidung, vorn geknöpft, Vorläufer der Strickjacke; im frühen 20. Jh. in der Damenmode weitgehend identisch mit dem → Jumper; ab den 30er Jahren Pullover genannt; heute gelegtl. Bez. für einen grob gestrickten Pullover mit Rollkragen.

Sweatshirt, *das* (engl., ›Schweißhemd‹), wärmendes → T-Shirt mit langen Ärmeln, rundem Halsausschnitt, Kragen oder → Kapuze; meist aus Baumwolle, auch mit Chemiefasern, Wirkware (→ Strick- und Wirkware), innen oft gerauht; urspr. Oberteil des → Jogging-Anzugs, seit Anfang der 1980er Jahre in Mode.

Synthetische Fasern → Chemiefasern.

T

Tablion, *das*, byzant. Rangabzeichen in Form eines farblich abstechenden, viereckigen Stoffstückes, an der rechten Körperseite auf das Gewand genäht, auch zur Verhüllung der Hand bei Berührung geweihter Gegenstände; nur für hohe Würdenträger: für den Kaiser in Gold, hohe Beamte purpurfarben.

Taft (auch *Taffet*; von pers. *tafteh* ›gewebt‹), glattes, festes Seiden- oder Chemiefasergewebe in → Leinwandbindung bzw. dem Material entsprechend T.-Bindung genannt; im Mittelalter aus dem Orient in Europa eingeführt; für festliche Kleider, aber auch als Futterstoff; gern auch als → Changeant; um 1900 beliebte Stoffqualität für Unterröcke, das geräuschvolle → Frou-Frou bewirkend.

Taille (von frz. *tailler* ›schneiden‹, ›zerschneiden‹). **1.** Stelle des geringsten Rumpfumfanges, damit natürliche Gürtellinie; Zuschnitt der Kleidung mit Berücksichtigung der T. seit dem 12. Jh.; im wesentlichen galt seit dem 14. Jh. bis Ende 19. / Anfang 20. Jh. (mit Ausnahme der Zeit um 1800) die möglichst schmale T. als erstrebenswert, tendenziell, zuweilen ausgeprägt, auch in der Herrenkleidung, eng verbunden mit diesem Ideal die Verwendung des → Korsetts; → Wespentaille. **2.** Bez. für ein enganliegendes, höchstens bis zur T. reichendes Oberteil für Frauen, auch am Kleid.

Talar, *der* (von lat. *talaris* ›knöchellang‹), weites langes Gewand mit Ärmeln; Amtstracht von Richtern im Gerichtssaal und von Priestern, Festtracht von Professoren; aus der → Schaube hervorgegangen.

Tanga, *der*, kleine Bade- und Unterhose, besteht vorn und hinten lediglich aus zwei dreieckigen Stoffstücken, seitl. Halterungsschnüre oder -bänder; als Sporthose, bes. professioneller Schwimmer, 1. Hälfte 20. Jh.; als modische Badehose seit Anfang der 70er Jahre in Südamerika aufgekommen. Bez. ging auf eine kleine Form des → Bikinis über: T.(-Hose) und zwei mit Schnüren verbundene Dreiecke als Oberteil, bes. modern Anfang der 80er Jahre.

Tappert, *der* (auch *Tabard*), knöchellanges bis kniekurzes, faltenreiches Obergewand für Männer, meist ungegürtet; seitl. vom Saum aus bis fast in Schulterhöhe offen, ärmellos; in geschlossener Form evtl. auch mit → Hänge-, → Tüten-, → Beutelärmeln usw.; über dem → Wams oder ohne dieses getragen; kurze Formen mit Ärmeln werden auch als → Houppelande angesehen; beliebt seit Anfang 14. bis 2. Hälfte 15. Jh.

Tartan, *der*, → Plaid, → Schottenmuster.

Tasche, an der Kleidung angebrachter oder separater, mehr oder weniger als modisches Beiwerk mitgeführter Behälter: Schmuck- und/oder Gebrauchsgegenstand; bis ins Mittelalter häufig: separate T. in der Art des einfachen Beutels; an der Kleidung: in der Antike evtl. Nutzung von großen Gewandfalten (→ Sinus); im hohen Mittelalter bis ins 16. Jh. an den Gürtel gehängt; von Frauen unter dem Oberrock, vielfach als zwei rechts und links um die Taille gebundene Hüft-T. getragen, von außen erreichbar durch Schlitze, bes. unter Reifröcken; erstmals handtaschenähnl.: der → Pompadour und bes. das → Ridikül, Ende 18. Jh.; Gewand-T. zuerst am → Justaucorps eingearbeitet; aufgesetzte T. seit etwa 1885 an sportl. Kleidung wie dem → Norfolk; heute übliche T.: aufgesetzt oder eingearbeitet, bes. → Leisten-T., → Paspel-T., → Patten-T.; Naht-T.; div. Variationen. [s. Abb. 13, 95, 105, 127, 134]

Taschentuch, Zier- oder Gebrauchstuch, auch mit symbolischer Bedeutung; seit der röm. Antike nachzuweisen, hier als Gebrauchstuch; im 15. Jh. bes. in der ital. Renaissance als Ziertuch, meist in der Hand gehalten (→ Fazilettlein), bis ins 18. Jh. bedeutendes Accessoire in vornehmen Kreisen; aus oder mit Spitze, bestickt; im 18. Jh. Entdeckung als Souvenirtuch; seit dem 19. Jh. verbreitet als Schnupftuch (Sacktuch), bunt gemustert, seit etwa 1830 als Stecktuch für die Brusttasche;

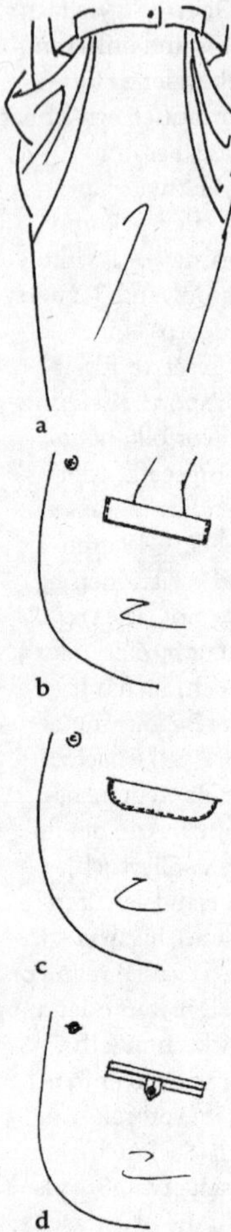

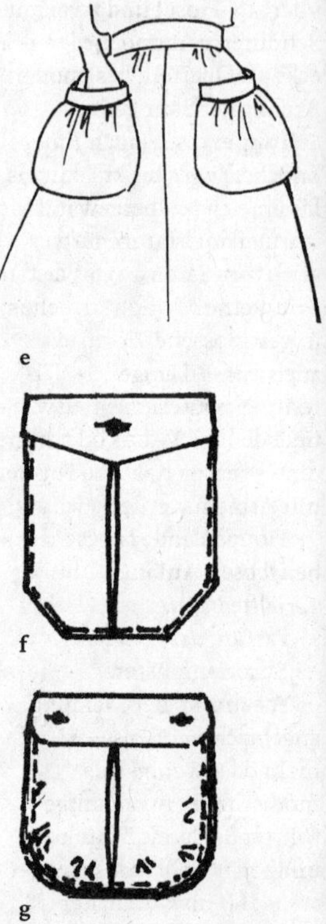

Abb. 134: Tasche. – a) Tütentasche. b) Leistentasche. c) Eingearbeitete Pattentasche. d) Paspeltasche mit Lasche. e) Beuteltasche. f) Faltentasche. g) Blasebalgtasche mit Kellerfalte.

das Papier-T. setzte sich in den 1970er Jahren durch.

Tasselmantel, halbkreisförmig geschnittener, langer Mantel für Frauen und Männer; vorn mit → Tasseln geschlossen; auch mit Pelzfutter und -kragen; 13. / 1. Hälfte 14. Jh.

Tasseln (fem., Pl.; von lat. *tassellus*), zwei meist runde, scheibenförmige Schmuckelemente am Mantel, beiderseits der vorderen Öffnung unterhalb des Halsausschnitts, verbunden mit einer Kette oder einem Band, dadurch Halt des Mantels auf der Schulter und Regulierung des Sitzes durch Zug an der Kette; entspr. als → »Tasselmantel« bezeichnet; 13. / 1. Hälfte 14. Jh. [Abb. 103]

Teddy-Boys (Pl.; engl.), haupts. engl. Jugendliche der 1950er Jahre, gekleidet nach dem damals modernen → New-Edwardian-Style, jedoch diesen verspottend durch bewusst schlecht sitzende Hosen und Jacketts sowie extrem spitze Schuhe usw.; dazu kamen entspr. ungehobelte Verhaltensweisen: erste Ansätze zu den

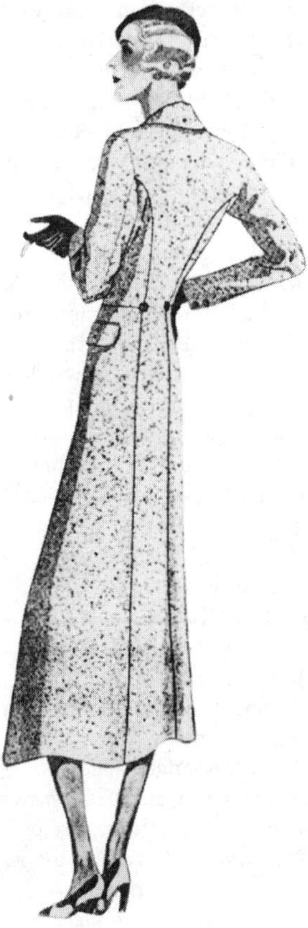

Abb. 135: Teilungsnähte in der Art der Wiener Naht am Rückteil eines Mantels. 1933.

vor allem in den 60er Jahren sich entwickelnden »Anti-Moden« (auch »Protestkleidung«).

Teenagerkleidung, modische, unkonventionelle Garderobe für etwa 13- bis 19jährige, haupts. Mädchen; in den 1950er Jahren zuerst in den USA aufgekommen.

Teilungsnaht, die ein Schnittmusterteil in zwei Teile zergliedert; dadurch kann ein Kleidungsstück der Körperform stärker angepasst werden, ähnl. wie beim → Abnäher, jedoch führt die T. immer von Schnittkante zu Schnittkante. T. mit charakteristischer Nahtführung: → Englische Naht, → Wiener Naht. [Abb. 135]

Tellerkragen.
1. → Golilla. **2.** Heute nur noch gelegtl. Bez. für einen großen Umlegekragen, z. B. den sog. Kingscoat-Kragen an Herrenmänteln.

Teufelsfenster (auch *Höllenfenster*; auch frz. *fenêtres d'enfer*), sehr tiefe und breite Armausschnitte am → Surkot der Frauen, in denen das körperbetonte Unterkleid zu sehen war; Mitte 14. bis ins 15. Jh., auch mit Pelzverbrämung. [Abb. 133]

Tiphoike, *die*, → Heuke.

Toga, *die* (von lat. *tegere* ›bedecken‹), charakteristisches, repräsentatives Wickelgewand der röm. Antike; von Männern über der → Tunika getragen (anfangs wohl auch von

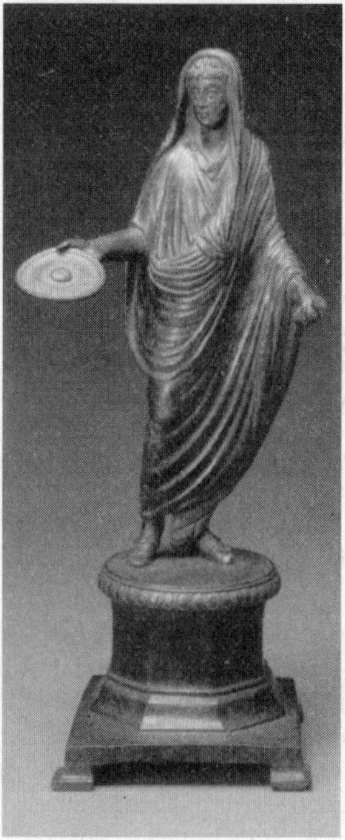

Abb. 136: Statuette eines römischen Genius in der Toga. 2. Jh. n. Chr.

Frauen); zunächst Kennzeichen des freien Bürgers; z. Z. der Republik mit enormen Ausmaßen: zeitweise 3,5 m breit und über 5 m lang, ellipsenförmig oder rund gewebt; wurde von vorn über die linke Schulter, hinter dem Rücken wiederum nach vorn zur linken Schulter drapiert; Staatsgewand, Festkleid; mit unterschiedlicher Rangkennzeichung, z. B. mit purpurnem breitem Randbesatz (*t. praetexta*) für Senatoren; in der späten Kaiserzeit allg. getragenes Übergewand ohne symbolische Bedeutung, dann durch andere Übergewänder ersetzt.

Tollfalten, kleine, dicht aneinander gelegte, häufig nicht flachgebügelte Falten; typ. an der → Halskrause, auch an → Volants.

Topper, *der* (von engl. *top* ›oberstes Ende‹). **1.** Leichter, sportlich-eleganter Herren-Sommermantel, häufig in Form des → Raglans oder → Schlüpfers; als Jacke (T.-Jacke): kurze, gerade, lockere Jacke mit weiter, abfallender Schulter und die Linie fortführendem, eingesetztem Ärmel, rechtwinkliger T.-Abstich (→ Abstich); für Damen und Herren. [Abb. 4] **2.** Engl. Bez. für einen Vorläufer des → Zylinders.

Toque, *die* (frz.), steifer Hut ohne Krempe, hoch oder flach, meist mit Dekoration; Form bereits im Altertum nachzuweisen; nach 1550 als Nachfolgerin des → Baretts in der → Spanischen Mode beliebt

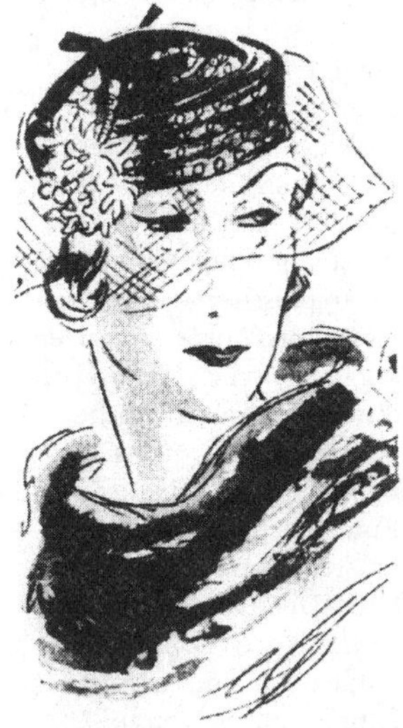

Abb. 137: Modische Toque aus schwarzem Stroh. 1933.

bei Männern und Frauen, zuerst noch mit weichem, hoch ausgepolstertem Kopfteil, dann in der Gestaltung nach einem in Albanien getragenen hohen, steifen Hut; diente im 18. Jh. als Hauskappe für Herren; Anfang 19. / Anfang 20. Jh.: nun in sehr großer Form, modischer Damenhut, in den 1930er Jahren als flache Kappe aktuell.

Tracht, bestimmten Traditionen entspr. gestaltete, mehr oder weniger gleichartige Kleidung einer speziellen Gruppe: z. B. Amtstracht, Standestracht (→ Hoftracht!); im engeren Sinne die Volkstracht: im ländlichen Raum, meist innerhalb bestimmter geographischer Grenzen zu fassen; div. Ausprägungen derselben T. sind in der Regel bes. durch religiöse (kirchliche Feiertage) und soziale Gegebenheiten (Lebensalter, Familienstand) bestimmt; Entstehung und Wandlung durch Übernahme und langjährige Beibehaltung ehemals modischer Elemente; vielfältige Einflüsse von außen, so dass auch die Grenze zur Modekleidung oft nur schwer zu ziehen und der Begriff allg. kritisch zu gebrauchen ist; Nationaltrachten: weitgehend konstruierte, auch staatspolitischen Ideen folgende T. mit historischen Details, oft rückgreifend auf Volkstrachten, doch meist ohne Durchsetzung in der Realität; → Altdeutsche Kleidung.

Trachtenmode, im wesentlichen an alpenländ. Volkstrachten orientierte Mode; nach Mitte des 19. Jh. zunächst Wanderkleidung, noch vor 1914 obligatorische Garderobe für die Sommerfrische in den Alpenländern; beliebte Kleidungsstücke: → Joppe, → Kotze sowie Mantel und Kostüm aus → Loden; Lederhose, → Dirndl; Tirolerhut; typ. Stilelemente: grüne Eichenlaub-Applikationen, Hirschhornknöpfe; viel getragen in den 1930er Jahren, auch erste Ansätze in der Haute Couture, damit Beeinflussung der internationalen Mode, bes. nach dem 2. Weltkrieg; in den 50er/60er Jahren auch in der dt. Mode aktuell geblieben, seitdem eigenständiger Stil in Anpassung an die Modelinie;

→ Berchtesgadener Jäckchen, → Janker. [Abb. 53, 78]

Trägerrock, Rock mit angeschnittenen oder angesetzten Trägern, meist mit Knöpfen, Schnallen usw. am Bund, an einem Latz oder kurzen Oberteil vorn oder hinten befestigt; bes. für kleine Mädchen; Mitte der 1960er Jahre kurzzeitig aktuell in der Teenagermode.

Trainingsanzug, zweiteiliger Anzug, → Maschenware; um 1925 aus den USA, von Sportlern als wärmendes Kleidungsstück vor und nach der sportlichen Betätigung übernommen, bald auch Freizeitkleidung; in den 50er Jahren als Schlupfbluse, Gummizug an Ärmel-, Beinabschluss und Bund der langen, weiten Hose, am Oberteil auch Strickbündchen; zuerst aus dunkelblauem, innen gerauhtem Baumwolltrikot; ab Mitte der 60er Jahre oft aus Chemiefasern, Hosen anliegender, mit → Steg oder Fersenkappe, Oberteil als → Blouson; in den 70er Jahren zunächst durch den → Jogginganzug ersetzt, heute professioneller Sportanzug.

Trapezlinie → Zeltlinie.

Trauerkleidung, häufig verhüllende, schwarze, aber auch weiße Kleidung (jedoch auch in bestimmten Trauerfarben, z. B. violett) als äußeres Zeichen der Trauer; Schwarz als Trauerfarbe bereits in der Antike, bes. aber im christlichen Abendland seit dem Mittelalter nachzuweisen; häufig auch schwarze Bänder an der Kleidung, bes. der Männer; viele unterschiedliche Ausprägungen je nach regionaler Tradition, aber auch nach dem gesellschaftlichen Stand des Verstorbenen; → Barbe, → Flor, → Gugel, → Pleureuse, → Schleier, → Schnebbe.

Trenchcoat, *der* (engl. *trench* ›Graben‹, ›Schützengraben‹; *coat* ›Mantel‹), sportlicher Mantel mit großem, hoch zu schließendem Revers, → Koller, → Raglanärmeln, Gürtel; orig. zweireihig und mit Schulterklappen, aus → Gabardine, imprägniert (→ Imprägnieren): ein Modell der Firma → Burberry, als Wettermantel für engl. Soldaten im 1. Weltkrieg entworfen, dann in die Mode eingegangen; sehr aktuell

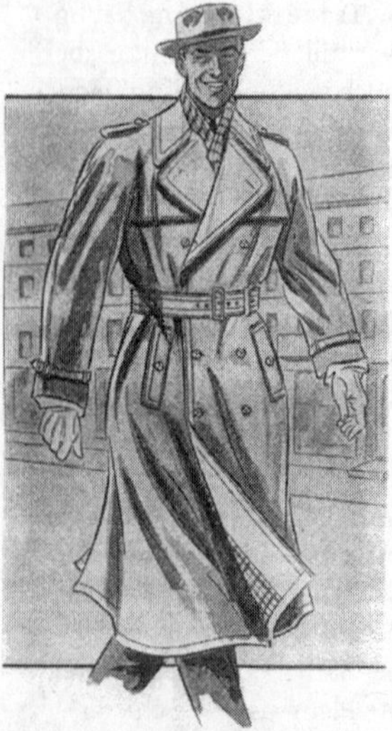

Abb. 138: Trenchcoat. 1950er/60er Jahre.

Anfang der 1950er Jahre; gilt als »klassischer« Wettermantel für Männer und Frauen.

Tresse, *die*, flaches Zierband in Flechttechnik, als Besatz-

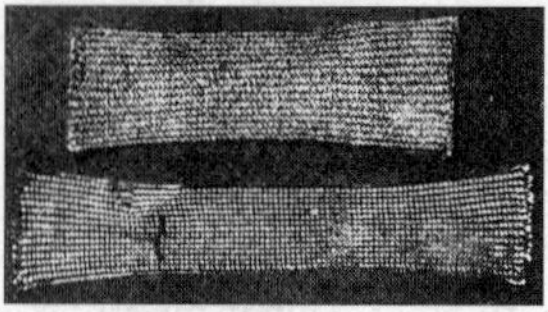

Abb. 139: Tressen.

material an Uniformen vielfach mit Metallfäden (entspricht weitgehend der → Litze).

Trichterärmel, mit trichterförmiger Erweiterung von der Schulter aus, dreiviertel- bis siebenachtellang; z. B. an Gesellschaftskleidern um 1870; ähnl. Ärmelformen im Mittelalter ab etwa 11. Jh., um 1500 auch mit Aufschlag; Bez. nicht eindeutig festgelegt, daher Überschneidungen mit → Trompetenärmeln, → Tütenärmeln (auch → Pagodenärmel).

Trikot, (von frz. *tricot*; heute *tricoter* ›stricken‹). **1.** Das T., körpernahes Kleidungsstück aus leichter → Maschenware; heute meist Kombination von Oberteil und angearbeiteter oder separater → Hose bzw. → Strumpfhose; erster populärer Nachweis: das als Unterkleidung zum → Chemisenkleid um 1800 getragene T.; als Sportkleidung, anfangs meist nur Oberteil, zuerst in England, Mitte 19. Jh. **2.** Der T., allg. Bez. für glatte Wirkware, meist rundgewirkt bzw. -gestrickt (→ Strick- und

Wirkware); bes. für Unterwäsche, zuerst für Herren, nach 1850 aktuell (→ Unterhose).

Trippe, *die*, flache Untersohle aus Holz mit Fußhalterung, auch zusätzlich mit zwei Holzstützen oder Eisenring; diente als Schutz gegen Straßenschmutz; seit dem 12. Jh., nach oriental. Vorbildern; im 14./15. Jh. zu den → Schnabelschuhen; schon in koptischer Zeit (4.–9. Jh.) bekannt. [s. Abb. 122]

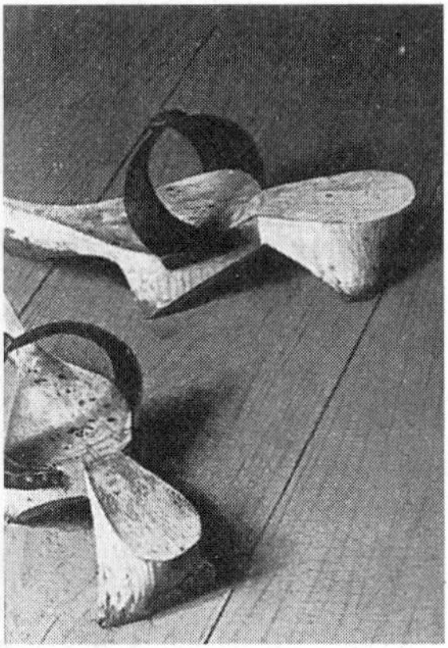

Abb. 140: Trippen. 1432.

Trompetenärmel, ab Ellbogenhöhe nach unten hin erweitert; beliebt z. B. an Damenkleidern der 1970er Jahre; ähnl. Ärmelformen im Mittelalter, terminologisch nicht eindeutig festgelegt: → Trichterärmel, → Tütenärmel (vgl. → Pagodenärmel).

Trompeuse, *die* (frz., ›Betrügerin‹; von *tromper* ›täuschen‹), → Fichu, durch Busenpolster (*gorge postiche*) oder Sprungfeder (*carcasse*) künstlich aufgebauscht; 1790er Jahre.

T-Shirt, einfaches, leichtes Oberteil aus Maschenware, urspr. nur aus Baumwolle; orig. mit rundem Halsabschluss und kurzen Ärmeln: optisch dem Buchstaben »T« ähnelnd; hervorgegangen aus Herrenunterhemden und Sporttrikots, Ende 19. Jh.; unter der Bez. in den USA zunächst Armee-Unterkleidung, dort in den 1920er Jahren allg. populär geworden; ab den 30er Jahren bedruckt; Anfang der 50er Jahre, gefördert durch Stars der amerik. Film- und Musikszene (z. B. Marlon Brando), zum selbständigen Kleidungsstück geworden, heute weltweit aktuell.

Tuch. **1.** Vier- oder dreieckiges Stoffstück, verwendet als → Kopftuch, → Halstuch, → Taschentuch. **2.** Wollgewebe, urspr. → Streichgarn, heute auch → Kammgarn, mit Tuchausrüstung: → Walken, Rauhen, Scheren, evtl. Streichen (Strich: → Flor liegt in einer Richtung); urspr. nur in namengebender T.-Bindung (→ Leinwandbindung); allg. Bez. für mittelalterliche Wollstoffe: hochwertigste aus Flandern und angrenzenden Gebieten kommende Ware; engl. T. auf dem Kontinent für Herrenkleidung bes. aktuell im 18./19. Jh.

Tüll, netz- oder spitzenartiges Flächengebilde; in verschiedenen Techniken herstellbar, urspr. Klöppelarbeit (→ Spitze); Bez. nach der frz. Stadt Tulle, wo im 17./18. Jh. musterlose Klöppelspitzenstreifen, meist zur Weiterverarbeitung, angefertigt wurden; für zarte Sommer- und Festkleider, auch gern für Volants: bes. beliebt um 1850; in den 1950er Jahren für den → Petticoat; ab 1808 mechanisch hergestellt. [Abb. 33, 126 d]

Tunicella, *die*, kurzes Obergewand von Subdiakonen, liturgisches Gewand; zuweilen auch von Bischöfen als Messgewand getragen; entspricht in Form und Gestaltung der von Diakonen getragenen → Dalmatika.

Tunika, *die* (lat.), als Grundform der Kleidung: gerade geschnittenes Hemdgewand mit seitl. Nahtaussparungen als Armlöcher oder mit angeschnittenen oder gerade angesetzten Ärmeln; allg. getragenes Gewand der röm. Antike; ab dem 2. Jh. v. Chr. als vornehmes Frauengewand zunächst in der Form des → Chitons übernommen; dann in der typ. Form zunächst ohne Ärmel, gegürtet getragen; aus Wolle; in unterschiedlichen Längen, für Frauen lang und weit; Farbe, bes. Purpur, sowie Ausgestaltung kennzeichneten Stand und Rang, z. B. einzelne Längsstreifen (→ Clavus); ab dem 3. Jh. unter Rückgriff auf oriental. Formen mit angewebten Ärmeln; ab dem 4. Jh. obligatorische Gewandform des Herrscher- und Priesterornats (→ Albe); im Mittelalter bis ins 14. Jh. allg. übliches Kleidungsstück, bes. der unteren Stände; auch aus Leinen; als kurzes Überkleid oder → Doppelrock an → Chemisenkleidern, mehrmals im 19./20. Jh. wieder aufgegriffen.

Tunnelgürtel, durch einen Tunnel von zwei Stofflagen geführter Gürtel; zum Binden oder mit Schnallen usw.

Turban, *der* (von pers. *dulbänd, dulbend* ›um den Kopf‹), in orig. Form häufig um eine

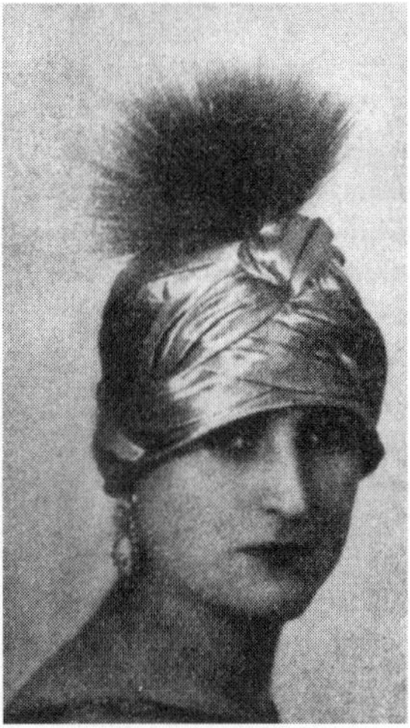

Abb. 141: Modischer Turban. 1925.

Unterkappe geschlungenes langes Stoffstück, jedoch auch in fester Form; asiat./oriental. Ursprungs; aufgenommen in die europ. Kleidung im späten Mittelalter, an diese angepasst: z.B. als bes. Trageform der → Gugel, als → Chaperon usw.; beliebt in der Damenmode zur Abendgarderobe um 1800, auch 1. Hälfte 19. / Anfang 20. Jh. und in den 1920er Jahren; in der Tagesmode der 1940er Jahre als einfach anzufertigende Kopfbedeckung; → Sendelbinde, → Fez.

Turnüre, *die* (auch *Tournure*; urspr. frz.), gebauschtes Rockteil am Kleid über dem Gesäß; befestigt auf einem Gestell aus Stahl- oder Fischbeinstäbchen und ausgepolstert mit Rosshaar; modern 1870–75 und nochmals, etwas tiefer angebracht [Abb. 142], 1880–88/89; ähnl. dem → Cul de Paris, Ende 17. Jh.; in den 80er Jahren auch so benannt. Die Bez. ging bald auf die gesamte Kleidform über.

Tütenärmel, zum Handgelenk hin tütenförmig erweiterter Ärmel; ab dem 11. Jh.; letztes Viertel 14. bis Mitte 15. Jh. weit herabhängend und

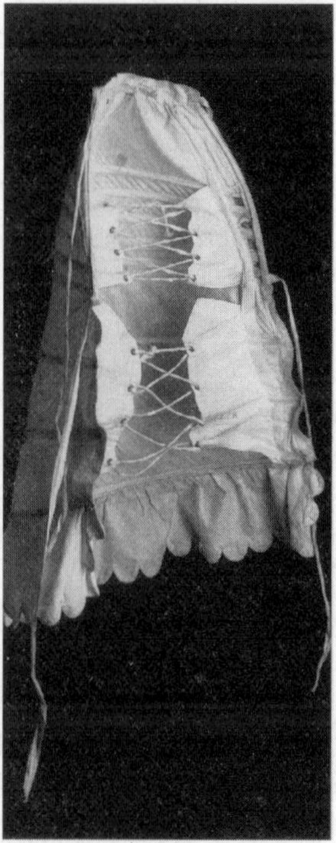

Abb. 142: Turnüre. Um 1875.

vielfach gezattelt (→ Zattel); optisch einem Flügel vergleichbar, daher auch → »Flügelärmel« genannt; in gemäßigter Weite modern an Kleiderärmeln Ende der 1920er Jahre.

Tütentasche, zwischen Nähte und/oder Abnäher gefasste Tasche, so dass der Eingriff absteht, auch als aufgesetzte Tasche; vorwiegend an Hosen und Röcken. [Abb. 134 a]

Tutu, *das* (frz.), abstehendes, kurzes Ballettröckchen, meist aus mehreren Lagen Tüll; vermutl. Erfindung der ital. Tänzerin Maria Taglioni, etwa Mitte 19. Jh.; 1982 ähnl. modern für junge Mädchen als Teil der sog. Disco-Mode (in Diskotheken getragene, extravagante, häufig lichtreflektierende Kleidung).

Tweed. **1.** Gewebe aus grobem → Streichgarn mit kleinteiliger Musterung durch melierte oder farblich unterschiedliche Garne, vielfach auch mit Noppen; urspr. in Schottland handgesponnener und -gewebter Wollstoff, Bez. nach dem gleichnamigen Ort, berühmt ist der Harris-T.; bes. populär geworden durch die daraus gefertigten → Chanel-Kostüme. **2.** Der T., legerer Herrenmantel; aufgekommen in den 1840er Jahren.

Twinset, *das* (von engl. *twin* ›Zwilling‹, *set* ›Satz‹,

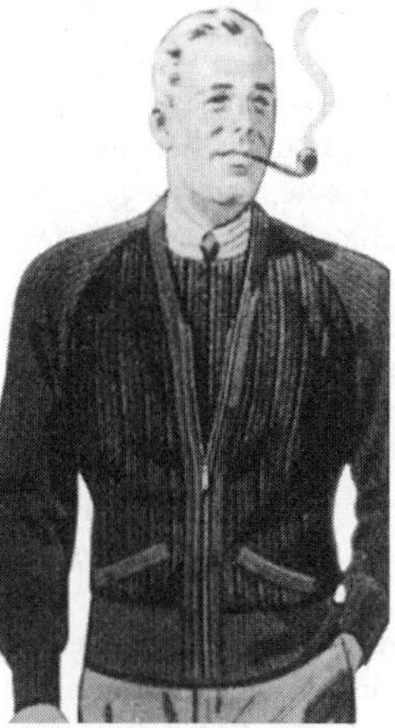

Abb. 143: Twinset. USA, 1939.

›Garnitur‹), Zusammenstellung von Pullover und einer in Material und/oder Muster passenden Strickjacke; in Europa um 1950 aus der amerik. Damenmode übernommen, später auch für Herren modern; in der Herrenkleidung zuweilen Übertragung auf eine Kombination aus zwei Oberteilen in Webware.

U

Überfallhose, bis unter die Knie oder zur Wade reichende Hose, Hosenbeine dort zusammengefasst und über das Bündchen fallend; z. B. die → Knickerbocker. [Abb. 85]

Überkleidung, über der → Oberkleidung, auch außerhalb des Hauses getragen; bes. häufig als Überrock (z. B. über → Wams oder → Weste) oder als Mantel; häufig ausgesprochen repräsentativ, bes. wenn es sich um Zeremonialkleidung handelt (z. B. → Paludamentum); Oberkleidung und Überkleidung sind nicht immer klar voneinander zu trennen.

Übertritt, an Verschlusskanten das außen sichtbare, überlappende Stoffteil, das den Untertritt überdeckt; am Ü. befinden sich z. B. die Knopflöcher, auf dem Untertritt entspr. die Knöpfe.

Überzieher, im 19. Jh. Bez. für den Herrenmantel.

U-Boot-Ausschnitt → Boot-Ausschnitt.

Ulster, *der* (Bez. nach der nordir. Provinz), voluminöser Herren-Wintermantel; breiter Kragen, sog. Ulsterrevers: Kragen und fallendes → Revers mit fast geschlossenem → Crochetwinkel, bis zum Kragen zu knöpfen, meist doppelreihig; heute aufgesetzte, große Taschen, Rückengurt, vielfach Ärmelaufschläge; aufgekommen Anfang des 19. Jh. mit eingearbeiteten Taschen und Gürtel; seit den 1920er Jahren mit rückwärtiger → Kellerfalte; sportliche und elegantere Versionen (z. B. Ulsterpaletot, seit den 30er Jahren); typ. Ulsterstoff: → Streichgarn, vielfach mit Musterung (z. B. → Fischgrat oder großes → Karomuster), Doppelgewebe: Innenseite, als Futterseite verwendbar, anders gemustert. [Abb. 95]

Umhang, Überkleidung ohne Ärmel, sonst ohne festgelegte Schnittform; vor allem → Cape, → Capa, → Cappa, → Glocke, → Paenula, → Pelerine, → Plaid, → Poncho.

Umlegekragen, nach unten geklappter Kragen im Ggs. zum → Stehkragen, je nach Schnitt und Verarbeitung mehr oder weniger flach aufliegend; vielfach in Verbindung mit einem → Revers, bes. bei Überkleidung; gelegtl. am Hemd ab Mitte des 16. Jh.; ein prägnanter U. mit scharfer Bruchkante entsteht durch das separate Ansetzen eines → Stegs, bes. üblich an Herrenoberhemden ab den 1940er Jahren, aber auch an Damenhemdblusen. [Abb. 89 a]

Uniform, *die* (zurückgehend auf lat. *uniformis* ›einförmig‹), einheitliche Kleidung von Angehörigen des Militärs und anderer offizieller und halboffizieller Institutionen (z. B. Vereinen); militärische Kennzeichnung seit der frühen Neuzeit durch bestimmte Farben an der Kleidung und/oder Accessoires, z. B. Schärpen; militärische U. seit der Einrichtung stehender Heere, ab Mitte 17. Jh.; der unter Ludwig XIV. (1638–1715) eingeführte U.-Rock hatte als → Justaucorps großen Einfluss auf die damalige Mode; durch Verengung und Kürzung Entwicklung zur heutigen Form des U.-Rocks, bes. auch durch Einfluss der preußischen U.; allg. Merkmale der U.,

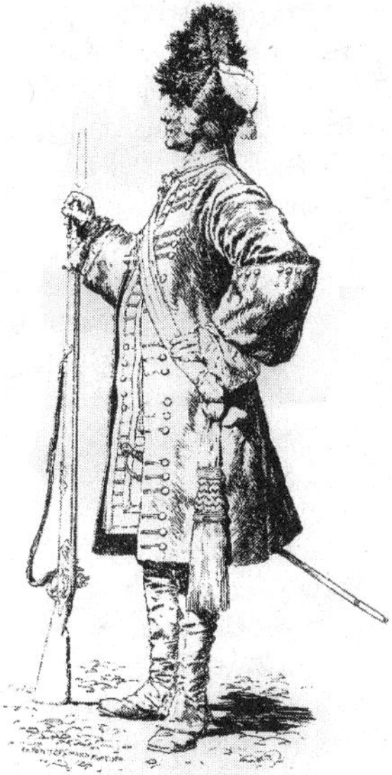

Abb. 144: Grenadieroffizier in Uniform, mit Schärpe und seitlich geknöpften Gamaschen. 1727.

Erkennungs- und Rangabzeichen: → Epauletten, → Schulterklappen, bestimmte Knöpfe, Litzen und Tressen (→ Brandenbourgs!) usw.; die U.-Schneiderei gilt als einer der Vorläufer der → Konfektion.

Unterhose, als Männer-U. des Mittelalters: die im Ansatz schon in vorchristlicher Zeit als → Bruch bekannte Hose; U. von Frauen seit dem 15./16. Jh. nur in Ausnahmefällen, z. B. zum Reiten angezogen; U. im heutigen Sinne seit etwa 1780 von Vornehmen getragen, seit 1820/30 größere Verbreitung; Männer-U. bis mindestens nach 1914 lang, nach 1850 auch aus → Trikot; für Frauen bis nach 1900 etwa knielang, im Schritt offen; ab den 20er Jahren kurz, häufig als Hemdhose, nun auch als Trikot; → Schlüpfer, → Slip, → Tanga usw.

Unterkleidung → Büstenhalter, → Bruch, → Body/Bodysuit, → Combinaison, → Dessous, → French Knickers, → Guêpière, → Hemd, → Jupon, → Kamisol, → Korsage, → Korsett, → Krinoline, → Leibchen, → Mieder, → Lingerie, → Pantalon/Pantalettes, → Petticoat, → Reifrock, → Socke, → Strumpf/Strumpfband/Strumpfhose, → Slip, → Schlüpfer, → T-Shirt, → Unterhose, → Unterrock, → Verdugado.

Unterrock, Halbrock oder -kleid bzw. hemdartiges Wäschestück, meist ärmellos, vielfach mit Ausputz am Saum (Spitze, Volant usw.); bis um 1900 stets mehrere U. übereinander, deren Anzahl die gesellschaftliche Stellung kennzeichnete; der U. galt vom 17. bis mindestens 19. Jh. als Symbol und kokettes Ausdrucksmittel von Weiblichkeit; → Anstandsrock, → Appetitröck(e)l, → Combinaison, → Frou-Frou, → Jupe, → Jupon, → Kotillon, → Krinoline, → Petticoat, → Reifrock, → Verdugado. [Abb. 71]

Untertritt → Übertritt.

V

Vatermörder, steifer Stehkragen, vorn mit hohen, über die → Halsbinde ragenden Ecken (im Ggs. zum → Klappenkragen mit seinen umgeknickten Ecken!), in der klassischen Form hinten niedriger geschnitten als vorn; ab Anfang des 19. Jh. an Herrenhemden, doch erst charakteristisch für die Herrenmode der Biedermeier-

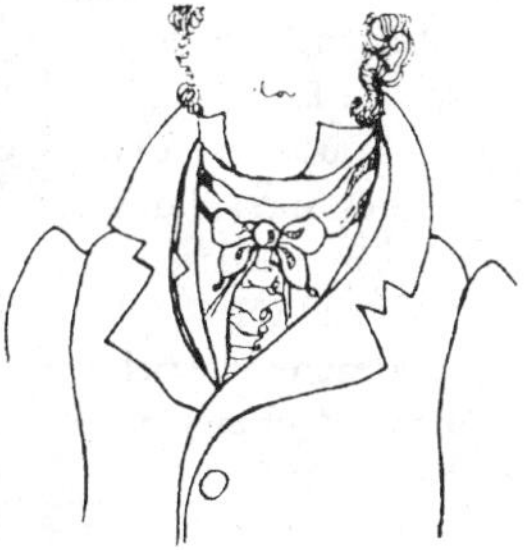

Abb. 145: Vatermörder. 1815.

zeit bis in die 1840er Jahre; Name nach der in Frankreich im 19. Jh. üblichen ugs. Bez. *parasite* als lästigem Schmarotzer am Hals, die dann zu *parricide* ›Vatermörder‹ abgewandelt wurde.

Velours (frz., ›Samt‹), Gewebe, evtl. auch Wirkwaren, mit einer samtartigen Oberfläche, die entweder webtechnisch aus aufgeschnittenen bzw. unaufgeschnittenen Schlingen gebildet oder lediglich aufgerauht wurde; zahlreiche Ausprägungen und Erscheinungsbilder.

Verdugado, *der*, auch *Verdugada, die* (von span. *verdugo* ›Rute‹, ›Gerte‹; frz. *vertugadin* oder *vertugale*; engl. *farthingale*), Reifrock: innen oder außen zuerst am Oberkleid, später an einem Unterrock befestigte, zu Reifen gelegte Weidenruten; aufgekommen in Spanien um 1470; seit der 1. Hälfte des 16. Jh. auch in Frankreich, anschließend in England modern; anfangs glocken- oder kegelförmig; während der Hochblüte der weitverbreiteten → Spanischen Mode bes. außerhalb Spaniens tonnenartig, 2. Hälfte 16. Jh.; bis in die 1620er Jahre aktuell, jedoch am span. Hof in bes. breiter, ovaler Form als »Guarda infantes«, bis Ende 17. Jh.; ähnl. an konservativen europ. Höfen (Wien, England) bis um 1800 und darüber hinaus.

Viskose, im allg. Sprachgebrauch Bez. für Viskosefaserstoffe, gewonnen aus der gleichnamigen zähflüssigen Spinnmasse, die aus mit Natronlauge behandelter und durch Schwefelkohlenstoff umgewandelter Zellulose entsteht; Verfahren bekannt seit 1897/98; → Chemiefasern.

Vlieger, *der* (niederl.), Oberkleid in der Art eines → Mantelkleides; urspr. mit vorn geschlossenem Oberteil, seit Anfang des 17. Jh. in der typ. steifen, leicht taillierten, vorn weit offenen Form, meist mit angenestelten Ärmeln, → Achselstücken; Ende 16. / nach Mitte 17. Jh.; Teil der Regentinnenkleidung (konservative, strenge Kleidung der holl. Patrizierinnen im 17. Jh.).

Voile (frz., ›Schleier‹), leichtes, durchsichtiges Gewebe aus festgedrehten, glatten Garnen oder Zwirnen in Kette und Schuss, Leinwandbindung; urspr. aus Baumwolle.

Volant, *der* (von frz. *voler* ›fliegen‹). **1.** Rundgeschnittenes Besatzstück, entfaltet seine Wirkung durch Verarbeitung an einer geraden Kante des Kleidungsstücks, dadurch ergibt sich der glockige Fall des V. **2.** Breites, auch gerade geschnittenes Ansatzstück, vor allem unten an Röcken (→ Rüsche). [Abb. 8, 67]

Volkstracht → Tracht.

Vorhemd(chen) → Chemisette.

W

Waffenrock (auch *Waffenhemd*, *Wappenrock*; von mhd. *wapen* ›Waffen‹), Überrock, über der Rüstung bzw. dem Kettenhemd getragen; sollte unter anderem das verräterische metallische Glänzen unterbinden, aber auch Schutz vor zu großer Erhitzung des Metalls bieten, diente auch repräsentativen Zwecken, zeigte z. B. die ritterlichen Farben bzw. das Wappen; weit und ärmellos bis gegen Mitte des 14. Jh., dann kürzer und enger, meist gegürtet und mit faltenreichem → Schoß; in der 2. Hälfte des 14. Jh. auch aus Leder (→ Lendner).

Wagenrad, allg. Bez. für einen sehr breitkrempigen, flachen Damenhut; modern um 1910 und in den 1950er Jahren.

Walken, Behandlung eines Wollgewebes oder Filzes aus Wolle bzw. Tierhaaren mit Chemikalien, Feuchtigkeit und Hitze sowie mechanischen Mitteln: das Gewebe verfilzt und wird damit dichter, die → Bindung weitgehend unsichtbar, ebenso verdichtet sich ein Filz und wird fester; Verfahren war bereits im Altertum bekannt: gewalkte Stoffe schon aus der europ. Bronzezeit nachgewiesen; → Filz, → Loden.

Wams, *das*, auch *der*, meist anliegendes Oberteil

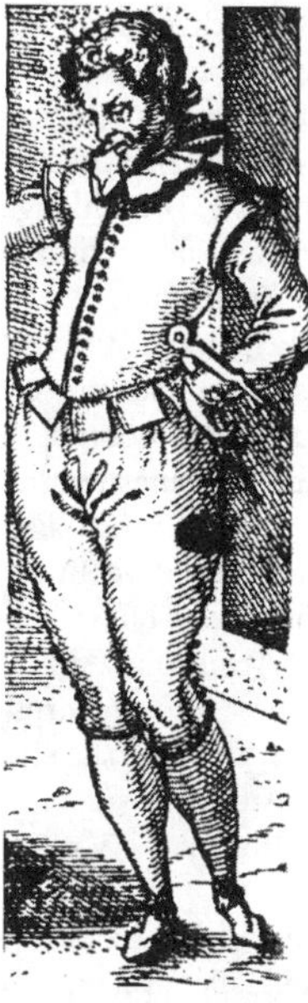

Abb. 146: Wams und Kniehose. Um 1625.

für Männer, in der Regel mit Ärmeln, vorn geknöpft oder geschnürt; entstanden im Hochmittelalter als gepolsterter Oberkörperschutz unter dem Panzer; seit den 1430er Jahren unter der → Schecke, gegen 1500 auch ohne jede Überkleidung, jedoch weiterhin über dem Hemd getragen, gern mit tiefem Ausschnitt, dekorativen Schlitzen, repräsentativen, häufig austauschbaren Ärmeln; im Laufe des 16. Jh. hochgeschlossen: → Kragen bzw. → Stehkragen; Schulterwülste (→ Achselstück), → Wattierung, außerhalb Spaniens auch mit → »Gänsebauch« beliebt; seit Anfang des 17. Jh. lockerer geschnitten, angenestelte, längere und geteilte Schoßteile, später zur → Rheingrafenhose knapp taillenkurz, verkürzte Ärmel; mit Aufkommen des → Justaucorps unmodern, als Unterjacke von der → Weste abgelöst.

Wappenrock → Waffenrock.

Wasserfall. **1.** In lockere Querfalten fallendes, weil großzügig zugeschnittenes Stoffteil; bes. beliebt am Halsausschnitt eleganter Kleider. **2.** Großzügige Form des → Jabots im 18. Jh.

Watteaufalten, am hinteren Halsausschnitt eingelegte Falten, locker bis zum Saum fallend; an Negligékleidern und -jacken (→ Negligé), Ende des 18. Jh. auch an Kleidern der → Grande parure; Anfang des 18. Jh. mit der → Adrienne in Mode gekommen, beliebt bis in die 1790er Jahre; Bez. nach Darstellungen des Malers Antoine Watteau (1684–1721), auf denen häufig derartige Falten zu sehen sind.

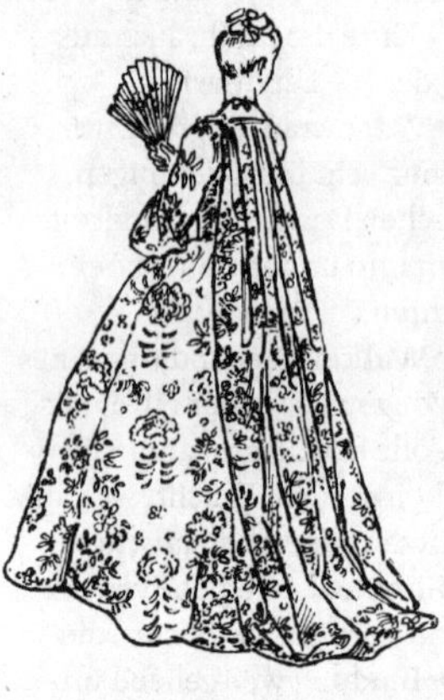

Abb. 147: Watteaufalten. Um 1731.

Wattierung, polsternde Einlage div. Art, zwischen zwei Materiallagen (Stoff, Leder usw.); am Deckmaterial meist angenäht bzw. angesteppt, häufig in dekorativer Art; dient zur Stabilisierung der Form, Wärmeisolierung, als Verletzungsschutz; vom hohen bis späten Mittelalter die Rüstung ergänzend (→ Lendner, → Wams), doch auch in der Zivilkleidung; typ. in der → Burgundischen und → Spanischen Mode; vielfach an Haus- und Morgenmänteln sowie, bes. heute, bei Sport- und Winterkleidung; → Steppkleidung.

Weiberspeck → Hüftpolster.

Wertherkleidung, auch *Werthertracht*, Kleidung nach der Beschreibung der Hauptfigur in Goethes Roman »Die Leiden des jungen Werthers« (1774): blauer → Frack mit Messingknöpfen, gelbe Weste, Lederhose, anliegende Stulpenstiefel, runder Filzhut auf locker fallendem, ungepudertem Haar; von Goethe selbst getragen; entspricht dem Stil der damals aktuellen → Englischen Kleidung; gilt als Ausdruck der Sturm- und-Drang-Bewegung bzw. persönlicher und bürgerlicher Freiheitsbestrebungen; außer in Deutschland auch in Frankreich einflussreich auf die Herrenmode. [Abb. 148]

Wespentaille, außerordentlich schmale, geschnürte Taille: typ. in der → Burgundischen Mode, auch bei Männern, → Spanischen Mode, Mode der Rokoko- und der Biedermeierzeit sowie Ende des 19. Jh. und kurze Zeit im Zuge des → New Look.

Weste (von frz. *veste*, heute ›Jacke‹, ›Rock‹ usw.), anliegendes Oberteil, vorn zu schließen, zwischen Hemd/Oberhemd usw. und dem Oberrock zu tragen; etwa 1660/70 aus dem → Wams entwickelt: langärmelig, mit langem Schoßteil, prunkvoll ausgestattet, auch mit vertieftem Ausschnitt, ab Ende 17. Jh.; ab 1. Hälfte des 18. Jh. immer kürzer, ärmellos und mit Futterrücken, jedoch noch reich ausgestaltet, aber auch aus weißem → Pikee; nach 1900 noch lange farbig und gemustert, im Ggs. zur sonstigen Herrenkleidung; obligatorisch

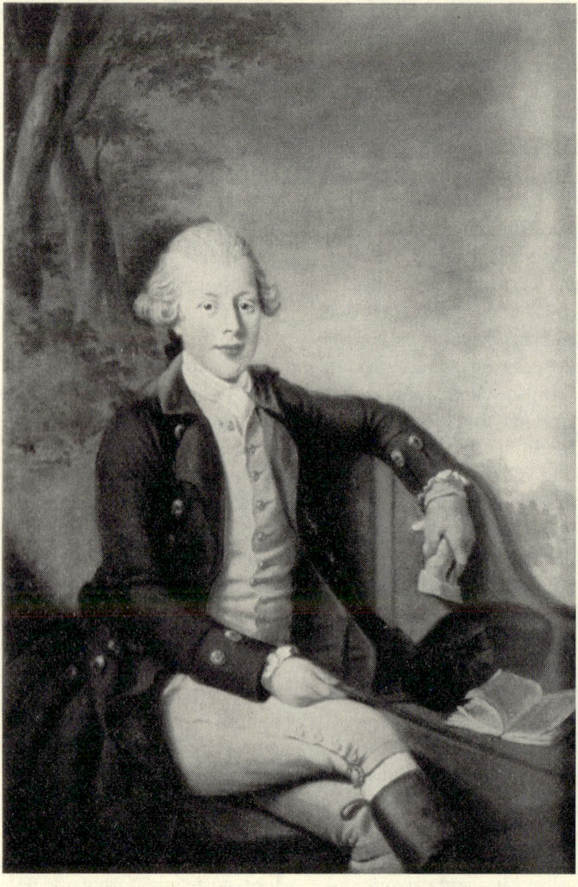

Abb. 148: Herzog Ernst Ludwig von Sachsen-Gotha in der später nach Goethes Romanfigur benannten Wertherkleidung. 1768.

bis in die 20er/30er Jahre, seitdem noch zum korrekten Anzug; nach 1950 auch mit anderem Charakter als sportliches/legeres Kleidungsstück; → Gilet.

Westernhut → Stetson.

Westover, *der* (Zusammensetzung aus »Weste« und engl. *over* ›über‹), ärmellose, gestrickte Weste; in den 1920er Jahren zur Anzugweste getragen, später über Bluse/Oberhemd oder Pullover; vermutl. nach dem 1. Weltkrieg aufgekommen. [Abb. 66]

Wetterfleck → Kotze.

Wickelgamasche → Gamasche, → Beinbinde.

Wickelgewand, urspr. ein um den Körper geschlungenes, nicht zugeschnittenes Materialstück, sehr variabel zu tragen bzw. dem Körper anzupassen; offensichtlich älteste Form der Kleidung; bes. kultiviert in der griech. und röm. Antike (→ Drapierung), jedoch oft nicht in der reinen Form, da mit Befestigungsmitteln, z. B. Fibeln, zusammengehalten; häufig Mischformen aus zugeschnittenen/zusammengenähten, dennoch teilw. gewickelten Kleidungsstücken (→ Kaftan, → Kimono); heute noch weit verbreitet in Asien und Afrika (z. B. → Haik, → Sari, → Sarong).

Wickelrock, um den Körper gewickelt und durch Übereinanderlegen der Kanten geschlossen, Grundform der Kleidung; → Wickelgewand; als Rock bereits in mesopotamischer Zeit, 3000–2700 v. Chr. nachgewiesen; oft nur im Bund zusammengehalten, auch gebunden oder mit kurzer Knopfleiste; modern in schmaler Form um 1914/24/50 [Abb. 149] sowie in ausgestellter Form um 1970; ein traditioneller W. ist der schott. und irische → Kilt.

Wickler, *der*, → Rotonde.

Wiener Naht, bogenförmig vom Armloch, vorn etwa über die Brustspitze zur unteren Schnittkante bzw. zum Saum führende Teilungsnaht; erspart den Brustabnäher sowie die Taillenabnäher; für körperbetonte Oberteile der Damenkleidung; auch als Teilungsnaht im Rückteil, auch in der Herrenkleidung. [Abb. 135]

Wimpel, *der* (auch frz. *guimpe*), schleierartige Kopf-

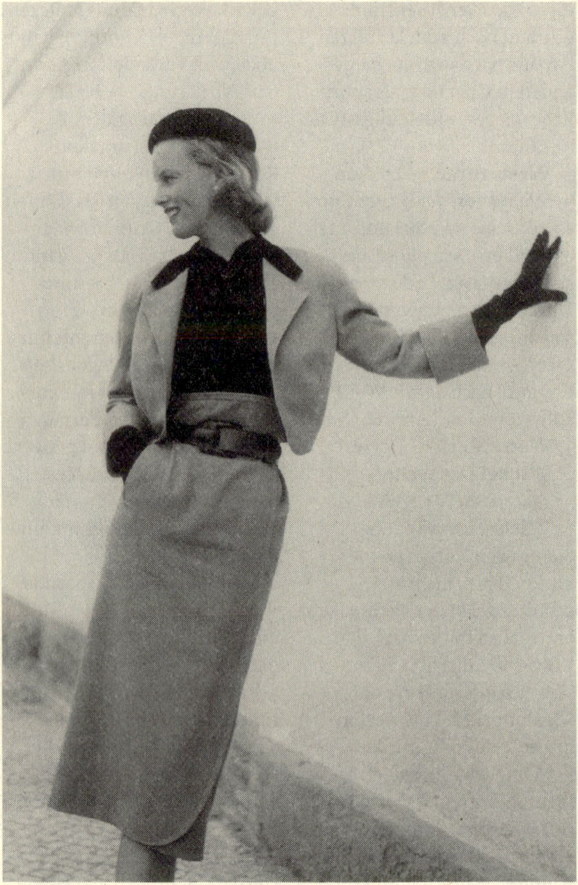

Abb. 149: Kostüm aus abgewandeltem Bolero und Wickelrock. Modell von Heinz Oestergaard. Um 1954.

bedeckung, auch Nacken und Hals einhüllend, meist aus Leinen; zumindest in Frankreich zweiteilig, aus → Barbe und Schleier bestehend; offensichtlich auch in anderer Art das Kinn verbergend umgelegt, so in Deutschland im 14./15. Jh., hier meist als → Rise bezeichnet; durchweg zur Kleidung der verheirateten oder verwitweten bürgerlichen Frau gehörend; insgesamt haupts. 12.–15. Jh.; in die Nonnentracht übernommen und bis ins 20. Jh. erhalten.

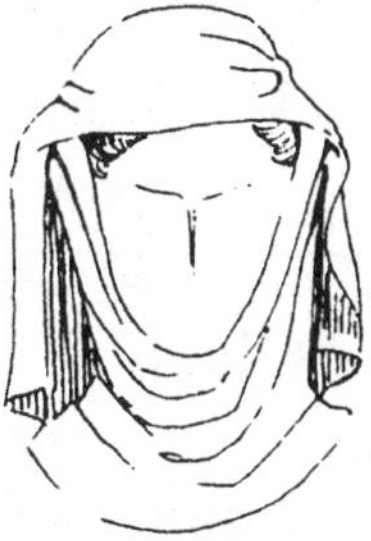

Abb. 150: Wimpel. Spätes 13. Jh.

Windjacke, wetterfeste, sportliche Jacke, meist aus imprägniertem Stoff (→ Imprägnieren); vom Modell her vor allem wie der → Anorak (in der Schlupfform auch »Windbluse« genannt) und der → Canadian. [Abb. 7]

Wirkware → Strick- und Wirkware.

Witzschoura, *die* (vermutl. russ.), Damenmantel mit Innenpelz, außen als Pelzverbrämung gearbeitet; zunächst im Stil der Zeit im Empire-Schnitt (→ Empiremode); 1808 aus Russland nach Paris gekommen.

Wolle, im allg. Sprachgebrauch Bez. für Schaf-W. und daraus gefertigte Textilien, jedoch auch für andere Tierhaare (→ Alpaka, → Angora, → Kaschmir, → Mohair); Bearbeitung der Schaf-W. nach dem Scheren: Auswaschen des W.-Fetts und Befreiung von anderen Verunreinigungen, mechanische Bearbeitung (Lockern, Kämmen) bis zur Verspinnbarkeit (s. a. → Kammgarn, → Streichgarn); zusammen mit → Flachs bzw. → Leinen ältestes nachweisbares und üblichstes Material zur Herstellung von Kleidung zumindest in Europa; mitteleurop. Originalfunde (Gewebestücke) aus der Jungsteinzeit; hochwertige W.-Weberei bereits im Mittelalter; → Tuch.

Y

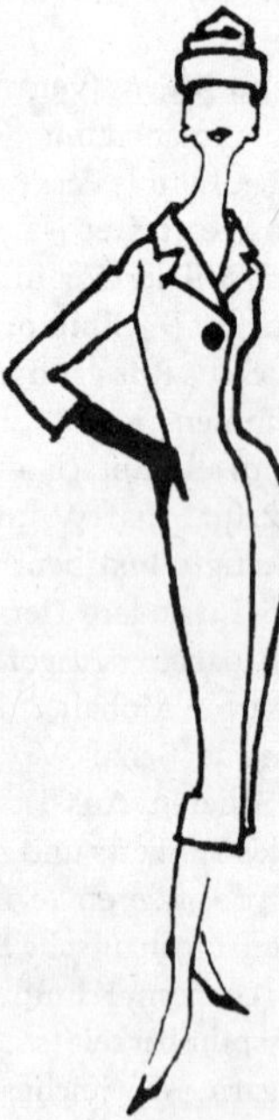

Abb. 151: Y-Linie von Christian Dior. 1955/56.

Y-Linie, Modelinie der → Haute Couture, 1955/56 vorgestellt von Christian Dior (1905–1957): Halsausschnitte mit breitem Reverskragen oder anderweitigen, V-förmig wirkenden Oberteilen an sonst körpernahen Kleidern mit schmalem Rock.

Z

Zattel, Zattelmode, *die,* auch *Zaddel,* Verzierung an den Kanten div. Kleidungsstücke, vor allem an Säumen von Gewändern und weiten Ärmeln, aber auch an Kopfbedeckungen u. ä.; auch in mehreren Reihen übereinander: Zacken oder Einschnitte, von unterschiedlicher Form, fest oder lappig hängend; vor dem 14. Jh. an der Kleidung von Gauklern, Spielleuten usw.; gegen Ende des 14. Jh. bis nach 1450 an der Kleidung der Männer sowie vornehmer Frauen; größte Ausprägung in der → Burgundischen Mode und deren Einflussbereich, so in Italien z. Z. der Frührenaissance. [Abb. 36]

Zellwolle, aus Zellulose, dem Hauptbestandteil von Pflanzenzellwänden, künstlich hergestellte Spinnfasern; 1935 in Deutschland als amtliche Bez. eingeführter Begriff: Oberbegriff für die stapelförmigen Chemiespinnfasern (Stapelfasern, → Chemiefasern) nach dem Viskose-, Kupfer- oder Acetatverfahren; heute Viskosespinnfaser genannt (→ Viskose); nach dem 1. Weltkrieg auf den Markt gekommen, bes. beliebt nach dem 2. Weltkrieg, z. B. als Beimischung zu Wolle und Baumwolle (s. jedoch → Reyon).

Zeltlinie, Kleider und Mäntel mit schmalen Schultern, hoher Taille oder ohne Taillenandeutung und weit ausschwingendem Rock; als Silhouette erstmals während des 1. Weltkriegs; 1958 unter dem Namen »Trapezlinie« erster großer Couture-Erfolg von Yves Saint Laurent (1936–2008), noch heute beliebte, immer wieder aufgegriffene Schnittform.

Zimarra, *die* (auch *Simarra*; venezian.), mantelartiges Übergewand, vorn zu schließen, mit weiten Armlöchern oder separaten Ärmeln, auch → Hängeärmeln; häufig mit Pelz verbrämt und mit breitem Pelzkragen; im 15. Jh. meist bodenlang, im 16. Jh., bes. in der

Spätrenaissance, auch kürzer; typ. repräsentatives Kleidungsstück der ital. Renaissance; haupts. von venezian. Männern getragen, jedoch mit Schleppe auch von vornehmen Venezianerinnen; in Form und Bedeutung ähnl. der → Schaube.

Zipfelrock, Rock, bei dem der untere Saum nicht waagerecht verläuft, sondern rundherum oder teilw. tiefe Einschnitte aufweist bzw. in großen Zacken ausläuft, dies bes. bei in Bahnen geschnittenen Röcken; an leichten Sommer- und Festkleidern; erstmals Anfang der 1920er Jahre in Mode.

Zoccolo, *der* (ital.), Stelzschuh mit geschweiftem oder zu einer kleinen Auftrittsfläche zusammenlaufendem Sockel aus Holz oder Kork, auch mit zwei einzelnen Sockelstücken; nach oriental. Vorbildern; seit Ende des 15. Jh. in Italien, bes. in Venedig, dort beliebt bis Anfang des 17. Jh.

Zuavenjacke, taillenkurze, kragenlose, vorn offene Damenjacke, → Kanten mit Borte verziert, dreiviertellange Ärmel; nach den Jacken der Zuaven, urspr. eines Berberstammes in Algerien, mit dem (und anderen) 1830/31 eine kleine frz. Kolonialtruppe gebildet wurde; ab den 1860er Jahren längere Zeit modern.

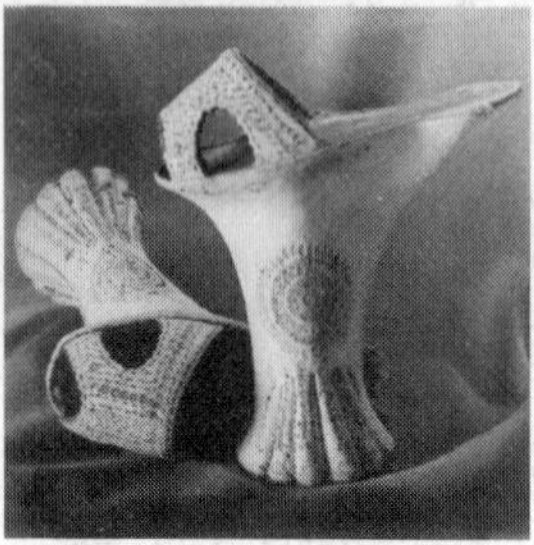

Abb. 152: Zoccolo. Venedig, 2. Hälfte 16. Jh.

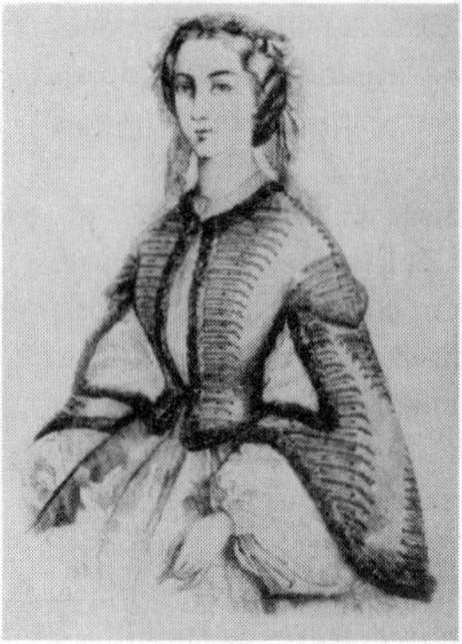

Abb. 153: Zuavenjacke. 1862.

Zwei-Naht-Ärmel, zweiteiliger Ärmel, besteht aus Ober- und Unterärmel mit vorderer Ärmelnaht und hinterer Ellbogennaht, in der Regel ein normaler über der Armkugel eingesetzter Ärmel (Kugelärmel); an klassischen Anzügen, Kostümen, Mänteln usw.

Zweireiher, → Sakko mit zwei Knopfreihen rechts und links der Mitte, entspr. breiter → Über- und → Untertritt; auch Bez. für einen kompletten → Anzug.

Zweispitz, Hut mit hochgeschlagenen Krempen auf zwei gegenüberliegenden Seiten, dadurch Entstehung der zweispitzigen Form; mit den Spitzen nach vorn und hinten getragen: Wellingtonhut (nach dem Herzog von Wellington, brit. Feldmarschall, 1769–1852); in bes. großer Ausprägung → »Incroyable« genannt, ebenso deren Träger, die Modenarren der Directoire-Zeit (1795–99); in den 1780er Jahren aus dem zusammenlegbaren → Dreispitz hervorgegangen, bis nach 1810 modern, anschließend noch Bestandteil

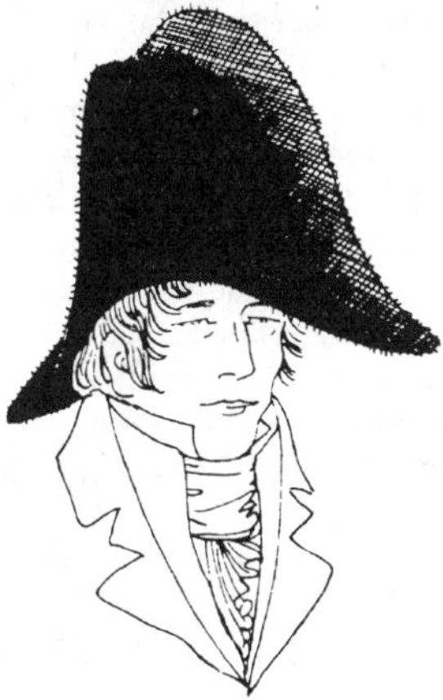

Abb. 154: Zweispitz: Wellingtonhut. Um 1810.

von Uniform, Hof- und Galatracht.

Zwickel, zwischen Nähte gesetztes Stoffstück, bei Maschenware zwischengearbeitetes (z. B. gestricktes) Materialstück, zur größeren Bewegungsfreiheit bzw. Bequemlichkeit; meist oval oder viereckig, unter der Bez. »Keil« eher dreieckig, dann von der Kante eines Schnittteils, oft vom Saum aus, zwischengesetzt.

Zylinder, hoher, steifer Hut mit röhrenförmigem Kopfteil, zunächst stark schwankend zwischen einem sich nach oben verjüngenden oder nach innen geschweiften Kopfteil unterschiedlicher Höhe; flache oder aufgebogene Krempe; in den 1770er/80er Jahren aus England als »Hoher Hut« übernommen, galt z. Z. der Französischen Revolution als politisches Gesinnungszeichen, schließlich nach 1813 als alltäglicher Hut des Bürgers; meist in Grau oder Beige und aus Filz; nach Mitte des Jh. zunehmend nur noch zu repräsentativer Gesellschaftskleidung, mit schwarzem Seidenstoff bezogen; bes. in den 1920er Jahren auch als → »Chapeau claque« beliebt; → Angströhre.

Abbildungsnachweis

Abb. 1: M. B. Picken: The Fashion Dictionary. New York 1957. – Abb. 2, 83, 94, 95, 101, 102, 117, 126, 139, 141: A. Jaumann: Textilkunde. Nordhausen: Killinger, o. J. – Abb. 4, 31, 78, 105: A. Hofer: HAKA, Herrenbekleidung, Freizeitbekleidung, Legerkleidung. Frankfurt a. M.: Deutscher Fachverlag, 1978. (Schriftenreihe der Textilwirtschaft.) – Abb. 7, 21, 22, 55, 69, 127, 138: H.-M. von Eelking: Lexikon der Herrenmode. Göttingen: Muster-Schmidt, 1960. – Abb. 9, 39, 40, 108: A. Pekridou-Gorecki: Mode im antiken Griechenland. München: C. H. Beck, 1989. – Abb. 10, 121: B. Hauser-Schäublin (u. a.): Kleidung und Schmuck. Basel/Boston/Berlin: Birkhäuser, 1988. – Abb. 17, 24, 25, 26, 30, 41, 52, 59, 80, 89, 111, 134: Cl. Wisniewski. – Abb. 20: B. Tietzel: Geschichte der Webkunst. Köln: DuMont, 1988. – Abb. 23, 152: Bayerisches Nationalmuseum. München. – Abb. 28: Jennifer Scarce: Women's Costume of the Near and Middle East. London / Sydney, 1987. (Freigegeben zur Verwendung von The British Library; als farbige Abb. unter http://commons.wikimedia.org/wiki/File:Afghan_lady_in_Kabul.jpg) – Abb. 33: Katalog der Ausstellung »Modenspiegel«. Historisches Museum Frankfurt a. M. 1962. – Abb. 37: J. Schneider: Von der Berlocke zum Stricknadelstiefelchen. Modisches Beiwerk des 18. und 19. Jahrhunderts. Bern: Paul Haupt, 1971. (Aus dem Schweizerischen Landesmuseum. Nr. 28.) – Abb. 42: Ausschnitt aus einem anonymen Gemälde »Hochzeit des Bocaccio Adimari«, Florenz, Galleria dell'Accademia. – Abb. 43, 149: © Heinz Oestergaard. Foto: R. Relang (145). – Abb. 47: Nach W. Schierbaum: Bekleidungs-Lexikon. Berlin: Schiele & Schön, 1993. – Abb. 61: Gemälde von M. Bentele. Städt. Hutmuseum Lindenberg, Allgäu. – Abb. 62: Ausschnitt aus einem Familienbild von C. de Vos. Köln, Wallraf-Richartz-Museum. – Abb. 68, 92: Hoechst AG, © Trevira Studio International. – Abb. 72: burda-Moden, September 1988. – Abb. 73: Hamburger Kinderstube, Berlin – Abb. 76: Museo Correr, Venedig. – Abb. 77: Porträt A. Canova. Stich. – Abb. 79: Ausschnitt aus einem Holzschnitt der Schedelschen Weltchronik. – Abb. 82: J. Fahl: Textilwaren im Verkauf. Darmstadt: Winklers Verlag Gebrüder Grimm, 1973. – Abb. 86: E. van Vrijberghe de Coningh: Knopen en knoopsgaten. In: Kostuum. Jaaruitgave van de Nederlandse Kostuumvereniging voor mode en streekdracht. Amersfoort 1989. – Abb. 96: Katalog der Ausstellung »Sportswear. Zur

Geschichte und Entwicklung der Sportkleidung«. Deutsches Textilmuseum, Krefeld. 1992. – Abb. 97: Doreen Yarwood: Costume of the Western World. Guildford/London, 1980. – Abb. 100: W. Hornbostel: Voilà. Glanzstücke historischer Moden 1750 bis 1960. Ausstellungskatalog des Museums für Kunst und Gewerbe, Hamburg 1991. Zeichnung: I. Isterloh. – Abb. 109: W. Brun / M. Tilke: Das Kostümwerk. Berlin: Ernst Wasmuth, 1941. – Abb. 106: Les Modes Parisienne 1845. – Abb. 110, 112, 118: A. Hofer: Textil- und Mode-Lexikon. Frankfurt a. M.: Deutscher Fachverlag, 1988. – Abb. 116: Anonymes Gemälde. Städt. Museum Schloss Rheydt, Mönchengladbach. – Abb. 123: J. Stockar: Kultur und Kleidung der Barockzeit. Zürich: Werner Classen, 1964. – Abb. 131: Porträt Jeanne Anselme, von M. de Vos (?). Köln, Wallraf-Richartz-Museum. – Abb. 136: Römermuseum, Weißenburg i. B. – Abb. 140: Ausschnitt aus dem Verlobungsbild Arnolfini von Jan van Eyck. London, National Gallery. – Abb. 148: Gemälde von J. G. Ziesenis. Berlin, Staatliche Museen. – Alle übrigen aus den Archiven der Verfasserin und des Verlags. Den Inhabern der Reproduktionsrechte danken Autorin und Verlag für die Abdruckgenehmigung. Für einige lizenzpflichtige Abbildungsvorlagen konnten die Rechteinhaber nicht ermittelt werden. Hier ist der Verlag bereit, rechtmäßige Ansprüche abzugelten.

Literaturhinweise

Becker, Dörte / Kreismuseum Peine (Hrsg.): Mode der 50er Jahre für Jederfrau und Jedermann. »Sich-Kleiden« in der Zeit des Aufbaus und Wirtschaftswunders. Peine 2003.

Braun-Ronsdorf, Margarete: Modische Eleganz. Europäische Kostümgeschichte von 1789 bis 1929. München 1963.

Krause, Gisela / Lenning, Gertrud / Rakewitz, Gertraud: Kleine Kostümkunde. Berlin 2003.

Kühnel, Harry: Bildwörterbuch der Kleidung und Rüstung. Stuttgart 1992.

Kyoto Costume Institute (Hrsg.): Fashion. Eine Modegeschichte vom 18. bis 20. Jahrhundert. Band 1 und 2. Köln 2005.

Loschek, Ingrid: Accessoires. Symbolik und Geschichte. München 1993.

Loschek, Ingrid: Reclams Mode- und Kostümlexikon. Ditzingen 2005.

Mundt, Barbara: Metropolen machen Mode. Haute Couture der Zwanziger Jahre. Ausst.-Kat. des Kunstgewerbemuseums Berlin. Berlin 1977.

Museen der Stadt Wien (Hrsg.): Chic. Damenmode des 20. Jahrhunderts. Wien 2004.

Pekridou-Gorecki, Anastasia: Mode im antiken Griechenland. München 1989.

Schmid, Beate / Loschek, Ingrid: Klassiker der Mode. Augsburg 1999.

Thiel, Erika: Geschichte der Mode. Augsburg 1990.

Zur Autorin

CLAUDIA WISNIEWSKI absolvierte im Anschluss an das Abitur eine Lehre in der Bekleidungsindustrie, Facharbeiterprüfung zur Bekleidungsfertigerin, dann Besuch der Modeschule Düsseldorf-Eller und Abschluss als Modegestalterin/Modedesignerin. Mehrere Jahre als Musterungsdirektrice in Entwurfsateliers der Bekleidungsindustrie, zuletzt bei Betty Barclay, Heidelberg. Studium der Kunstgeschichte, Ethnologie und Ur- und Frühgeschichte in Heidelberg und Köln, Magister. Nach dem Studium Mitarbeit an Museen und anderen Institutionen, u. a. beteiligt an der Ausst. »Sportswear«, Deutsches Textilmuseum Krefeld, und an einem Forschungsprojekt zum Textildesign nach 1950 an der Universität Paderborn. Seit 2002 angestellt am Deutschen Textilmuseum Krefeld, u. a. zur Betreuung der Sammlung, schwerpunktmäßig der Modesammlung.